KB071313

BBC, 공영방송의 신화

이 도서의 국립중앙도서관 출판예정도서목록(CIP)은 서지정보유통지원시스템 홈페이지(http://seoji.nl.go.kr)와
국가자료공동목록시스템(http://www.nl.go.kr/kolisnet)에서 이용하실 수 있습니다.
CIP제어번호: CIP2019008462(양장), CIP2019008464(학생판)

방송문화진흥총서 **198**

BBC,
공영방송의 신화

—————— The BBC, Myth of a Public Service ——————

톰 밀스 Tom Mills **지음** 박인규 **옮김**

한울
아카데미

차례

역자 서문

   '어떤 형태의 권력과도 거리를 두고 오직 공익의 관점에서 보도한다. 다른 나라와 전쟁할 때도 자국을 편들지 않고 사실을 정확하게 보도한다.' 저널리즘의 기본이지만 실천하기는 어려운 원칙들이다. 영국이 포클랜드의 영유권을 놓고 아르헨티나와 전쟁했던 1982년, 대처 수상이 '아군'이라 부르라고 압박했지만 BBC는 끝내 '영국군'이라 일컬었다. 블레어 수상이 이라크를 침공했던 2003년, 모두가 당연시했던 대량살상무기의 존재와 전쟁의 명분에 BBC는 의문을 제기했다. 민영화 위기, 경영진 교체 등 저항과 의문제기의 대가가 컸지만 타협하지 않는 역사가 쌓여 BBC는 바람직한 저널리즘의 대명사, 공영방송의 전형이 되었다.

   여기까지는 우리가 알고 있는 BBC다. 그런데 톰 밀스는 이것이 사실을 반만 알고 있는 것이라고 말한다. 그에 따르면, BBC는 독립적이지 않았고 오히려 기득권 세력의 의사와 이익을 과도하게 반영해왔다. 대안적이거나 대항적인 시각을 거의 담아내지 않았다는 것이다. 그는 진보주의자들도 공영방송의 이상에 매몰되어 BBC의 실체를 간과했다고 평가한다.

이 책은 일차적으로 BBC를 좌파적이라고 비판하는 사람들을 향하고 있다. 밀스는 BBC가 기득권 세력과 거리를 두지 못했다는 것을 역사적 사례들로 논증한다. BBC와 정보기관 간의 협력 관계, 정치인들과 BBC 지도부 간의 연계 및 '회전문' 인사, 1990년대의 신자유주의적 변화, 노동 보도 축소와 비즈니스 보도 확대 등이 그것들이다. BBC는 시대를 불문하고 기득권을 지지하는 쪽에 섰다는 것이다. 이런 견지에서 보면 2003년 이라크 전쟁보도로 야기된 BBC와 정부 간의 충돌은 일시적인 일탈이었다. '전통적인' BBC 방식은 책임을 따지는 것이 아니라 대체로 정부의 관점에서, 정부가 정해놓은 조건에서 보도하는 것이었다.

이런 일이 BBC에서 있었다니! 어떻게 이런 일들이 BBC에서 일어날 수 있었을까? 이 책은 BBC에 대한 새로운 사실과 관점을 제시한다. BBC 임직원의 정치성향을 조사했다는 사실도 놀랍지만 그것이 BBC 지도부의 요청으로 이루어졌다는 것은 가히 충격적이다. 이 책은 길리건 보도와 그 여파로 일어난 BBC 지도부의 사퇴에 대해서도 기존과는 전혀 다른 해석을 내놓는다.

이 책에서 BBC의 독립성과 공정성, 객관성에 대한 반증들을 제시하고 있긴 하지만 공영방송 신화가 쉬이 무너질 것 같지는 않다. 그러한 환경에서 그만큼이나 공영방송의 가치를 지키려 한, 그리고 원칙과 역할에 충실해온 일선 저널리스트들의 노력이 오히려 새롭다. 더욱이 십년이 채 되지 않는 시간에 무너져버린 한국의 공영방송 저널리즘을 경험하니 더욱 그렇다.

이 번역서가 나올 수 있게 지원해준 방송문화진흥회와 편집을 맡아 수고해준 한울엠플러스에 감사드린다.

2019년 2월
박인규

머리말

BBC는 영국에서 가장 중요한 정치적·문화적 기관 가운데 하나이자 세계에서 가장 영향력이 크고 신뢰받는 미디어 조직 중 하나다. 영국 사람들 대다수가 어떤 형태로든 BBC의 서비스를 이용하고 있으며 전 세계적으로는 BBC의 시청자 수가 3억 명에 이른다.[1] 영국인 대부분이 BBC 텔레비전을 보고 BBC 라디오를 듣고 있으며, 50% 이상이 BBC의 온라인 서비스를 이용하고 있다.[2] 많은 이들이 음악, 스포츠, 드라마, 그리고 다큐멘터리를 즐기려고 BBC에 채널을 맞춘다. BBC는 또한 필수적이며 믿을 수 있는 뉴스 서비스다. BBC는 문화 기관이자 세상에 대한 정보와 세상에서 우리가 서 있는 자리를 알려주는, 꼭 필요한 정보원이다.

전 세계의 성인 열여섯 명 가운데 한 명이 BBC의 뉴스 서비스를 이용하고 있다고 추정된다. 영국인의 경우에는 5분의 4 정도가 그러하다고 추산되므로 영향력 면에서 다른 어떤 뉴스 서비스보다 막강하다.[3] 대부분의 사람은 여러 개의 다른 뉴스 서비스를 이용하는데, 영국인의 절반 정도가 BBC를 가장 중요한 뉴스 매체로 여기고 있으며 다섯 명 중 한 명은 BBC에만 의존하고 있다. BBC 뉴스는 가장 인기가 높을 뿐만 아니라 시청자와 청취자로부터 가장 정확하고 믿을 수 있는 뉴스라고 인정받고 있다.[4]

하지만 BBC를 신뢰하는 것이 맞는 것일까? BBC가 정말 세상에서 일어나는 일들에 대해 공정하게 보도하고 있을까? 혹시 BBC가 특정한 정치적 이해관계자 또는 어젠다를 위해 보도하는 것은 아닐까? 이 책은, 반대되는 주장이 많음에도 불구하고, BBC가 독립적이지도 공정하지도 않음을 논증하고자 한다. 또한 BBC의 구조와 문화는 영국 사회의 유력 집단들의 이해를 충실히 반영해 형성되었으며, 그것이 다시 BBC에서 우리가 보고 듣고 읽는 것들을 만드는 데 영향을 미쳐왔다는 사실을 밝힐 것이다.

BBC를 비판하는 사람이 없을 수는 없다. 그러나 BBC의 정치적 문제들에 대한 그간의 논의는 매우 잘못 알려져왔다. BBC는 영국에서 가장 중요한 기관 가운데 하나이지만 가장 오해를 받아온 기관이기도 하다. BBC가 보수 신문으로부터 좌파 성향이라는 비판을 받고 있지만 사실 BBC 저널리즘은 엘리트 집단의 생각과 이익을 과도하게 반영하고 있고 대안적이거나 대항적인 시각을 거의 담아내지 않고 있다. 진보적인 학자들과 저널리스트들은 BBC가 내세우는 독립성과 BBC가 국민들의 민주적인 삶에 기여한 바를 칭찬하지만, 사실 BBC는 영국 사회를 지배하는, 유력하지만 책임을 질 필요가 없는 기관들 중 하나다. 오언 존스(Owen Jones)가 말한 것처럼 BBC는 '지배층의 대변인'일 뿐 아니라 그런 지배층과 한 몸인 것이다.[5] 좌파들은 BBC가 공적으로 재원을 조달해 상업 매체의 영향력에 맞서는 보호자라고 기리지만

BBC는 오랫동안 '시장주의에 충실해왔으며'[6] 비즈니스에 시간과 자원을 할애하는 데 있어 영국의 어느 방송사보다 적극적이다.[7]

이 책은 BBC에 대한 오해를 바로잡고자 한다. 영국 국민의 문화적·정치적 생활의 핵심이자 전통적인 공영방송의 국제적 전형인 BBC를 올바로 이해하지 못하도록 방해해온 근거 없는 믿음과 오해, 허위, 그리고 혼란을 교정하려 한다.

앞으로 살펴보겠지만, 영국의 수구 언론과 보수적인 동향으로 인해 국민들은 BBC를 제대로 이해하기 어려웠다. 진보주의자와 좌파 역시 BBC 역사의 실체를 간과하면서 공영방송이라는 이상에만 초점을 맞추었다. 이것은 넓은 범위에 걸친 문제다. BBC에 관해 논의한다는 것은 그저 어느 하나의 특별한 미디어 조직의 장단점을 따져보는 것이 아니다. 그것은 BBC가 구현하고 있는 것으로 보이지만 위태로워진 원칙들, 즉 정확성, 독립성, 공정성 같은 자유로운 저널리즘의 기본 원칙들을 불가피하게 언급해야 한다. 그런 원칙들을 지지한다는 것은 일종의 공적인 삶에 헌신하겠다는 다짐이며 어떤 의미로든 사회가 민주적으로 작동하고 있는지 끊임없이 의식하는 것이다. 시민들은 정치적 판단을 위해 정확하고 공정한 정보원, 그리고 자본과 권력의 영향으로부터 자유로이 정치적 숙의가 이루어질 수 있는 공론장을 필요로 한다. 최근 몇 년간 터진 스캔들은 상업 매체가 이런 역할을 전혀 수행할 수 없다는 사실을 드러냈고, BBC를 열성적으로 옹호하는 사람들조차 BBC가 실제로는 그런 원칙들을 지키지 못하는 경우가 잦다고 인정한다. BBC에서 정확성은 언제나 중요하게 고려되어왔고, 따라서 최소한 수구 언론에서 자주 나타나는 터무니없는 왜곡이나 오류가 퍼지는 것을 막아왔다. 그러나 이 책에서 자세하게 다루겠지만, 공정성은 일상적으로 힘 있는 집단의 이익을 반영하는 쪽으로 해석되어왔다.

이런 편파적인 보도가 나오는 이유는 무엇일까? 북아일랜드 보도로 인해 BBC에서 두 차례나 해고되었던 저널리스트 로저 볼턴(Roger Bolton)은 "BBC는 독립적이거나 독립적이지 않거나 둘 중 하나일 것"이라며, 간명한 답은 BBC가 독립적이지 않다가 되어야 한다고 말했다.[8] BBC는 국가는 말할 것도 없고 역대 정부들에 대해서도 독립적인 적이 거의 없었다. 그럼에도 문제의 일부는 이 질문이 엄격하고 좁은 의미에서 구성되었다는 것이다. BBC는 대부분의 열성적인 지지자들이 상상하는 의미에서 볼 때 결코 '독립적'이지 않았다. BBC 경영위원회(Board of Governors)(1927~2006년 운영된 BBC의 지배기구로, 2007년부터는 BBC 트러스트로 대체됨_옮긴이)의 고위 임원뿐만 아니라 최근에는 BBC 트러스트의 고위 임원도 모두 정치적으로 임명되고 있으며, BBC의 주요 재원인 수신료와 설립 근거인 칙허장 둘 다 정부가 정한다. 정치적 임명과 수신료/칙허장의 정치적 결정은 불가피하게 BBC 보도에 영향을 줄 수밖에 없다. 그럼에도 BBC가 언제나 영국 지배층의 충실한 도구로 기능해온 것은 아니다. 정확히 말하자면, BBC는 항상 회색지대에 자리잡아왔다. 정부와 시민사회 사이에서 때로는 좀 더 어두운 구역에, 때로는 좀 더 밝은 구역에 말이다.

BBC는 1922년 10월 '6대(Big Six)' 라디오 수신기 제조사들의 컨소시엄인 영국방송유한회사(British Broadcasting Company Ltd)로 출범했고 1923년 1월에 우정성으로부터 독점적인 방송면허를 부여받았다.[9] 제일 규모가 컸던 마르코니(Marconi)를 비롯한 이들 회사는 자신들이 특허권을 가지고 있던 기술로 시장을 형성하기 위해 방송 서비스를 활용하려 했던 것으로 보인다. BBC는 이들 회사와 정부 간의 협상이 지체된 결과로 탄생했고 라디오 수신기에 대한 부과금으로 운영되었다. 새로운 라디오 서비스는 민간 미디어로 출범하면서 뉴스를 많이 방송하지 못하도록 제한을 받았다. 당시 BBC는 저녁 7시 이후에는 오로지 대행사 보도에 기초해 뉴스 단신을 방송했다. 초기엔 그랬지만 시간이 지나면서 BBC는 영국 국민들에게 가장 중요하고 신뢰 받는 뉴스 제공자가 될 수 있었다. 뉴스 단신에 관한 초기의 제한은 1926년 총파업이 시작되면서 해제되었다. 앞으로 살펴보겠지만 정권에 철저히 굴종하고 또 공공연히 당파적이었다는 점에서 총파업은 BBC 역사에서 각별히 수치스러운 사건이다. 하지만 이때 주어진 유사 독립성 (quasi-independence)은 하나의 패턴으로 굳어져 오늘까지 지속되고 있다. 1971년에 당시 사장이던 찰스 커런(Charles Curran)은 BBC가 "지배층의 창작물이고 그 존속 여부는 지배층의 의지에 달려 있다"라고 통찰했다. 그러나 그는 "BBC의 역할의 본질은 질문하는 것이기에 전복적이라는 비난을 받을 수밖에 없다"라고 지적했다.[10] 실제로 단지 사실을 정확하게 보도하고 매우 제한되어 있는 사안에 대한 정치적 논의를 마련하는 것만으로 권력층의 어젠다와 전략에 지장을 줄 수 있다. BBC는 때때로 훨씬 비판적인 보도를 하기도 했다. BBC 저널리즘이 사회 체제에 대한 근본적인 도전이었던 적은 거의 없지만 1960년대의 자유주의적이며 급진적인 정치문화는 비판적이며 독립적인 보도의 전통을 형성했다. 특히 시사보도 부문에서 그랬다. 진보적인 휴 그린(Hugh Greene) 사장의 재임 기간 동안 BBC는 덜 엄격한 방송 스타일 채택, 사회적 의식을 지닌 드라마와 풍자적 프로그램 제작으로 요약되는 문화적 변화를 겪었다. 그린 스스로 주장했듯이 BBC는

더 이상 '지배층을 떠받치는 기둥'이 아니었으며, '새롭고 젊은 세대'에 의해 탈바꿈되었다.[11]

1960년대에 BBC가 겪은 문화적 변화, 그리고 과장되곤 하는[12] 그 변화의 정치적 의미는 1955년에 상업텔레비전이 출범한 것과 어느 정도 연관이 있다. 독점이 깨지면서 하락한 시청취율을 회복하고 존속의 정당성을 주장하기 위해 BBC는 혁신해야 했다. 그러나 그러한 혁신도 진행 중이던 광범위한 사회 변화를 전반적으로 반영했다. 나아진 경제 상황, 기술의 혁신, 진전된 평등화, 완전고용 상태 등이 영국의 제국주의적 영향력 쇠퇴와 함께 그동안의 정치적, 사회적, 그리고 문화적 규범을 새로 설정하도록 요구하는 분위기를 형성했다. 특히 경제적으로 독립하게 된 젊은이들로 이루어진 새로운 세대의 변화 요구가 컸다. 스튜어트 후드(Stuart Hood, BBC 텔레비전 프로그램 편성국장)가 회고하듯, 이 시기에 BBC는 처음으로 '지배층의 성우들(sacred cows), 즉 왕정, 교회, 정치지도자, 그밖에 금기로 여겼던 것들'을 공격했다.[13]

이것은 분명히 사실이지만, BBC가 자신의 적대자로부터 적의의 대상이 되었다는 사실을 인식하는 것 또한 중요하다. 1977년에 방송의 미래 위원회(Committee on the Future of Broadcasting)는 1960년대 동안 '국가의 전통적 기관으로 표현되는 당국뿐만 아니라 어떤 기관이든 그 기관의 관리를 책임지고 있는 사람들을 향한' 적의가 커져왔다고 지적했다.[14] 탁월한 온정주의적 기관인 BBC는 점차 관료주의적이며 책임을 질 필요가 없는 지배층의 일부로 인식되고 있었으며, 다른 권력기관들의 경우처럼 공공생활에서 BBC가 쥔 주도권에 대해 이의를 제기하는 일이 점점 늘어났다.[15] 1960년대 급진주의의 영향을 받은 학자들은 더 이상 사회 체계 및 그 체계를 정당화하는 이념을 당연시하지 않게 되었다. 또한 사회학자들은 공정성과 객관성 — 저널리스트들이 굳건히 지지하고 있을 뿐만 아니라 영국 사회에서 BBC가 갖는 특별한 지위를 정당화하는 전문적인 규범 — 에 대한 저널리즘적 개념의 기반을 매우 약화시켰다. 이 기간에 미디어와 특히 BBC는 보수적인 도덕주의자와 방송노조를 비롯한 좌파 성향의 여러 사회 세력으로부터 상당한 압력을 받았다. 노동운동의 급진적 분파는 계층 기반의 미디어 비평가 및 인기를 얻고 있던 노동자의 자주관리 개념에 고무되어 BBC의 구조 개혁을 주장하기도 했다.

이 시기를 이해하기 위해서는 이들 정치적인 투쟁이 공식적인 정치의 수준에서뿐만 아니라 사회적인 운동들과 기성 체제 간에, BBC를 비롯한 다양한 기관 간에, 그리고 기관 자체 내에서 이루어졌다는 사실을 인식하는 것이 중요하다. 1979년, 산업 분규의 보도에 관한 사회학적 연구「나쁜 뉴스(Bad News)」에 대해 논의하기 위해 고위 에디터들이 모인 자리에서 토니 아이작스(Tony Isaacs)는 "1960년대 런던정경대학에서 젊은 시절을 보내며 BBC가 파시스트이고 나머지는 모두 형편없다고 믿었던 사람들이 이제 저널리즘과 정치에 관여하고 있다"라고 불평했다.[16]

1960년대의 '존중의 종말(death of deference)'과, 이것이 저널리즘 문화에 미친 영향은 정치인 인터뷰에서의 전투적인 스타일로 나타났다. BBC의 경우에는 제러미 팩스먼(Jeremy Paxman)과 존 험프리스(John Humphreys)의 인터뷰가 전형적이다. 전적으로 틀린 것은 아니지만 이것은 잘못 해석한 것이다. 그 시대의 사회적 변화는 의심할 바 없이 새로운 형태의 저널리즘을 위한 공간을 열어놓았다. 하지만 불손한 스타일은 1960년대와 1970년대의 평등주의 정신과는 별 관련이 없으며, 사립고등학교나 옥스브리지(Oxbridge)(옥스퍼드대학교와 케임브리지대학교를 함께 일컫는 말 _옮긴이)의 토론 클럽에서 젠체하던 가식, 아니면 법정 변호사가 되기 위해 서로 기지를 겨루는 '모의재판'의 토론에서 유래한 측면이 크다. 적대적 인터뷰의 선구자였던 로빈 데이 경(Sir Robin Day)은 토론 클럽 옥스퍼드 유니온의 회장을 지냈고 나중에 법정 변호사가 되었다. 옥스퍼드 유니온의 문화는 정치 엘리트의 문화와 다르지 않았다.[17] 1960년대의 자유주의적이며 급진주의적인 격변으로 인한 저널리즘의 변화는 '거친' 인터뷰가 아닌, 원대하고 혁신적이며 대중적인 시사 프로그램이었다. 그라나다(Granada)텔레비전(ITV를 구성하는 잉글랜드 북서부 지역 민방 _옮긴이)에서 제작된 〈월드 인 액션(World in Action)〉, 라임 그로브(Lime Grove) ― 팩스먼이 〈뉴스나이트(Newsnight)〉를 진행하기 전에 훈련을 받았던, 미로 같고 외진 스튜디오 ― 에서 제작된 BBC의 〈파노라마(Panorama)〉가 바로 그런 프로그램들이다.

1960년대에 시작된 민주주의와 평등주의 운동이 저널리즘에 미친 여파는 1980년대까지 지속되었다. 그렇지만 그동안 전 방위적인 정치적 공격과 BBC 개편이라는 집중포화를 받아야 했다. 1970년대 내내 마거릿 대처(Margaret Thatcher)로 대표되는 뉴라이트는 BBC를 포함해 여러 기관을 공격했다. 1980년대 중반부터 대처 정부와 동조자들은 BBC의 편성에 대해 연속적으로 공격했으며 경영위원장을 정치적으로 임명해 앨러스데어 밀른(Alasdair Milne) 사장을 강제로 사퇴시켰다. 밀른은 수습 프로듀서로 출발해서 사장이 된 첫 인물이었는데, 그의 재임기간 동안 BBC는 이전에 비해 정치적으로 독립적인 입장을 견지했다. 밀른의 사퇴와 함께 BBC의 조직 문화는 점차 바뀌었다. 그의 후임이던 회계사 출신의 마이클 체클랜드(Michael Checkland)도 영향을 미쳤지만 그보다는 부사장이던 존 버트(John Birt)의 영향이 컸다. 버트는 열성적인 신자유주의자로, 체클랜드 다음에 사장으로 취임했다. 그는 자서전에 1987년 부사장으로 부임했을 때 BBC가 "아직 대처주의를 받아들일 준비가 되지 않았고" 저널리즘은 "여전히 전후의 버츠켈라이트(Butskellite)(정적끼리 같은 정책을 지지하는 상황 _옮긴이) 및 케인스의 합의에 갇혀 있다"라며 개탄했다.[18] 급진적인 개혁을 꾀하는 소수 집단의 도움을 받으면서 버트는 이것을 바로잡으려고 지칠 줄 모르고 일했다. 그는 분석적인 저널리즘이라고 칭하며 '민감한 프로그램을 감독하는 엄격한 절차'를 도입했다.[19] 뉴스취재와 편집 시스템은 중앙 집중화되었으며, 프로그램 원고는 일상적으로 점검되었다. 버트는 나중에 사장이 되고 나서는 신자유주의에 고무되어 BBC의 구조조정을 시행했다. 구매자 - 판매자 관계를 설정하고 내부시장 체제에 따른 경쟁압력으로 BBC가 민간부문처럼 운영되도록 했다. 버트는 또한 BBC의 저널리즘을 보다 비즈니스 친화적인 방향으로 바꾸었다. 이 기조는 다음 사장인 그레그 다이크(Greg Dyke) 재임 동안 가속화되었다. 토니 블레어(Tony Blair)의 노동당 정부는 다이크를 사퇴시켰다. 다이크 사장 이후에 편집 통제는 더 강화되었고 BBC는 좀 더 오른쪽으로 이동했다.

앞으로 이 책은 앞서 언급한 이야기들을 좀 더 세세하게 서술할 것이다. BBC가 어떻게 사회민주주의적 체제의 기둥에서 신자유주의자, 친비즈니스파, 우익적 조직 등을 위한 기둥으로 바뀌었는지 설명할 것이다. 또한 그런 강력한 이익집단이 어떻게 BBC를 형성할 수 있었는지, BBC의 프로그램에 어떻게 영향을 미치게 되었는지, 그리고 독립적인 저널리즘의 잠재력을 어떻게 억제하고 있는지 살펴볼 것이다.

BBC는 그 기원이 거의 한 세기에 이르는 거대한 조직이다. 따라서 이처럼 짧은 책으로는 BBC의 다양한 활동과 복잡한 역사를 모두 담아내기가 어렵다. 이 책은 BBC의 프로그램 일반보다는 저널리즘 부문의 내용에 집중하고자 한다. 국제적인 이슈도 다루겠지만 주로 국내 운영에 초점을 맞출 것이다. 이 작업은 BBC의 포괄적인 역사, 또는 방송기관으로서의 생애를 다루려는 것이 아니다. 그보다는 영국의 민주주의 역사에서 차지하는 BBC의 위치, 그리고 영국 사회의 권력 중심과 BBC 간의 관계가 주제다. 공식적으로는 좀처럼 인정하지 못하더라도 기본적인 그림은 명확하다고 할 수 있다. BBC는 어떤 의미에서든 국가로부터 독립적인 적이 없었다. BBC가 감독기관이나 시장논리에서 벗어나 한때 누렸던 상대적 자율성은 1980년대 이래로 점차 줄어들고 있다.

BBC와 결부된 칭찬할 만한 가치들 때문에 BBC의 실체를 제대로 보지 못해서는 안 될 것이다. 그와 반대로, 그런 가치들을 묵살해서도 안 될 것이다. 왜냐하면 그런 이상적 가치들은 어느 정도 BBC의 조직적 DNA에 내면화되었고, 제한적이긴 해도 BBC의 보도에 일정한 영향을 미쳐왔기 때문이다. 이 책은 진보주의적 저널리즘이나 공영방송의 가치를 당연한 것으로 간주하지 않는다. 반대로, 이 책은 역사적인 설명을 제공하고 한탄스러운 기록을 확인함으로써 BBC의 실체를 제대로 인식시키는 한편, BBC를 활기차게 만들었던 공영방송의 이상, 독립적인 저널리즘이라는 이행되지 못한 약속, 그리고 보다 민주주의적이고 책임 있는 뉴스 미디어를 상기시키고자 한다.

제1장

권력의 그늘

1926년 5월 12일, BBC의 설립자 존 리스(John Reith)는 점심시간 라디오 뉴스를 진행하던 중 한 직원이 건네는 쪽지를 받았다. 당시 영국방송회사(British Broadcasting Company)로 불리던 BBC는 일주일 넘게 리스의 표현에 따르면 '전시 편제(a wartime sort of footing)'로 운영되고 있었다.[1] 광부들을 지지하기 위해 노동조합총협의회(Trades Union Congress: TUC)가 시작한 영국 최초의 총파업은 신문을 포함해 모든 산업을 멈추게 했다. 결과적으로 신생의 방송 회사는 국민에게 뉴스를 제공하는 중차대한 역할을 맡게 되었고, 이와 동시에 총파업을 중단시키려는 정부에 매우 중요한 프로파간다 도구가 되었다.

리스에게 전달된 쪽지에는 뜻밖에도 노동조합총협의회가 파업 기간이 9일을 넘겨 파업을 중단했다고 적혀 있었다. 그는 방송을 계속하면서 직원들에게 이것이 사실인지 알아보도록 했다. 그는 파업을 주관한 노조총협의회의 확인이 아닌 정부의 확인을 원했다. 그는 본래의 쪽지에다 '수상 관저의 확인 요망(Ask No 10 for confirmation)'이라고 휘갈겨 썼다. 얼마 지나지 않아 수상의 비서는 그 뉴스가 사실이라고 확인해주었다. 파업하고 있던 노동자들 모르게 그날 이른 시간에 노동조합총협의회 간부들은 수상 관저를 방문해 파업을 중단하겠다고 알렸다. 광부들을 위해 그 어떤 것도 얻지 못한 채였다. 이것은 광산 소유주의 승리였을 뿐만 아니라 파운드의 가치를 되찾고 대영제국의 국제적 지위를 유지하기 위해 임금을 인하하려 했던 정부와 영국 금융자본의 완전한 승리였다.

저녁 7시 뉴스 시간에 리스는 '경과에 대한 수상 관저의 설명문'을 원문 그대로 낭독했다.[2] 두 시간 후에는 국왕과 수상의 방송 메시지를 전달했다. 뒤이어 리스가 자신의 일기에 '우리의 사소한 업적'이라고 표현한 내용이 따랐다.[3] "총파업 종료 소식을 들었을 때 처음 든 생각은 엄청난 시련 속에서 이 나라가 손상되지 않게 우리를 이끄시는 전능하신 하나님에 대한 깊은 감사였습니다." 그는 계속해서 다음과 같이 말했다.

여러분은 국왕과 수상의 메시지를 들었습니다. 우리가 행복하게 탈출할 수 있었던 것은 상당 부분 수상에 대한 믿음 덕분이라는 생각을 말씀드려야겠습니다. 여러분들이 BBC에 대해서는 신뢰와 호의를 상실하지 않았기를 바랍니다.[4]

리스는 자신의 '사소한 업적'을 윌리엄 블레이크(William Blake)(1757~1857, 영국의 낭만주의 시인, 화가 _옮긴이)의 시 「저 옛날 그분들의 발자취가(And Did Those Feet in Ancient Time)」로 마무리했다. 윌리엄 블레이크는 줄곧 프랑스 혁명을 지지했지만 아이러니하게도 허버트 패리(Hubert Parry)(1848~1918, 영국의 작곡가, 음악 역사가 _옮긴이)의 애국적 찬가 「예루살렘」처럼 그의 시가 유명해진 건 제1차 세계대전 때였다. 리스가 글을 읽는 동안 배경음악으로 관현악단이 패리의 곡을 연주했다. 리스가 낭독을 마칠 즈음에는 BBC 합창단이 잉글랜드 기독교인들의 분발을 촉구하는 찬송가의 마지막 소절을 불렀다.

30년 뒤, 리스는 이때 일들을 회고하면서 "만일 프랑스 혁명 당시에 방송이 있었다면 혁명은 성공하지 못했을 것이다"라고 썼다. 그는 혁명은 거짓말과 오보에 기초하기 마련인데 총파업 기간 동안 BBC는 '진실 보도'의 역할을 수행했다고 보았다. 그는 BBC가 내내 '정부의 편'에 서고 '법과 질서'를 옹호한 것이 매우 마땅하다고 생각했다.[5]

총파업 당시 BBC를 공영방송으로 재편하는 것과 관련된 협의가 진행 중이었다. 이는 바로 몇 달 전에 방송연구 위원회가 내놓은 권고안에 따른 것이었다. BBC를 관할하는 우정상(postmaster general)은 윌리엄 미첼-톰슨(William Michell-Thomson)이었다. 그는 노동자들의 파업을 깨는 것을 주된 임무로 삼는 정부의 공공연한 비밀작전을 지휘했는데, 그 작전은 악의 없는 공급·수송 위원회(Supply and Transport Committee)에 의해 조정되었다. 우정상으로서 미첼-톰슨은 BBC로 하여금 정부가 선언하는 어떤 메시지도 방송하게 할 수 있었다. BBC 운영의 법적 토대인 면허장에 따르면 '우정상이 긴급하다고 판단하는 경우' 정부는 BBC를 징발할 권한을 가지고 있었다. 하지만 총파업 기간에 이런 공식적인 권한이 행사되지는 않았다. 그럴 필요가 없었기 때문이다. 위협 그 자체가 정부 방침을 따르도록 이끄는 강력한 힘으로 작용했다.

파업 기간 동안 BBC와 정부의 창구 역할을 담당한 것은 데이비슨(J. C. C. Davidson)이었다. 그는 정부의 홍보를 담당했고 공급·수송 위원회에서 미첼-톰슨을 대리했다. 보수주의자이며 선전가인 데이비슨은 자신이 '정치적으로 교육받지 못한 유권자'라고 부른 사람들을 우려했으며 또한 그들이 '국력'에 야기하는 위협을 염려했다.[6] 파업 기간 내내 그는 개인적인 서신을 통해 '비공식적인 통제'로서 영향력을 행사했다.[7] 이것은 BBC가 상당한 정도의 자율성을 누리고 공식적으로 독립성을 보장받으면서도 암묵적으로 정부의 정치적 목적에 대체로 기여할 수 있었다는 것을 의미한다.

정부 내에는 보다 강력한 조치를 선호하는 인사들이 있었다. 내각 내의 소수파로 윈스턴 처칠(Winston Churchill)을 중심으로 하는 열렬한 수구주의자들은 '파업 노동자들을 섬멸되어야 할 적으로 간주'했고, 이를 위해 정부 재량의 모든 수단을 동원해야 한다고 주장했다.[8] BBC의 지위를 논의하면서 처칠은 "그와 같은 기관을 활용하지 않는 것이 괴이하다"라고 말했다.[9] 그렇지만 스탠리 볼드윈(Stanley Baldwin) 수상의 생각은 달랐다. 그는 처칠을 골칫거리로 여겼으며 데이비슨에게 "처칠이 하려는 일이 두렵다"라고 털어놓기도 했다.[10] 볼드윈과 데이비슨은 악명 높은 권위주의자 조인슨-힉스(Joynson-Hicks) 내무상처럼 교묘하고 좀 더 효과적인 방법을 선호했다. 직스(Jix)로 알려진 조인슨-힉스 내무상은 공급·수송 위원회의 위원장이기도 했다. 데이비슨은 파업이 일어나고 얼마 뒤 쓴 편지에서 볼드윈과 자신이 취한 방법의 근거를 다음과 같이 밝혔다.

윈스턴은 정부가 BBC를 완전히 소유해야 한다고 강하게 주장했다.

나도 그만큼이나 강경했고, 직스도 내 견해에 동조했다. 우리의 공정함을 비판했던 완고한 보수주의자들이야 그렇게 해도 우리를 지지하겠지만, 당신이 영향을 미치고자 하는 사람들은 만약 모든 뉴스가 엉터리였다는 것을 알게 되면 당장 뉴스 청취를 중단할 것이다. 바로 그런 간명한 이유 때문에 그렇게 할 수 없다.[11]

내각 내의 '온건주의자들'은 BBC를 지배해야 한다는 '완고한 보수주의자(들)'의 위협을 이용했다. 데이비슨의 기록에 따르면, 볼드윈은 "각료 회의에서 윈스턴과 스미스(F. E. Smith)(보수당 정치인 _옮긴이)가 여러 차례 제기한 BBC 접수 안건의 처리를 번번이 매우 능숙하게 미루었다". BBC를 직접 통제하지 않기로 내각이 최종적으로 결정한 것은 총파업이 시작되고 나서 한 주가 지난 1926년 5월 11일이었다.[12]

BBC가 정부의 징발을 면하게 되었다는 사실은 때때로 독립적인 방송의 승리로 간주되어왔다. 그러나 역사적 기록은, 매우 명확하게, BBC가 정부의 관점에서 적절하다고 판단되는 범위에서만 독립성이 허용되었다는 사실을 제시하고 있다. 앤드류 마(Andrew Marr)가 지적했듯이, BBC는 "전전긍긍하며 열혈적인 정치인들의 직접적인 지배"를 모면했다.[13] 그렇지만 BBC 스스로 찾아낸 대안적인 입장도 독립성은 아니었다. 리스 스스로 나중에 지적했듯이, 총파업 기간 동안 BBC는 "통제받지도 않았지만 자유롭지도 않았다".[14]

한편 BBC 지도부는 갈등을 공정하게 보도하는 것에 신경 쓰지 않았다. 리스는 줄곧 내각과 긴밀한 관계를 유지했고, BBC가 '국민의 이익'을 확실하게 대변한다는 신뢰를 받고 있다며 우쭐댔다. "우리가 정말로 공정하지는 않다고 정부가 확신한다는 것을 잘 알고 있다"라고 그가 언급한 일은 유명하다. BBC가 '편파적'이었다는 사례로 자신의 서재에서 방송하려는 수상을 도와 리스가 연설문에 몇 문장을 끼워 넣은 일을 들 수 있다. BBC 초대 사장의 술회에 따르면, 그와 그의 부인은 "그 연설은 매우 중요했고, 실제로 파업을 깨는 데 도움이 되었기에 책상 위의 놋쇠 명패를 얻었으면 했다".[15]

총파업이 끝나고 리스는 BBC 고위 간부진에게 보낸 '속내를 털어놓는' 편지에서 BBC의 충성심과 판단에 수상이 만족스러운 신뢰를 보여 자부심을 가졌다고 썼다.[16] 간부진은 "위기를 헤쳐 나가면서 BBC의 품격을 유지했을 뿐만 아니라 이를 훨씬 드높였다"라며 리스의 '훌륭한 지도력'을 상찬하는 비망록으로 화답했다.[17]

BBC가 정부의 직접적인 지배를 받지 않게 하려고 리스는 내각의 '온건주의자들'이 주창한 것과 매우 유사한 주장을 펼쳤다. 볼드윈에게 보내는 편지에서, 그는 "만약 지금 BBC가 정부의 지배를 받거나 정부로부터 조종받게 된다면 그런 결정의 목적을 제대로 달성할 수 없을 것"이라고 썼다. "국민들을 속일 수 있지만 지금은 그럴 때가 아니며 분노는 적대적인 사람들의 적의를 더 키울 수 있다"라고 그는 주장했다.[18] 리스가 볼드윈과 데이비슨을 설득했든 그 반대이든, 아니면 다소 독립적으로 이런 입장을 가지게 되었든 간에, 중요한 사실은 그들의 이해가 긴밀하게 연결되어 있었다는 것이다. 정부와 BBC 모두 BBC가 독립적이라고 인식되기를 바랐다. BBC는 당연히 정부의 관점으로부터 완전히 자유롭기를 바랐지만 문제는 그런 목적을 위해 어느 정도의 압력이 적정한가 하는 것이었다.

더욱이 BBC와 정부의 고위급 간 이해가 수렴된다는 것은 단순히 의견이 일치한다는 것이 아니었다. 파업 기간 동안 BBC는 대영제국의 인프라에 한층 더 통합되었다. 리스는 데이비슨과 그의 팀이 자리하고 있던 해군본부의 한 사무실로 옮겨왔다.[19] ≪라디오타임스(Radio Times)≫(1923년 창간된 라디오·텔레비전 프로그램 안내 주간지 _옮긴이)의 주간으로 바로 직전에 임명된 월터 풀러(Walter Fuller), BBC의 전무이사 겸 홍보이사 글래드스톤 머리(Gladstone Murray) 등 여러 직원들이 리스와 함께 해군본부로 왔다.[20] 풀러와 머리는 데이비슨의 연락장교[21]의 사무실을 공유하면서 서로 '긴밀히 협력'했으며, 지역의 경찰본부나 여타 정부기관에서 받은 정보로 뉴스의 초안을 만들었다.[22] 제1차 세계대전 동안 정부로부터 은밀한 통제를 받았던 로이터 통신의 뉴스는 방송되기 전 BBC에서 해군본부로 전달되어 방송 승인, 일부 수정 후 방송, 또는 방송 불가 등의 판정을 받았다. 모든 뉴스 단신은 방송 승인을 받기 위해 데이비슨에게로 보내졌다. 리스는 데이비슨이 '거의 모든 아이템'을 직접 검사했다고 회고했다.[23] 당시 BBC의 고위 엔지니어는 BBC가 공정한 국민의 공복으로 전향되어왔음에도 '삭제에 따른 편견을 목격하게 된 휘청거리는 경험'이었다고 상기했다.[24] 이처럼 중요한 증거가 파업과 관련한 글에서 제시된 적은 거의 없었다.[25] 그런 글은 통상 BBC 뉴스가 정치적 이슈를 당파적으로 다룬다는 사실보다는 쟁점이 되는 편집상의 결정들에 주목하는 경향이 있었다.

　BBC는 총파업 기간 동안 공정한 노선이라고 할 만한 것을 어느 것 하나도 취하지 못했다. 이러한 BBC의 실패는 BBC 또는 영국의 방송 관련 역사에서 널리 인정되고 있다(비록 그 실패의 정도나 BBC와 정부 간의 공모 수준이 제대로 다루어지지 않긴 했지만). 전형적인 설명은 BBC 최초의 공식 역사가인 아사 브릭스(Asa Briggs)에 의해 제시되었다. 그는 BBC가 "파업 기간 내내 위태로운 독립성을 유지했다"라고 기술했다.[26] 이것은 대체로 맞다. 리스는 BBC가 정부의 직접적인 지배를 받지 않게끔 열심히 노력했는데, 이는 BBC가 때로는 상당히 타협했음을 뜻한다. 하지만 종래의 저작들은 이 에피소드를 보다 많은 독립성을 확보하려는 도정의 평탄치 않은 출발로 인식했기 때문에 이 에피소드는 잘못 해석되어왔다. 그것들은 위기의 초기 동안 BBC와 정부 간에 이루어진 타협, 기성체제와의 통합 또는 국가 자체와의 통합 등의 정도를 간과하고 있다. 위태로운 독립성은 사실 그 후 줄곧 BBC의 제도적인 존재를 규정해왔으며, 국가 기관들과 평행해서 BBC가 진전시킨 상당히 제한된 공정함의 개념도 오래 지속되고 있다.

BBC의 공식 역사가로서 브릭스의 후계자인 진 시턴(Jean Seaton)은 총파업에 관한 자신의 논의에서 위기 초기에 방송사와 정부 간에 이루어진 타협과 조정은 BBC에서 '정치적 중립이라는 윤리'가 지속되도록 만드는 한편 허위의 유포가 아닌 정보의 전략적인 '선택과 제시'에 기초한 프로파간다 전통을 세웠다고 기술했다.[27] 실로 데이비슨과 리스는 이 동일한 '윤리'를 공유했다. 그들은 명백한 거짓말, 또는 감정을 불러일으키는 재료를 프로파간다와 연결지어 생각했으며, 스스로를 국익을 위해 정확한 정보를 배포하는 데 책임이 있는 사람들이라고 여겼다. 파업과 관련한 비밀보고서에서 데이비슨은 다음과 같이 기술했다.

> 부위원장이 임명되었을 때 그는 정부의 일원으로서 홍보를 담당할 것으로 기대되었다. 또한 그는 어떤 프로파간다에도 연루되어서도 안 되며, 필요한 경우에 검열을 받지만 변조하지는 않은, 정부 뉴스의 수집자이자 배포자로서의 역할만 수행하는 것으로 이해되었다.[28]

이것은 이후 제2차 세계대전 기간에 BBC와 영국에 의해 재현된 프로파간다의 개념이자, BBC의 조직 문화에 깊이 침윤한 개념이다.

'정치적 중립의 윤리'로 인해 종종 이상한 모순에 다다르기도 했다. 총파업 동안 '객관적인 보도의 유지'를 천명한 BBC 경영위원장의 메모가 대표적인 사례다.

> 총파업을 연장하면 노조가 유지하고 향상시키겠다고 주장하는 임금과 생활수준이 분명 저하될 것임을 일반 사람들에게 알리려고 노력해야 하며, 총파업이 최대한 빨리 만족스럽게 종결될수록 모든 부문의 임금 노동자들에게 더 좋을 것임을 명확히 밝혀야 한다.[29]

시턴은 총파업 기간과 그 후의 BBC 노선을 '정치에 대한 부정'이라고 표현했다. 그러나 이런 설명은 국가 권위를 무조건적으로 수용했다는 해석보다 덜 시사적인 관념적 해석이다. 정치를 부정했다기보다는 BBC의 문화와 보도 행위에 지대한 영향을 미치는 일련의 제도와 운영 지침에 동화되거나 종속되었다고 할 수 있는 것이다. 총파업이 일어나고 몇 년이 지난 후 작성된 BBC 내부보고서에 따르면 뉴스 서비스의 초기에는 검열이 없었지만 "정부 부처와 밀접한 관계를 유지하면서부터 …… 뉴스가 정부 정책과 궤를 같이했다".[30]

BBC와 정부, 그리고 기득권층이 밀접하게 어우러진다면 BBC는 '국영방송'으로 인식될 것인가? 정계와 저널리즘 부문, 그리고 학계의 공영방송 옹호자들은 BBC가 개척한 방식을 좀 더 명백히 정치화한 다른 모델 또는 선뜻 국영방송으로 언급되는 다른 모델과 구별하려고 노력했다. 예를 들어 시턴은 BBC가 "한번도 '국영'방송이었던 적이 없으며", 그것은 BBC가 '정부의 보조금과는 분리된 수입'을 가지고 있기 때문이라고 주장한다. 그녀는 BBC의 고위직들이 정부 방침과 독립적으로 일하고 있고 정부의 교체에 따라 바뀌지 않는다고 기술했다.[31] 시턴은 BBC의 역사 내내 BBC의 수입이 정치적 영향력의 도구로 이용되어왔다고 지적한다. 한편 BBC의 여타 기능들은 국가의 많은 비당파적 기구들에 의해 공유되고 있다. 실로 영국의 행정 사무는 법규가 정한 대로 정치적 공정성과 객관성이라는 핵심 가치를 BBC와 공유하고 있다. 리스는 BBC가 '확실히 국가의 부서가 아니라'[32] 정관에 따르면 공영방송에 헌신할 기관으로 설립되었다고 여겼다. 이것만큼은 사실이며 이 질문에 최종적인 답을 얻기는 어려워 보인다.

랠프 밀리밴드(Ralph Miliband)(영국의 좌파 사회학자 _옮긴이)가 지적한 대로 국가는 "하나의 개체가 아니라 중앙정부, 행정기관, 군대, 경찰, 지법, 지방정부, 입법부 등의 기관들이 상호작용하는 다양한 세트다". 밀리밴드는 국가의 행정조직이 "전통적인 관료체제 너머까지 뻗어 있으며, 경우에 따라서는 특정한 행정부서와 관련되어 있는, 상대적으로 클 수도 있고 작을 수도 있는 자율성을 누리는 매우 다양한 기관들, 즉 공기업, 중앙은행, 규제기관, 기타 등등"을 포함한다고 말한다. 밀리밴드는 BBC를 국가 체제의 일부로 여기지 않았지만, BBC는 그가 정의한 바에 잘 들어맞았다.[33] 사회학자였던 톰 번스(Tom Burns)는 자신의 연구서에서 BBC를 독립적으로 활동하도록 설립된, 그러나 '정부 방침에 따라' 활동할 것이 기대되고 '필수적인 통제수단'으로 관리되는 준독립기관인 '특수법인(Quango)'(정부로부터 재정 원조와 상급 직원의 임명을 받지만 독립된 권한을 지닌 기관 _옮긴이)으로 이해해야 한다고 주장했다.[34]

BBC는 분명 막스 베버가 물리적인 힘의 합법적인 사용이라고 말한 경찰처럼 현대 국가의 억압적인 기구에 필적한다. 런던 경찰청은 개별적인 '치안' 활동들을 통합해 만들어졌고 내무성의 통제를 받았다. 이러한 유래는 BBC가 형성된 초기의 역사와 뚜렷하게 비교된다. 치안 기능을 내무상(home secretary) 권한하에 두었음에도 내무상이 경찰의 '공정함'이나 '운영의 독립'을 간섭하지 않도록 법규가 마련되었다.

런던 경찰청이 법령(statute)에 따라 설립된 데 비해서 BBC는 칙허장(Royal Charter)에 따라 설립되었다. 이 점에서 BBC는 공식적으로 의회에 대해서가 아니라 국왕에 대해서 책임을 진다. BBC 경영위원들(governors)과 이사들(trustees)의 임명뿐만 아니라 칙허장의 갱신 또한 공식적으로 추밀원(Privy Council)의 명령에 의해 이루어져왔다. 추밀원은 대권(Royal Prerogative), 즉 민주적인 통제의 대상이 된 적 없는 절대왕권의 행사와 관련해 군주에게 조언하는 기관이다. 이들 권한에는 전쟁 선포, 훈장 수여, 공무원의 임명 등이 포함된다. 고위 공무원 및 BBC 이사의 임명 같은 추밀원의 명령은 본질적으로 재임 군주에 의해 승인된 중앙정부의 명령이다. 이런 명령은 BBC뿐만 아니라 옥스퍼드대학교와 케임브리지대학교, 그 밖의 역사가 오래된 대학교, 사립학교, 병원, 전문인 단체, 동업자 단체, 런던 수공업자 조합, 은행, 척식회사 등을 포함한 수백 개의 '국왕의 허가를 받은 기관들(chartered bodies)'을 지탱하는 법적 기반이다. 이런 기관들의 일부가 완전히 체제 조직이 된 것과 달리 몇몇 기관은 '시민 사회'의 부분으로 인식되고 있다. 그러나 상당수의 기관은 영국 사회의 중심 권력을 이루는 국영, 준국영, 또는 비국영의 조직체 무리 속에서 핵심적인 위치를 차지하고 있다. 1327년과 1694년에 각각 인가된 런던시(City of London)와 잉글랜드 은행(Bank of England)이 대표적이다. 이 스펙트럼에서 BBC가 어디에 위치해야 하는가는 언제나 불명확할 것이다. 그 이유는 BBC의 '독립성'이 본질적으로 모호하기 때문이다.

인류학자인 조지나 본(Georgina Born)이 보기에, "BBC의 정치적 성격을 결정짓는 요인은 BBC의 법적 지위다".[35] 다소 신기하게도, BBC와 넓은 범위에서의 영국 체제(the broader British Establishment) 둘 다 이런 법적 지위가 공사(Corporation)의 공정성을 위협하는 것이 아니라 축하할 만한 독립성의 기반이라고 여겨왔다. 1964년에 당시 사장 휴 그린은 자신은 BBC가 영국에서 그리고 국제적으로 신망을 받는 주된 이유가 BBC가 지닌 독립성 때문이라고 생각하는데 이 독립성은 분명 그 '법적 지위(constitutional position)'에서 비롯된다고 기술했다.[36]

당시 널리 알려진 '정관의 범위 안에서(within the constitution)'와 '독립적인(independent)'이라는 — 또는 비정치적인(apolitical)이라는 — BBC의 주장은 양립하기 어려워 보인다.[37] 그러나 영국 엘리트의 시각에서 보자면 그것은 정관이 의미하는 바 — 공적 논쟁의 영역 밖에 실재하는 제도와 실행 — 를 정확하게 반영한 것이다. BBC가 '법적 지위(constitutional status)'를 갖게 되었다고 말하는 것은 군주제나 런던시, 잉글랜드 은행처럼 정치 너머의 위상을 획득했음을 뜻한다. 주목할 점은 BBC가 이런 위상을 매우 빨리 획득했다는 것이다. 리스는 기성체제가 비판을 받은 시기에 이 성과를 자랑스럽게 회고했다.

내가 좀 더 숙고했거나 잘 알았다면 나는 BBC가 체제의 일부가 되는 것을 피하려 했을 것이다. 기성체제는 나름대로 할 말이 많을 것이다. 실로 그런 결정은 BBC에는 상당한 찬사였다. 요즘 상황 같으면 그런 지

위를 당연히 획득했을 테지만 말이다.[38]

물론 이것이 BBC가 국가의 일부인가를 묻는 질문에 대한 답은 아니다. 그렇지만 이것은 불가피하게 의미론으로 빠져드는 질문이다. 확실히 BBC는 영국의 역사적 발전이라는 보다 폭넓은 맥락에서, 특히 전문적이며 외관상 공정한 행정의 출현 및 광범위한 모세관 기능들 — 그 기능의 일부는 각료의 영향력에서 벗어나 상당한 독립성을 가진 기관들에 의해 수행되는 — 의 발전이라는 맥락에서 이해될 필요가 있다.

방송에 관한 여러 공식적인 조사위원회 중 하나였던 1936년 얼즈워터 위원회(Ullswater Committee)는 다음과 같은 의견을 냈다. "공사라는 지위는 소관 업무의 일상적인 수행에서 독립적이며, 여왕 폐하의 정부에 의해 최종적으로 통제를 받는 조직 형태다."[39] 전간기(양차 세계대전 사이의 시기)부터 이 상황은 거의 변하지 않았다. 분명 BBC가 누려온 자유의 정도는 정치적으로 중요했으며, 때로 BBC는 강력한 이해에 저항하는 기지로서 역할하기도 했다. 그러나 곧 사장이 될 버트가 지적했듯이, BBC는 항상 "국가 및 다른 주요한 권력들의 그늘 아래" 놓여왔다.[40]

〈파노라마〉의 프로듀서를 지낸 메이리언 존스(Meirion Jones)는 "조직의 근본적인 편향성은 정당에 관계없이 친정부적이다"라고 기술했다.

내가 보기에 정부에 대한 BBC의 충성심이 흔들렸던 유일한 시기는 존 메이저(John Major) 수상 재임 시의 검은 수요일 이후와 고든 브라운(Gordon Brown) 행정부 동안이다. 각각의 경우에 대해 비꼬는 사람은 BBC가 수상들이 주저앉을 정도로 지쳐 있던 것, 그리고 반대편이 곧

선출되어 BBC의 재정을 통제할 것을 지켜볼 수 있었다고 말할 수도 있다.[41]

　이런 식의 솔직함은 흔치 않다. 저널리스트이자 학자인 존 노튼(John Naughton)은 "BBC가 정부로부터 독립적이라는 인식"이 "영국이 운영되는 독특한 법적 신비의 하나"라고 표현했다.[42]

　80년 동안 BBC의 법적 성격은 경영위원회에 달려 있었다. 경영위원회는 2007년에 BBC 트러스트로 대체되었다. 두 기관의 구성원은 공히 독립적이며, 수상에 의해 추천되고 국왕에 의해 임명된다. 또 하나의 독특한 법적 신화다. 실제로 BBC의 경영위원들과 이사들은 집권당의 지도자 및 측근들에 의해 임명되어왔다. 관례상 그들은 특정 정당에 속하지 않은 인사이며, 프로그램 제작에 간섭할 수 없다. 그렇지만 이렇게 임명받은 사람들은 많은 경우, 그리고 대부분의 경영위원장은, 매우 정치적이며 간섭주의자였다. 이런 면에서 대처 수상의 재임 시기가 두드러진다. 권위적인 정부의 이익을 대변하는 경영위원회의 권한에 대해 1977년 당시 사장이던 이안 트레소언(Ian Trethowan)은 통찰력 있게 표현했다.

　두 당의 정부는 그동안 임명권 행사를 통해 경영위원회가 폭넓은 의견의 스펙트럼을 반영하도록 주의를 기울여왔다. 실제로, 내 경험으로 판단하건대, BBC 경영위원들은 우리의 독립성을 지키는 중요한 부분으로 스스로를 인식해왔고, 또 그렇게 행동했다. 문제는 사악한 의도를 가진 정부가 경영위원 임명권을 나쁘게 편의적으로 사용할 수 있다는 것이다.[43]

정부가 쓸 수 있는 또 하나의 편의적인 무기는 BBC의 재원에 대한 통제권이다. 수신료는 시청자와 청취자들로부터 직접 받는 수입이기 때문에 정부로부터 BBC의 독립성을 지키는 제도이며, 따라서 BBC는 그들에게 직접적으로 책임을 져야 한다고 이야기되곤 한다. 한 가지 예로, BBC의 칙허장 갱신에 관한 2015년 의회 브리핑 문서에는 BBC가 '독특한 구조'를 가지고 있으며 그런 구조 속에서 "BBC는 국가로부터 대체로 독립적이며 텔레비전을 보는 사람들에게서 재정을 조달한다"라고 기술되어 있다.[44] 이것은 어느 정도 사실이다. 만약 BBC가 일반 과세에 의존한다면 정부의 영향력이 훨씬 더 커질 수 있다. 그렇다고 수신료 체제에 따른 상대적인 독립성이 과장되어선 안 될 것이다. 정말 중요한 것은 누가 돈을 제공하느냐가 아니라 누가 그것을 통제하느냐다. BBC의 수용자는 실제로 이 문제에 있어서 아무런 선택권이 없다. 영향력 행사에서 유효한 수단임이 증명된 임명권처럼 수신료의 수준은 정부에 의해 정해진다.

BBC는 상대적으로 풍요로운 시기에 정부로부터 좀 더 많은 자율성을 갖는 경향이 있다. 내핍 시기에는 정부의 재정 레버리지가 커지곤 한다. 텔레비전 프로그램 편성국장이던 스튜어트 후드는 1960년대 그린 사장 재임 동안 BBC에 이전보다 자유주의적이며 독립적인 문화가 확산되었는데 그 이유는 부분적으로 수신료 수입이 증가한 데 있다고 지적했다.

> TV 수신료의 상승 그래프를 따라 BBC의 수입도 동반해 증가했다. 이것은 BBC가 수신료를 올려달라고 정부에 요청할 필요가 없다는 것을 의미했다. …… 맥밀런 사장이 재임하던 시기에 BBC는 '더 이상 좋을 수

없는' 시절의 수혜자였다. 번영의 순간에 사회적 변화를 배경으로 방송사들은 거대한 단일 조직체의 균열을 활용할 수 있었고 실제로 그렇게 했다.[45]

이런 좋은 재정 환경은 1960년대 중반부터 뚜렷하게 바뀌었다. 이 시기 전에 BBC는 수입이 지속적으로 늘었으나 그 뒤에 나타난 인플레이션으로 인해 노동당 정부에 수신료 인상을 요청해야 했다. BBC 리더십이 재정에 관한 정부의 처분에 내둘리는 상황은 자연스레 정치적 결과로 이어졌다. BBC의 인사국장이던 마이클 벳(Michael Bett)은 1970년대 말에 다음과 같이 회고했다.

수신료 문제가 매우 중대한 정치적 이슈가 되었다. 그 때문에 정부가 BBC에 대해 어떻게 생각하는지가 매우 중요했는데 BBC는 일반의 평판에 기댈 수 없었다. BBC는 정부의 마음에 들어야 했다.[46]

보다 최근에는, 현 보수당 정부가 BBC에 대해 내핍 정책을 견지하고 있다는 이유로 비난을 받았다. 정부는 2010년에 이미 수신료를 가혹하게 조정했음에도 BBC의 수입을 돌연 급격히 삭감했다. 2015년 보수당이 예기치 않게 선거에서 승리하고 얼마 지나지 않아 정부는 75세 이상자에 대한 수신료 지원을 철회하겠다고 발표했다. 이 발표를 하면서 조지 오스본(George Osborne) 재무상은 BBC가 "공적으로 재정을 조달하는 기관이기 때문에 공적 부문의 다른 기관들처럼 긴축해야 한다"라고 설명했다.[47] 이 정책은 토니 홀(Tony Hall) 사장과의 비밀회의에서 합의되었는데, 나중에 전임 사장인 마크 톰슨(Mark Thompson)

으로부터 "지극히 부적절하다"는 평가를 받았다.[48] 1996년부터 2001
년까지 BBC 경영위원장을 지낸 크리스토퍼 블랜드 경(Sir Christopher
Bland)은 이 정책이 BBC가 "정부의 한 부문이 되는 데 일조하고 있다"
라고 경고했다.[49] BBC 저널리스트 출신으로 문화성 장관을 지낸 블레
어주의 신봉자 벤 브래드쇼(Ben Bradshaw) 노동당 국회의원은 그 정책
을 "BBC 독립성에 대한 중대한 공격"이라고 불렀다.[50]

정부가 BBC에 대해 가할 수 있는 최대치의 위협은 아마도 BBC의
존속에 대한 결정권일 것이다. 1926년 총파업이 끝나고 얼마 지나지
않은 1927년에 칙허장에 따라 공사로 설립되었던 BBC는 원래 10년을
기한으로 운영할 권한을 부여받았다. 그때 이후 BBC 칙허장은 주기적
으로 갱신되거나 수정되어왔지만 한 번도 공사로서 영속할 것을 명시
하지 않았다. BBC의 구성에 관한 또 하나의 중요한 문서인 면허와 협
정(Licence and Agreement)은 관계 장관과의 협상을 통해 만들어지는
데, 관례상 의회에서 논의되긴 하지만 제한된 형태의 민주적 감독도
받지 않고 있다.

이들 다양한 체계와 과정이 BBC의 독립성을 해치는지 아닌지는 그
조건이 어떻게 이해되는지에 달려 있다. BBC는 정부의 지침 없이 운
영한다는 매우 제한적인 의미에서 독립성을 누려왔고, 영향을 미치는
다양한 체계는 프로그램 제작과는 적어도 한 걸음 떨어져 있다. 한편
으로 이들 체계는, 비록 간접적이라고 해도, 자원의 내부적 배분, 편집
및 관리 권한에 영향을 끼침으로써 BBC의 산출과 사무 관리에 대한
정치적 영향력을 행사한다. 보다 분명하게는 이들 체계가 BBC를 결국
종속적인 위치에 놓이게 하고, 그다음에는 보다 공공연한 정치적 압력
에 속절없이 취약하게 만든다.

조지나 본은 BBC를 '모순된' 기관이라고 여긴다. 그녀는 BBC가 비록 '짧은 끈에 묶여 있지만' 진정한 자주의 징후를 여전히 보이고 있다고 말한다.[51] 이 말은 정확하며, BBC 조사의 출발점으로서 독립성의 전체적인 개념에 문제가 있음도 시사한다. 다시 말해, BBC는 은연중에 자신을 대체로 동질적인 하나의 조직체로 추정한다는 것이다. 사실 BBC는 그 자신의 기관적 성격, BBC가 가지는 독립성의 본질, BBC와 정부 또는 국가 간의 관계 등의 문제들을 포함해 많은 중요한 정치적 논쟁이 벌어지는 장이었다. 이런 '모순들'은 BBC 내부의 논쟁뿐만 아니라 사회의 권력분배를 놓고 벌이는 보다 광범위한 다툼과도 연관되어 있다는 사실로 인해 그림은 더 복잡해졌다. BBC의 독립이라는 개념은 이들 정치적 갈등에서 중요한 역할을 하고 있다. 이 개념은 방송이 사회체제로 편입될 때 필요한 조건을 이상화한 표현으로서 등장했고, 시간이 지나면서 방송사들과 정치인들 모두 조건을 다투는 싸움에서 서로 동원하는 정치적 원칙이 되었다. 따라서 독립성은 권력이 BBC에 영향을 미치려 할 때마다 떠받쳐야 할 매우 중요한 이상이다. 그렇지만 독립성이 BBC 및 영국 사회에서 BBC가 담당하는 역할에 대한 분석에서 좋은 출발점이 되진 못한다. BBC는 내부의 논쟁을 부각시키지 않으려 했을 뿐만 아니라 BBC가 정부 또는 체제 내의 다른 부문들과 의견이 상충하는 경우 공정하게 다루지 않았다. 이것은 공모와 결탁에 눈감는 것이자 BBC가 다른 엘리트 정치기관들을 형성한 것과 동일한 사상적·물질적 힘의 산물임을 간과하는 것이다. BBC가 정말로 정부로부터 독립적인지 묻는 것보다 유익한 접근법은 BBC의 제도적 구조와 문화를 형성한 사회 세력이 무엇인지, 그리고 이런 장치들이 좋은 저널리즘을 독려하는지 아니면 막는지, 또한 이런 장치들이 누구의 이익을 대변하고 있는지 묻는 것이다.

BBC처럼 위계적인 조직을 이해하려면 가장 높은 자리부터 살펴볼 필요가 있다. BBC의 정점에는 경영위원들이 있다가 2007년부터 이사들로 바뀌었다. 이들 고관은 강력한 이사장의 지휘를 받는데, 이들은 공사의 전반적인 경영 방침을 정하고, 전략과 예산배정을 승인하고, BBC 집행부의 운영을 감독한다. 이들은 중앙정부에 의해 임명되는데, 대부분 기득권층에서 추린 '기성체제' 인물들이다.[52]

경영위원들은, 그리고 나중에는 이사들은, '최고 경영자' 겸 '편집책임자'인 사장 — BBC에서 가장 막강한 사람 — 을 선발하는 책임을 져왔다. 그는(아직 여성이 사장이 된 적은 없다) 대부분 위임되지만 BBC 산출에 전반적인 책임을 지며 BBC의 고위 경영자들을 대표한다. 이들 고위 경영자는 주로 정책 수립을 담당하는 부서장들로, 집행이사 직위를 갖고 있으며 최근 포함된 일부 부서의 국장들과 함께 집행이사회(Executive Board)를 구성한다. 집행이사회의 구성원들은 BBC의 경영과 산출에 직접적으로 책임을 진다. 이들은 특정한 프로그램 부문에 자원을 배분할 수 있는 권한을 갖고 있으며, BBC 위계에서 상대적으로 낮은 단계를 구성하는 자리에 대한 인사권을 행사하고 있다.

사회적 유동성 및 아동 빈곤 위원회(Social Mobility and Child Poverty Commission)의 2014년 보고서는 BBC의 고위 경영자, 그리고 백여 명의 BBC 간부들을 거리낌 없이 '영국의 엘리트' — 정치인, 공무원, 슈퍼리치, FTSE 350개 기업 대표, 신문 칼럼니스트, 기타 그룹 등과 함께 — 로 분류했다. BBC의 간부 125명에 대한 위원회의 조사 결과, 26%가 사립학교를 다녔고(전체 인구에서는 이 비율이 7%이다), 33%가 옥스브리지를 다녔으며(전체 인구에서는 0.8%), 62%가 러셀 그룹 대학에 다닌 것(전체 인구에서는 11.4%)으로 나타났다. 이들 수치는 보고서에서 보여준 대로 영국의 다른 파워 엘리트 집단과 비슷했다.[53] BBC 고위 간부들의 급여는 매우 많다. 2014/15년에 BBC 집행이사회의 상임이사 7명은 평균 42만 4000파운드(약 6억 2000만 원 _옮긴이)를 받았다.[54] 약 80명의 BBC 중역은 신문의 거센 비판으로 간부 급여에 대한 삭감 조치가 시행된 이후에도 15만 파운드 이상 받은 것으로 추정된다.[55] 100명 정도인 보도부문의 에디터급 간부들이 받는 연봉은 평균 10만 파운드 이상이고, 최고위 간부의 수입은 그것의 두세 배에 이른다.[56]

에디터급 간부 아래에서도 유사한 기득권 배경을 확인할 수 있다. 2006년에 서턴 트러스트(Sutton Trust)는 영국의 주요 저널리스트 100명의 교육적 배경을 조사했는데, BBC에서는 31명이 포함되었다. 조사 결과, 54%가 사립학교에서 교육받았고, 45%가 옥스브리지를 다녔다.[57] 교육적 배경은 당연히 계급적 배경을 공유한다는 지표다. 그것은 또한 사상까지는 아닐지라도 태도와 성향을 공유한다는 의미로서, 성장의 여러 다른 경험과 함께 엘리트 유대의 중요한 기반이다. 따라서 학력 사회를 자연스레 인정하게 되는 엘리트주의적 충원은 합법성의 측면에서 심각한 문제를 야기한다고 인식됨에도 기관 내에서 그리고 기관을 넘어서 미묘한 유대감을 조성한다.

BBC의 경우 충원이 대놓고 정치적으로 이루어져왔다. 강한 옥스브리지 지향성과 함께, 특히 1990년대 이래 BBC와 국회 간 인적 교류가 활발해졌다. 이 시기 전에는, 즉 1930년대부터 1980년대까지는 수천에 이르는 BBC 임명 건에 대해 정보기관이 '반체제' 인사라며 비밀 거부권을 행사했다. 나중에 살펴보겠지만 이런 관행은 국가의 안전을 위해 BBC에 소련 첩보원이 들어오지 못하게 하는 것과 관계가 없다. 그

보다는 MI5(영국의 정보기관으로, 나중에 국내 담당의 MI5와 해외 담당의 MI6로 분리됨 _옮긴이)가 공직을 맡기에 너무 급진적이라고 여기는 사람들을 배제하려고 만든 체계다. 더욱이 이 관행은 국가가 BBC에 강요한 것이 아니었다. 이 관행은 BBC의 '공정성'을 지키는 데, 그리고 편집권을 실행하고 이를 위한 여러 시스템을 보호하는 데 이 관행이 유효한 체계라고 판단한 BBC 지도부에 의해 조장되었다. 우리는 여기서 다시 한 번 '공정성'과 국가에 의해 정의된 국가이익 간의 고전적 융합을 목도하게 된다.

　BBC에서 운용되는 좀 더 평범한 편집권의 체계는 무엇인가? 사회학자인 필립 슐레진저(Philip Schlesinger)는 BBC 저널리스트들이 왜 '자신이 상당히 높은 수준의 자율성을 제공하는 시스템에서 일한다'고 생각하는지, 왜 '위계의 꼭대기에서 먼저 정한 방침'이 '명령의 사슬'을 거쳐 아래로 작동한다는 사실을 대체로 인식하지 못하는지, 그리고 왜 '보도국에서 일하는 사람들이 당연한 것으로 여기는 태도'를 갖게 되었는지 기술했다. 그는 BBC 저널리스트들을 '지각없는 묵종에서부터 완전한 헌신까지 다양한 형태로 BBC가 자신에게 제공한 기업적 프로페셔널리즘의 모델'을 받아들인 '한 무리의 순응주의자들'이라고 보았다.[58] BBC 중역을 지낸 스튜어트 후드는 거의 같은 시기에 에디터 또는 프로듀서가 당연한 것으로 여기는 태도를 "프로그램 기풍: 어울리는 것과 적절한 것, 받아들여지는 것과 받아들여지지 않는 것을 판단하는 관점으로, 프로그램 제작에 관여하는 사람들에 의해 점차 체득됨"이라고 적었다.[59] 한 예로, 헨디(Hendy)는 제4라디오의 역사에 관한 글에서 이렇게 썼다. "시간이 지나면서 프로듀서들은 수용될 수 있다고 자신이 생각하는 것에 자신의 아이디어를 맞추는 법을 배워나

갔다."

유명한 라디오 프로듀서 제프리 브리슨(Geoffrey Bridson)은 다음과
같이 말했다.

> 국내방송(Home Service)[제4라디오의 전신]에서 핵무장, 소련, 매카시
> 즘, 빈곤, 또는 인종차별과 같은 문제를 다룬 다큐멘터리를 방송하려고
> 노력했다. 하지만 이런 주제들은 '너무 논쟁적이거나 너무 정치적'이라
> 는 이유로 제작할 수 없었다. 그는 BBC가 국내방송을 기존의 옳다고 인
> 정된 견해들을 반영하는 곳으로 여기게 되었다고 결론지었다.[60]

옥스브리지 기관에 어울리는 BBC의 '프로그램 기풍'은 미묘하고 거
의 대학 같은 분위기에서, 그러나 명백히 위계적인 맥락에서 형성되어
왔다. 톰 번스는 "주제, 또는 관점, 또는 영상 배열, 또는 출연자와 관
련해 조금이라도 마음에 의심스러운 게 있으면 책임 에디터나 부서장
에게 문의해야 한다는 것이 프로듀서들에게 반복적으로 주입되어 있
다"라고 지적했다. 그는 이런 '문의'가 운영 측면에서보다는 상징적으
로 더 의미가 있다면서 앤서니 스미스(Anthony Smith)의 관찰을 인용
했다. "중요한 이슈에 관해 자신의 상관이 생각하는 것에 좀처럼 의문
을 갖지 않는다. 따라서 윗사람이 허락할 방식으로 그런 문제를 정한
다면 문의를 피할 수 있다."[61] 1973년에 발표된 정책문서「BBC 프로
그램의 기풍과 기준(Tastes and Standards in BBC Programmes)」에서
BBC 텔레비전 본부장 휴 웰던(Huw Wheldon)은 다음과 같이 말했다.
"다양한 인간적 표현으로 나타나는 BBC의 분노는 특히 문의하지 않는
사람들을 향한다."[62]

슐레진저는 논란이 될 만한 정치적 문제를 윗사람에게 '문의'하는 절차가 관료주의적 지휘권 — 그가 BBC의 '법인 이데올로기'라고 부르는 것에 직원들이 확실히 따르게 하는 — 의 좀 더 폭넓은 시스템의 일부로서 발전했다고 지적한다. 폭넓은 조직적 통제는 내부적 정책 출판물의 개발과 배포, 또는 직원의 발탁 및 승진 등을 통해 이루어지며 이것은 비공식적인 '허가 과정'의 역할을 한다고 그는 설명한다.[63]

이들 다양한 체계가 '이데올로기적'인 것은 아니다. 저널리스트는 에디터들의 지배적인 뉴스가치를 수용하지 않아도 되고, 오히려 그것을 전복할 수 있는 방법을 찾을 수도 있다. 그러나 BBC와 같은 관료체제는 다소 한정된 자리를 위해 출세의 기회를 잡는 방식으로 작동한다. 더욱이 복종의 압력이 BBC 내부에만 국한되지 않는다. 계급과 교육적 배경은 누가 우선 선발될 것인지에 영향을 미치며, 또한 매우 중요한 자리를 위한 경쟁에서 이기기에 충분할 만큼 운 좋은 사람들은 '회사 정치(corporate politics)' 및 동료와 상사가 자신들에게 기대하는 바 — 그들이 BBC 외부의 사람들 및 기관들과도 관계를 갖는 폭넓은 관계에 입문한다는 것 — 를 이해해야 한다. 예를 들어 정치부 기자는 기사의 내용 및 방법과 관련해 BBC 에디터들이 기대하는 바를 잘 알아야 한다. 에디터들도 공식적인 정치와 권위 있는 정치 논평에 정통할 것이 요구된다. 이것이 BBC의 조직 문화다. 실로 BBC의 '회사 이데올로기'는 BBC 고위 경영진과 그들도 그 일부인 좀 더 폭넓은 체제와 협의되고 재협의된 정치적 타협이 제도화된 것이다. 톰 번스는 자신의 연구에서 "프로듀서와 그의 상사들 간 관계는 BBC와 BBC 밖의 권력 간 관계를 반영한다"라고 날카롭게 지적했다.[64]

좋은 사례로, 번스의 연구가 진행되던 시기인 1970년 1월에 새로 사장이 된 찰스 커랜이 회의를 위해 일단의 BBC 기자와 프로듀서를 자신의 사무실로 소집한 일을 들 수 있다. 커랜은 전년도에 진보적인 휴 그린의 뒤를 이어 사장이 되었는데 그의 성향은 보수적이었다. 그는 BBC 기자들이 반체제 기조를 취하고 있으며 정부 관계자에 대한 질의가 가차 없다는 말로 회의를 시작했다. 기자와 프로듀서들은 개인적인 편견에서 벗어나 권위에 의문을 제기하는 것이 자신들의 역할이라고 받아쳤다. 커랜은 권위에 비판적인 질문을 하는 것이 BBC 기자가 할 일의 일부임은 인정하지만 그런 권위를 공정하게 다루는지 감독하는 것이 사장으로서 자신이 할 일의 일부라고 결론지었다.[65]

또 하나의 사례는 비슷한 시기인 1975년 당시 BBC 이사장이던 마이클 스완(Michael Swann)과 노동당 정부의 수상이던 해럴드 윌슨(Harold Wilson) 간에 가진 저녁 만남이다. 저녁을 같이 하면서 두 사람은 1960년대의 급진주의가 BBC에 미친 영향에 대해 이야기했다. 대화 메모에는 이렇게 적혀 있다.

> BBC에 미친 '히피'의 영향에 대해 이야기하면서, 마이클 스완 경은 BBC에 이런 문제가 전혀 없다고 하지는 않겠지만 에든버러대학교[그가 부총장을 지낸]에 비하면 쉬운 일이라고 말했다. 그렇지만 너무나 많은 젊은 프로듀서들이 프로그램 제작에 임하면서 주제와 관련해 '웃기시네!'로 요약할 수 있는 태도를 처음부터 갖고 있다고 그는 생각했다. 이는 BBC 경영진 가운데 그와 다른 사람들(스완 경은 특별히 휴 웰던을 언급했다)이 개탄한 태도였고, 그래서 경영진은 자신들의 영향력을 행사해 그런 기류를 제어하려 했다.[66]

수상이 이런 노력에 찬성했다는 사실은 그보다 2년 전에 있었던 스완과 윌슨 간의 만남을 기록한 또 다른 파일이 증명한다. 이 파일에는 "경영위원들, [사장], 고위 간부들의 지휘권에 대한 논의가 [윌슨에게] 큰 힘이 되었다"라고 기록되어 있다.[67]

이 두 가지 사례는 BBC 지배층과 정치 엘리트 간의 밀접한 관계를 보여준다. 그것은 보도 정책과 실제에 영향을 주어왔고, BBC가 민주주의나 평등주의 운동보다 엘리트를 훨씬 더 잘 따르게 만들었다. BBC 기자들은, 정도의 차이는 있겠지만, 독립성의 더욱 실질적인 개념들을 발전시킬 수도 있었고, 대립하는 정치 요소들을 전문적 이데올로기로 흡수할 수도 있었다. 그러나 그들은, 그들 중 많은 사람들이 그러하듯, 정치인이나 국가 관리들 같은 사회적 계층에서 뽑힌 상사에 대해 책임지고, 더욱이 BBC의 미래를 결정할 중진 정치인과 여타의 엘리트들과 좋은 관계를 지속하는 것을 담당하는 데 머물러 있다.

제2장

BBC와 정보기관: 만족스러운 관계

1935년 3월의 마지막 목요일, BBC는 미국의 시인이자 극작가인 폴 엥글(Paul Engle)과 나중에 계관시인이 된 영국계 아일랜드인 시인 세실 데이-루이스(Cecil Day-Lewis)가 현대시에 관해 벌이는 토론을 방송했다.[1] 데이-루이스는 1934년에 지역 라디오 방송에 몇 차례 출연한 적이 있었고, 그해 3월에는 〈청년들의 장래를 준비하다(Youth Looks Ahead)〉라는 BBC 시리즈에도 나왔다. 그는 기득권 출신으로 잉글랜드의 사립학교를 나왔고 옥스퍼드대학교에 다니며 오든(W. H. Auden)과 가깝게 지냈다. 그는 자기 세대의 다른 여러 엘리트 지식인처럼 좌파 이념에 매료되었고, 1933년에는 반전 선언에 서명하면서 정보기관의 주목을 받았다. 맨스필드 스미스-커밍(Mansfield Smith-Cumming)과 함께 정보국을 창설했던 버넌 켈(Vernon Kell) MI5 국장은 데이-루이스가 살던 첼트넘(Cheltenham)의 경찰서장에게 '공산당 운동의 지지자로 보이는' 데이-루이스에 대한 자세한 정보를 요청하는 편지를 썼다.[2]

1935년 데이-루이스가 BBC에 나타났을 때 프로듀서들은 그의 정치관과 그가 방송에서 했던 "문학의 발전에서 사회적 삶을 따로 떼놓을 수 없다"라는 주장을 우려했다.[3] 그들은 그의 원고를 누그러뜨리려 시도했지만 그는 자신이 써온 대로 적어도 '정치와 문학 간의 관계에 대해 어느 정도의 언급'은 꼭 해야겠다고 주장했다. 데이-루이스의 전기작가에 따르면 이 주장은 "BBC 프로듀서들을 불안하게 했으며, 방송사들과 문학담당 기자들 사이에서 그를 점차 '공산주의자 세실(Red Cecil)'로 인식하게 만들었다".[4] 폴 엥글과의 BBC 방송을 마치고 난 다음날에 데이-루이스는 편지를 써서 공산당의 출판사였던 마틴 로런스(Martin Lawrence) 전교(轉交)로 보냈는데, 이 편지는 중도에 MI5 손에 들어갔다. 그는 편지에서 데모에 참가하지 못했던 것을 사과하면서 "오후 내내 BBC에 머물러야 했다"라고 설명했고, 도네이 대령(Co. Dawnay)이 11시에 갑자기 일어나 자기 가슴에 독사가 있다고 하는 바람에 BBC 스튜디오에서 일어난 '한바탕 소동'을 언급했다. 그는 또 BBC의 토론 부서에서 "기득권층은 그들[좌파]을 드러내려 최선을 다하고 있다"라고 주장한 일도 편지에서 언급했다.[5]

데이-루이스의 편지에 나오는 '도네이 대령'은 BBC 프로그램 제작 국장 앨런 도네이(Alan Dawnay) 대령을 말하는데, 그는 2년 동안 MI5와 비밀스럽게 접촉했다. 이튼 학교를 나왔고 직업군인이던 도네이는 영국군 정보국, MI2에서 러시아와 스칸디나비아 지역을 담당하는 부서의 대령으로 육군성(War Office)에서 근무하던 중 리스에 의해 발탁되었다.[6] 그의 MI5 연락책은 방첩 및 전복방지 부서를 책임지고 있던 오즈월드 재스퍼 하커(Oswald Jasper Harker) 준장이었다. '무서운 사람' 재스퍼 하커는 나중에 켈(Kell)을 뒤이어 MI5 국장이 되었다. 그는 앞서 인도에서 경찰로 일했고, 인도 총독부에 의해 곧 정보국으로 파견되었다. 켈의 지시에 따라 하커는 1933년 12월 21일 BBC의 도네이 대령과 점심을 함께 했다. 이 회합은 BBC와 정보기관 간의 첫 공식 접촉이었다. 하커는 켈에게 다음과 같이 보고했다.

> 도네이 대령은 처음에 BBC가 정치적인 주제를 합리적으로 공정하게 다룬다는 평판을 유지하기 위해 노력하고 있다는 점을 제게 매우 뚜렷이 내비쳤습니다.
> 저는 전반적인 기조가 우리 스스로도 추종하려는 기조라고 생각합니다. 바꾸어 말하면 투표함(ballot box)이 그들의 문제에 대한 올바른 해결책이라고 보는 정치적 입장은 합리적이며, 투표함의 범위를 넘어서는 것 ─ 가령 공산주의나 파시즘 같은 것 ─ 은 반란적이지는 않지만 파괴적이라고 봅니다.[7]

하커는 점심 회합에서 만일 '파괴적인 프로파간다가 BBC의 매체를 통해 시도되고 있다'라고 MI5가 판단하거나 '달갑지 않은 사람이 임용될 예정'인 경우에는 자신이 도네이 대령에게 '우정 어린 힌트'를 주겠다고 했다. 이에 대해 도네이는 BBC 임직원에 대해 어떤 의심이라도 들면 알리겠노라고 하커에게 말했다. 두 사람은 이런 합의를 비밀로 했으며, BBC가 아닌 첼시에 있는 도네이의 집에서 모든 메시지를 수발신하는 데 동의했다. 후속 보고서에서 하커는 "BBC가 조금이라도 관련된 사안에서 가장 바람직하지 않은 일은 도네이 대령이 저와 접촉한다는 사실이 널리 알려지는 것입니다"라고 지적했다.[8] 하커는 보고서를 다음과 같이 마무리했다. "저는 만족스러운 관계를 이루었다고 생각합니다."[9]

1934년 1월에 편지를 주고받은 뒤 하커와 도네이 대령은 그해 3월에 두 차례 만났다. 첫 만남은 1934년 3월 14일 저녁에 가졌는데 그날 대화의 주제는 한 주 앞서 일어난 사건이었다. 〈국민성(The National Character)〉이라는 시리즈 프로그램의 일부에서 발언하기로 했던 좌파 성향의 한 노조원이 생방송 중 대본에서 벗어나 BBC가 검열을 하고 있다고 비판해 BBC 경영진을 난감하게 만들고 정보기관을 놀라게 했던 사건이다. 그 노조원은 전국 자동차 노동조합의 대의원인 윌리엄 페리(William Ferrie)로, 그는 자동차계 거물 허버트 오스틴 경(Sir Herbert Austin)의 발언에 대응하라는 요구를 받는 중이었다. 허버트 경은 '현대 산업과 국민성(Modern Industry and the National Character)'이라는 제목의 연설에서 산업 부문에서 최근 이루어진 발전 덕분에 노동자들의 삶이 매우 향상되었다고 주장했다.[10] 페리의 초고는 영국 노동자들의 생활 현황을 설명하면서 보다 근본적인 해결책이 필요하다는 내용이었다. 페리는 "컨베이어 벨트가 우리의 주인이다"라고 주장했다. "만약 공장 경영진이 작업 속도를 10% 올리면 천 개의 손도 10% 빠르게 움직여야 한다. 갤리선에 묶인 노예들처럼 컨베이어 벨트에서 일하는 우리들도 거기에 묶여 있다고 말하는 것이 과장은 아니다."[11] BBC는 페리에게 발언의 수위를 낮추라고 요구했고 그도 처음에는 그에 동의했다. 그러나 실제 방송에서는 그러지 않았고 다음과 같이 말했다.

지난주에 대고용주인 허버트 오스틴 경이 영국의 노동자에 관해 발언했고, 저는 영국 노동자에 대해 어떻게 생각하는지 말하라는 요청을 받았습니다. 저 스스로도 노동자이지만, 제가 여러분에게 말씀 드리고자 하는 것들이 BBC에 의해 검열되고 변형되고 삭제되었습니다. 영국의 노동 계급을 희화화하지 않으면 발언의 기회조차 없을 것이라고 판단되었습니다. 그래서 저는 BBC의 검열에 저항하면서 대신 신문에 발언하려고 합니다.[12]

MI5와 BBC 경영진에 있어 쟁점은 왜 페리가 수정된 원고에서 벗어났는가도 아니었고, 또 왜 그가 본래 연설 내용을 방송하지 못하게 되었는가도 아니었다. 문제는 어떻게 그가 애초에 방송에 초대를 받았는가였다. 도네이는 자신이 '골수 좌파(very left-winger)'로 표현했던 여러 사람을 접촉한 결과 페리가 추천되었다고 하커에게 설명했다. 이 그룹 가운데는 유명한 학자가 두 명 있었는데, 런던정경대학의 해럴드 래스키(Harold Laski)와 임페리얼 칼리지의 하이먼 레비(Hyman Levy)다. 이들은 노동당에 환멸을 느끼며 더 급진적인 정치를 지향했는데, 두 사람 모두 정보기관의 감시 대상이었다. 페리가 생방송에서 항의한 뒤에 도네이 대령은 하이먼 레비를 인터뷰했다. 그는 도네이에게 페리의 방송에 대해 사전에 전혀 알지 못했고, 페리가 공산당과 관계가 있다는 사실도 몰랐다고 말했다. 도네이 대령도 재스퍼 하커도 레비의 설명을 받아들이지 않았는데, 하커는 도네이에게 "레비가 배신자이며 거짓말쟁이라는 것을 납득시킬 결정적인 증거가 필요할 것입니다"라고 충고했다. 도네이 대령은 하커에게 MI5가 '레비의 신뢰성'을 살펴볼 수 있는지 물었고, 하커는 "상황을 정리하기 위해 최선을 다하겠습니다"라고 도네이에게 약속했다.[13]

두 사람 사이의 대화는, BBC가 우파 타블로이드 신문들로부터 받고 있는 비판적인 보도 내용 및 도네이 대령이 '극단적 좌파 언론'이라고 부른 내용으로 옮겨갔다. 도네이는 하커에게 이것이 좌파의 의도적인 음모라고 생각하는지 물었다. 하커는 MI5 국장인 버넌 켈에게 보낸 메모에 이렇게 썼다.

> 도네이 대령은 제가 어떻게 생각하는지 물었습니다. 좌파의 공격에 관한 한, 국민들의 눈에 BBC를 미덥지 않도록 만드는 것이 최종적인 계획의 일부인지, 좌파 정부를 위해 이 방법을 분명하게 할 수 있을지 — 만약 그것이 집권한다면 — 반대하는 국민 여론을 일깨우지 않으면서 이 나라에서 가장 강력한 프로파간다 도구인 BBC를 접수할 것인지 말입니다. 이것은 억지스러운 아이디어일 수 있습니다. 하지만 확실히 고려해 볼 만합니다.[14]

두 사람은 일주일 후 다시 만났는데 하커는 도네이에게 'BBC에 대한 좌파 언론의 일제 공격' 뒤에 '음모'가 없었다는 사실에 만족한다고 말했고, 도네이는 하커에게 'BBC 내부의 직원 누구도 배신행위에 연루되지 않은 것'에 만족한다고 답했다. 그들은 관심을 가질 만한 일이나 의심스러운 일과 관련해 계속 연락하기로 합의했다.[15]

1934년 10월에 MI5가 도네이 대령에게 서류 한 뭉치를 전했는데, 거기에는 '공산주의를 심히 반대하는 정보원'으로부터 온 것이라고 적혀 있었으나 문서들로 그가 누구인지는 확인할 수 없었다. 서류에는 BBC 섭외로 방송 강연을 한 여러 인사에 대한 불만이 담겨 있었다. '정보원'은 그들의 견해를 받아들일 수 없다고 보았다. 여기에는 노동당 정부에서 장관을 지낸 휴 돌턴(Hugh Dalton)과 진보적 경제학자인 홉슨(J. A. Hobson)이 포함되었다. '독일 파시즘 희생자 구제 위원회(Relief Committee for Victims of German Fascism)'의 위원으로 활발히 활동했고 '반파시즘 선언(Anti-Fascist Manifesto)'에 서명했던 스톡스(J. L. Stocks) 및 햄스테드 반전 총회에서 연설을 한 런던대학교의 존 맥머리(John MacMurray)도 대상이었다.[16]

어떤 사람 또는 어떤 조직이 이런 문서를 만들었는지, 그리고 도네이 대령이 이에 대해 어떻게 생각했는지는 국립문서보관소 파일에 기록된 바 없다. 그러나 하커와 도네이가 그달 말에 다시 만났을 때 도네이는 하커에게 정보국이 BBC 직원들에 대한 조사를 시작한 것인지 물었다. 하커는 "도네이 대령의 말씀에 깊은 인상을 받았습니다. 그렇지만 세부적으로는 이것이 길고도 힘든 일이 될 수 있다고 생각합니다. 이런 일은 시작하기가 조심스럽습니다"라고 말했다.[17]

도네이에게 전달된 보고서에서 또 하나 주목할 점은 사회주의자 지식인들이 'BBC 토론프로그램 부문은 자기네 수중에 있다'라고 하는 말을 우연히 들었다는 주장이었다. 당시 토론프로그램 부서장은 찰스 시프먼(Charles Siepmann)이었는데, MI5는 그를 '수상한 인물'이라고 판단했다. 하커와 도네이가 처음 만났을 때, 하커는 그들이 시프먼에 관해 아는 것이 없다는 사실을 감추고 도네이에게 시프먼이 어떤 사람인지 물은 적이 있다. 도네이는 시프먼이 "확실히 노동당 좌파이지만 충직하고 열심히 일하는 부하이며 공산주의자와 관계되지 않을 사람"이라고 대답했다.[18]

1934년 한 은퇴한 해군 장교가 자신을 예비역 장교 명부에서 제외해달라고 해군성에 신청했는데, 이 일을 계기로 시프먼은 의심을 받게 되었다. 전역하면서 BBC에 임용된 이 장교는 BBC에서 일하는 동안

'전향'했고 이제는 반전주의자가 되었다고 자신의 상관에게 설명했다. 해군성의 설명에 따르면, 그 장교는 "BBC 버밍엄 지국의 평화주의적 성향에 대해 우리가 알지 못하고 있을 가능성을 언급하면서 특별히 토론프로그램 부서장을 거론했다". 이 말을 듣고 놀란 해군성은 MI5에 인터뷰 자료를 보내 경계를 촉구했던 것이다. 그들은 BBC 부사장인 찰스 더글러스 카펜데일(Charles Douglas Carpendale)에게도 이 사실을 알렸다. 해군 장성 출신이던 카펜데일은 버밍엄 지국이 런던 본사의 완전한 통제 아래 있으며, 따라서 그들이 "평화주의 이론을 방송하거나 일반 대중에게 영향력을 행사할 기회는 전혀 없다"라고 해군성에 답했다. 그는 또한 "요주의인물 몇몇이 건강하지 못한 세포를 형성할 수도 있으므로 잘 감시하겠다"라고 말했다.[19]

우익 언론의 공격 때문인지, 반공산주의 보고서 때문인지, 해군성의 조치 때문인지, 아니면 세 가지 모두의 결과인지 분명하진 않지만 시프먼은 토론 프로그램 부서장을 오래 지내지 못했다. 1935년 5월 BBC에서 인사안이 발표되었는데 그에 대해 ≪옵서버(The Observer)≫는 다음과 같이 기록했다. "토론프로그램 부서는 비정상적인 가혹함으로 인해 세상의 이목을 끈 부서들 중 하나다. 존 리스 경은 이번 기회를 이용해 시프먼을 덜 주목받는 자리로 보내고 토론 비평가들에게 새로운 표적을 내놓을 것이다."[20] 아니나 다를까 그해 7월, 시프먼은 출판부문 책임자로 강등되었다. 힐다 매시선(Hilda Matheson)은 ≪옵서버≫에 다음과 같이 썼다. "토론 프로그램에 대한, 그리고 각별히 성인 교육에 대한 시프먼의 헌신은 고차원적이었다. 그의 훌륭한 능력을 역내 관계처럼 별로 특별하지 않은 업무에 쓰는 것은 안타까운 일이다."[21]

1935년 4월, 하커는 도네이 대령과 다시 오찬을 가졌다. 이 자리에는 카펜데일도 참여했는데, 이날 대화의 주제는 'BBC에 고용된 직원을 심사하는 최선의 방법'이었다. 하커는 다음과 같이 보고했다.

우리는 전체 조사가 좋겠다는 결론에 도달했습니다(BBC의 이익에 반해 어떤 결정이든 할 수 있는 자리에 결코 앉을 수 없는 청소부 등은 제외).

그래서 카펜데일 제독은 우리가 직원들의 수상한 점을 알고 있는지 여부를 말할 수 있게 직원 명단(그리고 가능하면 주소도 포함해서)을 작은 묶음으로 하나씩 제게 보내주기로 했습니다.

입사를 지원하는 사람들에 대한 사항도 가능하면 임용 전에 우리에게 보내기로 했습니다.

카펜데일 제독은 자신의 집으로 연락하기를 바란다면서 때가 되면 주소(전화번호도 함께)를 제게 알려주겠다고 했습니다.

카펜데일 제독은 BBC의 직원 대다수가 기술 부문의 엔지니어로 임용되었기 때문에 나쁜 뜻을 가진 직원이라면 언제라도 방송을 방해할 수 있다는 사실 ― 국가가 위기에 처한 시기에는 더 그럴 수 있다는 사실 ― 을 잘 알고 있었습니다.

제가 본 바로는 카펜데일 제독은 조심스럽게 우리와 협력할 것이라고 생각합니다. 저는 카펜데일 제독에게 우리와 먼저 상의하지 않고 조사나 해고 같은 행동을 하지 말라고 강조했습니다.[22]

도네이 대령은 그 후에 BBC 직원이 수상하다고 생각되면 런던 경찰청을 통하기보다는 MI5에 바로 통보하기로 자신들이 합의했다고 존 리스에게 전했다.[23]

도네이의 BBC 퇴사는 1935년 3월에 발표되었고, 그해 9월에 실행되었다. 그를 대체한 사람은 엠파이어 서비스(External Service로 통칭되는 BBC의 해외방송은 1932년 Empire Service로 시작하여 1939년 Overseas Service로 개명했으며, 1965년 World Service로 재개명함 _옮긴이) 국장인 세실 그레이브스(Cecil Graves)로, 그는 나중에 BBC의 공동 사장이 되었다. 도네이처럼 그레이브스도 군인 출신으로 공보부서에서 일했다. 그는 육군사관학교를 나와 육군성 산하의 정보부대에서 근무했으며, BBC에는 1926년에 입사했다.[24] 도네이가 퇴사하기 한 달 전에 하커를 포함해 세 사람이 만났는데, 이후로는 MI5가 그레이브스에게 직접 연락하기로 했다. 뒤이어 하커가 'BBC의 공산주의자 문제'라고 부른 회의가 열렸다.[25]

그들은 문제를 세 가지로 나눌 수 있다고 보았다. 첫째는 BBC에서 일하는 '공산주의 동조자들'과 '공산주의자 요원들'의 문제다. 둘째 문제는 '공산주의를 고취하는 연사들'이 자신들의 의견을 프로그램을 통해 널리 알릴 가능성이다. 셋째는, 그들이 가장 어려운 문제라는 데 동의한 문제로, BBC가 산업적 분쟁의 장소가 될 가능성, 그리고 BBC 경영진이 '국가적 위기'의 시기에 BBC 엔지니어들에 의한 '사보타주'에 취약하다는 것이 밝혀질 가능성이다. 당시 BBC 경영진은 기술 부문 직원들과 임금 분쟁 중이었다. ≪데일리 워커(Daily Worker)≫(좌파 성향의 타블로이드 신문 _옮긴이)가 직원들의 입장을 지지하고 있었고, 그레이브스와 도네이는 BBC의 엔지니어들 가운데 공산주의에 동조하는 사람들에 관한 일체의 정보와 '엔지니어들의 임금과 관련해 최근 이루어진 개선 사항에 대한 생각'을 알려달라고 MI5에 요구했다.[26] 체계적인 '반사보타주' 조사가 이루어지진 않았고 BBC 프로그램에 출연한 사람들에 대한 조직적인 모니터도 실행되지 않았다.[27] 그렇지만 BBC 직원들에 대한 조사는 은밀하게, 그리고 체계적으로 진행되었다. 1935년에 열린 수차의 회의로 정치적 성향을 조사하는 시스템이 마련되었고, 이것은 1937년에 합의문서로 공식화되었다. 이 일은 50년 동안 계속되었는데, 1985년에 탐사보도팀에 의해 폭로된 뒤에야 중단되었다. 정치적 성향 조사에 관해 알려진 내용 대부분은 폭로 때 밝혀진 것들과 기밀 리스트에서 해제된 문서에 나온 것들이다.

MI5와 BBC가 확립한 조사는 그것을 알고 있는 사람들 사이에서 '절차(formalities)'로 불렸다. BBC 문서에서 MI5는 '칼리지(The College)' 또는 '500번 우편함(Box 500)'으로 지칭되었다. 후자는 MI5가 공식적으로 사용했던 우편함 주소다. 전체적인 과정은 BBC 분소의 이른바 특무사무소에 의해 관리되었다. 이 사무소의 책임자는 정보국 연락담당관이었는데 나중에는 BBC의 인사국장 보좌역이 대행했다. 1985년의 폭로 당시 이 사무소 책임자는 로니 스토넘(Ronnie Stonham)이었다. 그는 직업군인으로 국방성에서 일했고 1982년 BBC에 입사했다. 그는 국방성 근무 시절에 영국군의 북아일랜드 전투에 관해 기밀의 역사를 쓰기도 했다. 스토넘 준장은 BBC 본사 건물(Broadcasting House) 105호실에서 일했고 해군 출신의 인사국장 크리스토퍼 마틴(Chrisropher Martin)에게 보고했다. '절차 시스템의 보안'을 유지하기 위해 그의 특무 사무소는 문서로 된 기록만 보관하고 직접 관련이 있는 사람들에 대해서는 구두 보고하는 방침으로 운영되었다.[28]

'긍정적인 조사(positive vetting)'라는 언급은 매우 높은 직급의 스태프에게만 적용하는데, BBC에서 이는 '최고 기밀로 분류되는 정부 자료에 항시 접근할 수 있는' 소수의 자리에 해당했다. 1985년, 이 조사의 대상자는 사장과 7명의 임원뿐이었다. BBC 문서에서 '부정적인 조사(negative vetting)'로 언급되는 은밀한 정치적 성향 조사는 두 개의 개별적인 범주, 즉 '접근 지위(access posts)'와 '전복 지위(counter-subversion posts)'에 적용되었다. 접근 지위에 해당하는 사람은 BBC의 전시 방송 계획을 아는 사람, 월드 서비스(World Service)에 접수되는 외무성 전문을 일상적으로 접하는 사람, 다른 기밀 자료에 접근할 수 있는 사람, 조사 시스템 그 자체의 인지에 관계된 사람이다. 1985년, 이 범주는 539개 자리를 포함했는데, 대부분 전시 방송 서비스(Wartime Broadcasting Service)에 속했다.[29]

전복 지위는 그 범주가 훨씬 컸다. 이것은 '프로그램에서의 정치적 편견이나 왜곡과 같이 BBC 프로그램의 편향, 또는 프로파간다의 유포를 막기 위해' MI5가 실시하는 조사다.[30] 1969년, BBC/MI5 공동작업의 양측 당사자는 전복성 조사의 대상이 '체제 전복의 정치적 의도를 갖고 방송 재료를 아무런 제약을 받지 않으면서 편향되게 제시할 수 있는' 지위라는 데 동의했다.[31] 이것은 1983년에 약간 수정되어 '체제 전복을 목적으로 방송 재료에 영향을 미칠 수 있는 직접적인 기회를 가진 지위'라고 기술되었다.[32] 이러한 수정으로 조사 내용이 바뀌었는지는 명확하지 않다.

조사 대상자의 대부분이 BBC의 잠재적 신입사원인 이 명단은, 『블랙리스트(Blacklist)』의 공동저자 마크 홀링스워스(Mark Hollingsworth)와 리처드 노턴-테일러(Richard Norton-Taylor)에 따르면, MI5의 C지국으로, 그리고 다음에는 F지국으로 제출되었다. 전자는 조사를 담당하는 MI5의 부문이고, 후자는 '전복 저지(counter-subversion)'에 대한 책임을 지고 있었다. F지국의 존 존스(John Jones) 국장은 1972년에 전복성에 대해 '국가의 안전 또는 안녕을 위협하는 활동과 정치적, 산업적, 또는 폭력적 수단을 통해 의회민주주의를 해치거나 타도하려는 활동'이라고 정의했다.[33] 전복 저지는 MI5의 최우선 사항이 되었다. 1970년대 동안 (경제) 위기가 상존하고 좌파가 힘을 얻으면서 MI5의 방첩활동은 점차 축소되고 F지국의 자원과 소관은 지속적으로 확대되었다.

BBC의 잠재적 신입사원과 승진 대상자에 대한 F지국의 평가는 특무사무소를 통해 '권고'의 형태로 BBC의 계통 관리자(line management)에게 제공되었으며, 이론적으로는 임용에 관한 최종적인 결정은 BBC에 맡겼다. 그렇지만 실제로 재량권은 MI5가 정한 조건들 안에서 행사되었다. '전복적인 조직(subversive organizations)'에 접촉했거나 호의적이라고 의심 받는 사람들, 그리고 그 때문에 채용 또는 승진의 기회가 배제된 사람들은 세 가지 등급으로 분류되었다. A등급은 '전복적인 활동의 기회가 있는 자리'에 임명되어서는 안 되는 사람을 의미했다. B등급은 확실히 믿을 수 없다고 할 수는 없지만 '상당한 의심'이 남아 있는 사람들을 말하고, C등급은 '후보자의 신뢰성과 관련해 당사자, 그의 가까운 친척, 또는 친구의 기록이 약간 의심스러운 사람'을 뜻했다.[34] 스토넘이 1985년에 기록한 메모에 따르면, 'BBC 경영진의 비호의적 결정'은 '전복적인 조직의 회원이거나, 아니면 회원과 접촉했거나, 그 조직의 목적에 동조했다는 조사 결과'에 기초하고 있었다. 1985년, 이들 조직에는 영국 공산당, 사회주의 노동자당, 노동자 혁명당, 밀리턴트 텐던시(Militant Tendency)(영국 노동당 내의 트로츠키파 그룹 _옮긴이) 등의 급진좌파 조직과 국민 전선(National Front), 영국 국민당(British National Party) 등의 극우 조직이 포함되었다.

정치적 성향 조사 과정은 '바람직하지 않은' 사람의 임용을 막고 재직 중이지만 신뢰할 수 없는 사람이 '영향력 있는' 자리에 오르지 못하게 하려고 마련되었다.[35] 장단기 계약직원도 정직원으로서 조사에 포함되었고, 1975년부터는 BBC의 자유계약자 명단 'F 리스트(F List)'에 올라 있는 프로듀서와 디렉터 이름도 MI5에 제출되었다.[36] 각각의 인사 서류는 '비밀'이라고 표시되었고 크리스마스트리를 닮은 녹색 삼각형 모양의 도장이 찍혀 특무 사무소에 보관되었다.

정보기관의 공식적인 기록에 따르면, MI5는 1952년에 1만 2000명 가운데 5000명 정도를 조사해 10명에 1명꼴로 '부적격 판정'을 내렸다. 조사받은 인원은 수년간 비슷했지만 BBC 직원이 늘면서 상대적 비율은 낮아졌다. 1984년 1월부터 기밀 해제된 BBC 자료들은 10년간 이루어진 조사의 세부 내역을 보여주는데, 엔지니어링 부문의 사람들과 '접근 목록(Access List)'에 포함된 사람들은 제외되었다. 1982년에는 총 2만 3888명 중에 5728명, 대략 4분의 1 정도가 '조사 대상 지위(formalities posts)'로 분류되었다. 1981년에 가장 높은 비율을 나타낸 부문은 지역 라디오로, 소속 인원의 63% 이상이 정치적 성향 조사를 받았다. 그 뒤를 이은 것은 익스터널 서비스(External Services)와 보도 부문으로, 인원의 50% 정도가 조사를 받았다.[37]

BBC의 모든 사람이 조사 대상은 아니었기에 MI5에 의해 A급 위험 분자로 분류될 수 있는 사람도 임용될 수 있었고, 그래서 임용된 다음에나 MI5가 주목할 가능성이 있었다. 이런 이유로 조사 절차는 상당히 열린 형태로 이루어졌다. 만약 직원들이 자신에 대한 '부정적인 평가'를 알아차릴 경우 정보기관으로 하여금 BBC에 통보하도록 하고, 정보기관은 이전의 평가를 수정할 수 있게 했다.[38] '위험 분자'가 BBC에 채용된 경우에는 A등급이나 B등급의 직원들에 대한 것처럼 '엄격히' 관리하는 정책을 실행했다(1983년). 이러한 통제는 '감독자들'이 만족할 경우 점차 완화되곤 했으며, 그 후로는 고용상태인 C등급의 위험 분자처럼 정상적인 전문적 편집 통제를 받을 수 있었다.[39] 이런 사정은 스토넘이 마틴에게 보낸 글에 나타났다.

A등급을 받은 사람은 임용하지 않는 것이 공사의 정책입니다. 그렇지만 현재 A등급자 10명이 근무 중입니다. 그중 다섯은 익스터널 서비스 소속이고, 나머지 다섯 각각은 조사 대상이 아닌 자리에서 일을 시작했거나 기밀 취급 허가가 난 뒤에 부정적인 정보가 드러났습니다. A등급과 B등급의 차이는 그다지 크지 않습니다. 그래서 B등급을 받은 사람의 채용을 적극적으로 막습니다. 그럼에도 현재 B등급자가 22명 있습니다. 그중 12명이 익스터널 서비스 소속입니다. 정보기관은 A등급자와 B등급자에 관한 새로운 정보를 얻으려 노력하고 있고, 새로운 정보가 있는 경우에는 우리에게 알려줄 것입니다. 그렇지만 그들의 업무 부담을 고려하면 그런 정보가 우리에게 자동적으로 제공되리라 기대하기 어렵습니다. 그래서 우리의 현행 절차는 필요한 경우에(예를 들어 승진, 전근, 기타 사항의 고려), 아니면 3년마다 타당하다면 A등급 또는 B등급 사정을 재검토할 것을 요구하고 있습니다. 정보기관도 이런 재검토가 필요하다는 데 동의하며 추가적인 일이지만 수용하고 있습니다. 그런 재검토를 통해 부정적인 평가의 수위를 낮추고 아니면 거부의 근거가 완전히 제거될 수 있기를 바랍니다.[40]

스토넘은 MI5에 'C'로 분류된 사람들을 주기적으로 재검사해달라고 부탁했다. MI5가 이를 거부하자, 그는 특무 사무소가 주관하는 'C등급자에 대한 3년 주기의 BBC 내부적 재검'을 제안했다. 이는 이전 3년간의 성과, 시각, 태도 등을 살펴보자는 것이었다. 그는 대상자가 '암암리에 활동할 수 있다'는 가능성이 있지만 '검사 결과에 대해 조금이라도 의심이 드는 경우 본래의 평가를 유지할 수 있다'는 조건을 둔다면 '모든 것을 고려하여' 그런 위험이 '수용할 만하다'고 판단했다.

이 평가는 1983년에 BBC의 '절차' 조사를 점검하는 과정에서 이루어졌다. 이는 BBC에서 50년 넘게 실시된 전복성 조사들에 대한 점검 가운데 마지막 점검이었다. 처음 두 차례의 검토는 각각 1943년과 1947년에 시행되었고 그다음 두 차례의 검토는 1954년과 1958년에 이루어졌다.[41]

조사에 관한 초기의 설명에 따르면, 조사 절차는 정보기관에 의해 부과되었지만 주기적인 재검 동안 BBC는 직원들에 대한 정치적 성향 조사를 유지하도록 또는 확장하도록 MI5를 압박했다. MI5가 '우리에게 되풀이해서 조사 대상 인원을 줄이라고 요구하고 있다'는 BBC의 기록이 남아 있다.[42] 1958년의 검토 회의에서 실무진은 조사 대상자를 좀 더 줄일 것을 제안했다. MI5 국장은 실무진의 보고서가 타당하다고 보았는데, BBC는 그 제안이 '결국 방송의 안전을 위협하고 조만간에 우리로 하여금 어려운 직원들 문제에 직면하게 만들 수 있다'라고 주장했다.[43] MI5는 승진 대상자만 조사하기를 원한 반면, BBC는 선발 단계에서 조사를 진행하지 않으면 'BBC에 공산주의자들 또는 공산주의자에 가까운 사람들이 점차 늘어날 것이고 그들은 어떤 직위 이상 승진하지 못하면 불평할 것이다'라고 주장했다.[44] 다음에서 알 수 있듯 사적인 정치 역학을 국가의 안녕 문제와 융합시킨 것은 MI5가 아니라 BBC였다.

뉴스 서비스의 공정성과 완전성, BBC가 이 방면에서 쌓아온 평판의 중요성, 그리고 보도국 환경에서 신뢰할 수 없는 서브에디터의 영향력을 배제하는 현실적인 어려움 등의 최우선적인 요건을 고려해 BBC는 모든 보도국 직원의 정치적 신뢰성에는 의심의 여지가 없어야 한다고 본다. …… BBC는, 평화로운 환경에서조차도, 공산주의를 지지하는 것으로 보일 수 있는 잘못된 정치적 판단이 BBC 뉴스 보도에서 자주 나타나면 안전이 위태로워질 수 있다고 본다. 왜냐하면 그와 같은 잘못은 전쟁과 같은 위급한 때에 모든 사람이 안정과 격려를 얻기 위해 찾는 기관과 서비스에 대한 공중의 신뢰를 해치기 때문이다.[45]

1959년에 MI5는 '선임 서브에디터급(Senior Sub-Editor class)'에 대한 조사를 제한하고자 했지만 BBC는 '서브에디터를 포함한 모든 보도국 직원'에 대한 조사를 요구했다.[46] 시턴에 따르면, 직원들에 대한 조사를 유지하자는 의견에 대해 BBC가 "아티스트와 기고자, 직원, 프로그램, BBC 건물의 사무실 사용, 모니터링 서비스의 특별 연락원, 특별지부의 보좌역 등에 관한 일반적인 정보와 사진을 계속 제공하겠다"라고 답해 MI5는 "놀라고 감동받았다".[47]

당시 BBC 사장은 이안 제이콥(Ian Jacob)이었다. 그는 BBC에서 전복성 조사를 확대하길 원했던 자유주의자로, 반공주의자였던 휴 그린을 1960년에 승계했다. '공식적인 역사(authorised history)'에 인용된 MI5의 기록에 따르면, 그린은 "우리가 준비한 것보다 훨씬 광범하게 조사하길 원했다. 그것은 그들의 공정성에 대한 평판에 해가 될 수 있는 사람을 고용하지 않길 원했기 때문이다". 전직 기자로 F지국에 임용되었던 MI5 국장은 한 회의를 마치고 난 뒤 조사에 대해 '타협할 수 없는 차이'가 존재한다고 지적했다. "우리는 방비를 걱정했는데 그들은 혼란의 회피를 염려했다."[48] MI5 역사에 관한 크리스토퍼 앤드류(Christopher Andrew)의 기술에 따르면, 그린의 승계자인 찰스 커랜은 '조사'를 '이전보다 덜 중요하게 여겼다'. 이 때문에 MI5는 자신들이 보기에 상상력이 풍부하고 창의력이 필요한 일을 극좌 활동을 했던 사람에게 맡기는 것이 BBC의 의도적인 방침이냐고 불평했다. 앤드류는 1973년에 마이클 스완이 경영위원장으로 임명된 이후 '분위기가 바뀌었다'고 썼지만 정책 변화를 보여주는 어떤 증거도 제시하지 않았다.[49]

스완이 임명되고 5년이 지난 1978년, BBC의 '조사 대상 지위' 비율은 보도와 제작, 그리고 연구 외의 '보좌역'급에 대한 조사가 폐지됨에 따라 줄었다. 그렇지만 1980년대 초반에 아침 텔레비전 방송 부문과 지역 라디오 부문의 충원이 크게 늘면서 실제 조사 인원은 상당히 증가했다.[50] 1983년까지 특무 사무소는 과도한 업무에 힘겨워했으며, MI5는 조사 인원이 증가하는 자체를 우려했을 뿐만 아니라 이런 증가가 자신들이 BBC에서 하는 활동 전반의 안정성을 흔들까 봐 걱정했다.[51] 이러한 우려 속에 검토를 실시한 결과, 조사 인원을 대폭 축소하기로 결정했다.[52]

MI5와 회의를 준비하면서 로니 스토넘은 C등급 위험 분자로 분류된 인원과 관련해 얼마간 여유를 두자고 제안했다. 그는 특히 젊은이들의 방종을 어느 정도 참작하자고 제의하면서 "오늘날 사회의 변화하는 가치를 고려해 평가 관리 시스템이 개선되고 변화할 여지가 얼마간 있다는 사실을 참고할 필요가 있다"라고 썼다. 그는 '부정적인 정보'의 시점이, 특히 만약 대상자가 해당 시점에 학부생이었다면, 추천 여부를 정하는 '특무 사무소'와 최종적으로 결정하는 관계 부서에서 '균형

잡힌 판단을 내리는 데 중요한 요인'으로 간주되어야 한다고 주장했다.[53]

이처럼 개방적인 접근법에도 불구하고 스토넘은 조사 시스템의 대규모 점검을 반대했다. 그는 '현행 절차 시스템이 정상적이고, 실용적이며, 잘 작동하고 있다'고 생각했고, 필요한 건 급격한 변화나 개편이라기보다는 '약간의 통제 완화'와 과정의 일부 수정이라고 보았다. 여러 가지 측면에서 좀 더 여지를 두되 조사 대상의 수는 더 줄이자고 제의하면서 스토넘은 A와 B의 등급 사정을 좀 더 규칙적으로 검토하자고, 즉 3년이 아닌 2년마다 검토하자고 제안했다. '선별적인 조사' 제안에 대해 그는 만약 그렇게 된다면 "우리는 BBC에서 우려/문제의 근원이 될 수 있는 여러 명(나는 세 명만 얘기했지만)의 후보를 갖게 된다. 그 후보는 실제로 위험하지 않을 수도 있고, 위험한지를 우리가 알지 못할 수도 있지만 말이다"라고 말했다. 그는 이것이 계통 관리자가 가지고 있는 현재의 권한, 즉, 부정적인 정보에 대해 '거스르는 어떤 기록도 없어 신뢰할 만하다'고 판단될 경우 관련 직원에게 확인할 수 있는 현재의 권한을 빼앗는 결과를 초래할 것이라고 주장했다.[54]

1983년 5월 18일, 스토넘과 그의 상관 크리스토퍼 마틴(Christopher Martin), BBC 부사장 앨런 프로서로(Alan Protheroe), 그리고 MI5의 간부 5명이 BBC 본관에서 만났다. 마틴은 간부들에게 "BBC가 정보기관으로부터 받는 정보를 중히 여기고 있다"라고 말했고, "그런 정보가 BBC 도처에서 객관성과 공정성, 그리고 균형을 유지시키는 데 큰 도움을 주고 있다"라고 단언했다. MI5는 다시 한 번 조사 대상의 수를 최소화하고 싶다고 말했는데, 부분적으로는 '재정적 어려움' 때문이라고 밝혔다.[55] 이 회의를 준비하면서 작성된 비밀문서에 따르면, BBC는 뉴스와 시사 프로그램 부문을 '가장 주의가 필요하며 따라서 타협할 수 없는 분야'라고 기술했다.[56] MI5도 이에 동의했고, 이 부문에 대해서는 높은 수준의 조사를 유지하겠다고 했다. '지역 이슈와 관련해 모든 프로그램 제작진의 활동과 관여의 자유를 고려하여' 지역 라디오 부문에 대해 높은 수준의 조사를 지속하는 것에도 합의했다.[57]

반대로, 조사를 중단할 수도 있다고 합의된 부문이 있었는데, 그것은 텔레비전 아나운서와 뉴스 리더에 대한 조사였다. 그 이유는 이들이 '직접적인 통제' 아래 있기 때문이고 아마도 이들은 단순히 원고를 읽기 때문에 '객관성과 공정성, 그리고 균형'에 위협이 되지 않는다고 판단했던 것 같다. 하지만 라디오 아나운서와 뉴스 리더에 대한 조사는 계속해나가기로 했는데, 그것은 이들에게 상대적으로 더 많은 재량권이 있다고 보았기 때문이다. 스토넘과 MI5는 나중에 텔레비전 아나운서들에 대한 방침을 수정했는데, 그들이 '수시로 자유롭게 마이크에 접근할 수 있다'는 이유에서였다.[58]

조사 시스템에 대한 검토는 그해 4월에 시작해 12월에 끝났는데, 그 결과 BBC의 '절차' 대상자 수는 약 2000명이 줄어 5703명에서 3705명이 되었다.[59] 이로써 전체 직원 대비 '절차' 대상자의 비율은 24%에서 14.5%로 낮아졌다. 가장 크게 줄어든 부문은 텔레비전으로 21.5%에서 8%가 되었다. 더욱이 이 비율은 종전에 광범위하게 조사를 받던 뉴스 부문까지 포함한 결과였다. 앞서 뉴스 부문은 경영평가의 후속 조치로 텔레비전 부문에 통합되었다. 한편 라디오의 절차 대상자 수는 약간 줄었다.[60]

BBC의 정치적 성향 조사는 50년 동안 BBC 직원 대다수와 국민들에게 알리지 않고 실행되었다. 그러나 몇몇 방송 노조원들이 좌파 후보들의 임용이 이루어지지 않은 데 대해 강하게 의심하고 거듭 BBC를 문제 삼았다. 신문 기자들도 여러 차례 관련 행위를 폭로하려고 시도했다. 예를 들면 1968년 2월에 ≪선데이 타임스(Sunday Times)≫의 만화가 마크 복서(Mark Boxer)는 조사 사실을 탐지하고 BBC 사장 휴 그린과 총무국장 존 아르켈(John Arkell)을 만나기로 했다. 아르켈은 '정보기관에 의해 주어진 지침에 매우 충실한' 사람이었다.[61] 아르켈의 설명에 따르면, 복서는 정치적 성향 조사에 대해 알고 있다고 주장했고, 'BBC가 공산주의자의 고용에 대해 매우 엄격하다'는 말을 들었다고 말했으며, '매우 날카롭고 통찰적인 질문'을 던졌다. 이에 대해 아르켈은 사상 문제가 고용의 전제 조건이라는 것에 동의하지 않았으며, "우리는 알려진 공산주의자에게도 공정하려고 노력했다"라고 주장했다.[62]

마침내 조사의 존재가 알려진 것은 ≪옵서버≫의 탐사기자 데이비드 리(David Leigh), 폴 래시마(Paul Lashmar), 마크 홀링스워스 등에 의해서였다. 기사에서 그들은 로니 스토넘에게 지정된 105호실이 특무사무소의 본산이라는 사실을 확인했고 조사의 결과로 임용이 거부된 사람들의 이름을 열거했다.[63] 이 기사의 주요 취재원은 전 부사장 오브리 싱어(Aubrey Singer)였다. 그는 그보다 1년 전에 사퇴를 강요받았다.[64] 기자들이 제시한 증거에 대해 크리스토퍼 마틴은 논평을 거부했지만,[65] ≪옵서버≫가 기사를 내고 난 뒤 BBC의 텔레비전 뉴스는 전직 임원이 MI5의 배제 시스템이 실제로 존재했다는 사실을 인정했다고 보도했다. 이 기사에는 존 아르켈의 발언도 인용되었다. "만약 방송기관이 국민들의 안녕과 공평성을 위해 과격주의자들이 방송에 과도한 영향력을 갖는 것을 막는 방어적 조치를 취하지 않는다면 이는 놀라운 일이다."[66]

폭로 기사에 따르면, BBC와 내무성, 내각부(Cabinet Office), MI5 등은 '새로운 형태의 조사 도입에 관한 논의'를 여러 차례 나눴다. 논의 과정에서 스토넘은 '공공연한' 조사 시스템의 도입을 제안했는데, 이 시스템하에서 기밀 정보에 접근할 필요가 있는 직원들은 보안 관련 질문표를 작성해야 한다.[67] 그러나 그의 제안은 채택되지 않았으며, 전체적인 시스템이 '수정되었고 대폭 바뀌었다'.[68] 전복성 조사는 폐지되었고, 그 이후 관련 조사는 전시 방송에 관계된 지위 또는 외무성 자료에 접근할 수 있는 월드 서비스의 지위에 지원한 사람들 - 본래 '접근 지위'에 해당되는 사람들 - 에 대해서만 임명 후에 실시하는 것으로 바뀌었다.[69]

BBC에서 암암리에 정치적 성향을 조사한 역사를 우리는 어떻게 평가해야 할까? 첫째, 방송사에서 정치적 성향 조사가 광범위하게 시행되었지만 냉전 기간에 영국 사회 전반적으로는 그런 조사가 그다지 널리 퍼지지 않았다는 사실에 주목해야 한다. MI5는 1983년 5월 회의에서 "전복성 조사는 BBC와 영국문화원에서만 실시되고 있다"라고 말했다.[70] 둘째, MI5가 실시한 '전복성' 조사 활동이 '국가 안보' 문제와 관련해 정당화될 수 있다는 통상적인 변명이 설득력이 없다는 것이다. BBC에서 이루어진 조사의 특정한 사례를 보면, 보안상 위험의 소지가 있다고 생각되는 지위들, 즉 '접근 지위들' 간에는 명확한 차이가 있었으며, 지위보유자(post-holder)에게 정치적 시각을 확산시킬 기회를 줄 수 있는 사람들은 MI5 요원들에 의해 받아들일 수 없다고 평가되었다.

우리가 BBC를 어떻게 좀 더 전반적으로 이해할 것인가라는 측면에서 중요한 관건은 정보기관의 압력에 BBC가 얼마만큼 저항했는가 하는 것이다. 관련 증거는 매우 흥미로운 사실을 드러내고 있다. 정치적 성향 조사를 처음 폭로한 기자들 가운데 한 사람이던 데이비드 리는 MI5가 "방송사로 하여금, BBC의 경영위원들에게까지도, 조사에 관해 거짓말을 하도록 강요했다"라고 썼다.[71] 확실히, 후자는 전자의 지령을 따르지 않으면 안 되겠다고 생각했고, 그래서 조사와 관련해 비밀을 굳게 지켜야 한다는 의무감을 가졌다. 스토넘은 비망록에 "BBC는 정보기관과의 관계 및 접촉과 관련해 어떤 것이라도 세상에 알려지게 해서는 안 된다는 확고한 지침 아래 있었다"라고 기술했다.[72] 또 다른 메모에서 그는 "정보기관에 의해 우리에게 부과된 조사의 전 과정에 대한 비밀은 …… 우리가 만든 것이 아니다"라고 언급했다.[73]

기밀 해제된 문서들에는 BBC가 최소한 월드 서비스에서 일하는 외국인들과 전시 방송 서비스에 관계된 직원들에 대한 조사를 인정하도록 허가해달라고 MI5를 설득했다가 거절당한 일도 나와 있다. BBC는 그렇게 하는 것이 무리가 없다고 보았다. 또 다른 문서에 기록된 바에 따르면, MI5는 "[BBC는] 정보기관과의 관계 및 접촉에 관한 어떤 것이라도 세상에 알려지게 해서는 안 된다고 지휘했다".[74] 이 모든 증거는 BBC가, 결코 정보기관에 의해 제공되는 '충고'를 독립적으로 따른 것이 아니라, 실제로는 '정보기관'에 종속되어 있었다는 리의 주장을 지지한다.

이와 반대로, 정치적 성향 조사가 BBC에 부과되었다는 리의 주장은 크리스토퍼 앤드류와 진 시턴이 두 기관에 관해 쓴 '공식적인 역사'에서 언급한 설득력 있는 증거와 모순된다. 두 사람은 BBC의 고위 경영진이 정보기관의 명령에 따르도록 강요받았던 것이 아니라, 정치적 성향 조사를 확대해달라고 되풀이해서 주장했다는 사실을 보여준다. MI5가 조사의 범위를 축소하려고 했던 시기에 말이다. 두 명의 공식 역사가 중에서 앤드류는 좀 더 비판적으로 평가하고 있다. 그는 정치적 성향 조사가 "지금 매우 어울리지 않는 것 같다"라고 말한다. 반면에 시턴은 그것이 "해로울 수 있고 잘못 적용되면 매우 나쁠 수도 있지만", 그럼에도 "BBC가 정부의 침입이나 공격에 대해 스스로를 보호할 수 있도록 하는 데 도움이 되었다"라고 본다.[75] 그녀는 스토넘의 후계자 마이크 호더(Mike Hodder)의 주장을 따른다. 호더는 '과격파' 단체의 회원이라는 것이 BBC 경력에 어떤 장애도 되지 않았고 그런 사람들이 '시각을 다양하게 함'으로써 BBC를 '풍요롭게 했다'고 주장했는데, 이것은 많은 문서 증거와 모순된다.

시턴은 종합적으로 이렇게 결론지었다. "조사는 방어적이고 적절했다. 그러나 BBC는 그것의 정당성을 입증하는 데 실패했다." 연속적인 정부들에 의해 명백히 인가되었지만 어떤 민주적 승인 절차를 밟지 않고 정치적 성향 조사가 발전해온 것으로 보인다는 점에서 보자면 이것은 놀랄 만한 결론이다. 1958년 10월, BBC와의 리뷰 모임에서 MI5는 정부로부터 받은 자신들의 임무는 '기밀 정보에 접근권을 지닌 사람들에 한해 조사하는 것'인데 'BBC의 경우에는 전복적인 행동에 대한 조사를 포함하라는 정보기관 국장의 명에 따라 확장되어온 것'이라고 언급했다.[76]

시턴의 평가는 BBC 경영진과 정치인들, 그리고 국가 관리들 간에 이루어진 합의가 적법하다고 추정하고, 따라서 그러한 숙고의 결과들이 BBC의 민주주의적 목적과 어울린다는 데 의심의 여지가 없다고 여기는 성향을 보이는 그녀의 연구에 내재하는 보다 광범위한 분석의 문제에서 비롯된 것이다. 그녀는 영국적 실용주의에 대한 거의 감상적인 경의로 인해 BBC를 정치적 논쟁의 장소로 제대로 인식하지 못하거나, 내적 정치가 좀 더 넓은 범위의 투쟁들과 관련되어 있다는 것을 보지 못한다. BBC를 정보기관의 침입으로 위태로워진 독립적인 영역으로 보는 데이비드 리의 조사에 대한 정반대의 입장도 얼마간 이와 비슷한 문제를 안고 있다. 그것은 규범적으로는 별 문제가 없다. 그러나 분석적인 측면에서 그것은 제한적이다. 대다수의 엄밀하지 않은 기사들처럼 그것은 BBC를, 자주 정치적 압력의 대상이 되고 있는데도, 독립적이며 대략적으로 화합하는 기관으로 추정하고 있다. 그러나 BBC는 경계가 있는 기관도 아니고, 특정한 가치 ― 독립적인 저널리즘과 같은 ― 를 직설적인 방식으로 구현하지도 않는다. 더 바르게 말하자면, BBC는 권력의 수준이 매우 다른 개인들과 그룹들이 BBC의 특성과 목적을 담은 서로 경합하는 비전을 펼치는 복합적인 기관이다. 가장 중요한 점은 그들이 홀로 그러한 비전을 펼치는 것이 아니라 많은 사람들과 기관들로 이루어진 광범위한 네트워크의 부분으로서 그렇게 한다는 것이다. 예를 들어, BBC의 최고위급이 영국 사회에서 가장 영향력 있는 사람들 및 기관들의 일부와 맺은 공식적 또는 비공식적 관계를 이용하는 식이다.

정치적 성향 조사가 오랜 시간 동안 어떻게 전개되어왔는지 자세하게 알아보려면 기록들을 좀 더 포괄적으로 들여다봐야 할 것이다. 그러나 현존하는 증거는, 우리가 살펴보았듯이, 이 조사가 MI5와 몇몇 BBC 고위 간부들 간의 협정으로 시작되었다는 사실을 분명히 보여주고 있다. 폭로 이후, 전복성 조사는 내외의 압력을 받아 곧 폐지되었다. 저널리즘에 보다 많은 자유를 허용하라는 캠페인에 관여했던 BBC

의 방송노조와 개별적인 뉴스 매체의 통합에 반대하는 투쟁 모임이 이러한 압력의 주체였다. 그런 그룹들의 관점에서 보자면, 정보기관에 의한 조사는 저널리즘의 자유를 심각하게 위협하는 것이었다. 그러나 고위 경영진에게 정보기관은 BBC의 독립에 위협적인 존재가 아니라 소중한 동지이자 자산이었다. 이 점에서, 1983년 MI5와의 회의를 준비하며 작성된 BBC의 비밀문서는 각별히 시사적이다.

> [MI5 조사 대상인] 이들 프로그램 분야에서는 일상적인 '편집 통제'라는 이유로 점검과 결정을 행함으로써 객관성과 공정성이 유지되도록 하고 있다. 따라서 BBC의 평판과 신뢰에 대한 위험은 아주 적다. 어떤 사람들은 아예 없다고 말하기도 한다. 그렇지만 문제는 제작, 편집, 취재 지시, 보도의 각 부문에서 실현 가능하고 실용적인 최소한의 '영향력 있는' 기준을 어떻게 정하느냐 하는 것이다. 균형 잡힌 '편집 통제'가 유지되도록 하려면 절차 조사를 어느 단계에서부터 적용해야 하는지 말이다.[77]

이것의 중요성은 아무리 과장해도 지나치지 않다. 정치적 성향 조사는 단지 어떤 사람들이 BBC에서 일하는 것을 막는 단발적인 행위가 아니었다. 그것은 BBC의 문화를 엘리트들의 이익에 교묘하게 연관시키는, 편집 통제라는 좀 더 폭넓은 시스템 안에 존재하는 하나의 요소였다. 이 점에서 MI5의 BBC 상대역들이 '일상적인 편집 통제'의 중요성을 인정했다는 것은 의미가 있다. 1970년대 중반부터 후반까지, MI5는 '트로츠키주의적 요소(a Trotskyist element)'가 그라나다텔레비전의 탐사저널리즘 프로그램 〈월드 인 액션〉의 원인이었지만, 'BBC

의 뉴스 프로그램에 전복적인 편견이 나타나는 경우는 사실상 없다'고 생각했다. MI5는 이것을 BBC 직원들에 대한 은밀한 정치적 성향 조사 의 결과가 아니라 '주요 직원에 대한 [BBC] 경영진의 세심한 선별'과 '객관성을 위한 그들의 주의 깊은 프로그램 감시'의 결과라고 보았 다.[78]

BBC와 정보기관 간 관계는 직원들에 대한 조사에 국한되지 않았다. 조사에 관한 자료에 따르면 '최소한 1973년 1월부터' 뉴스 및 시사 부 문의 에디터(나중에는 부사장)를 포함한 BBC 직원의 소그룹은 분기마 다, 그리고 뒤에는 반년마다 MI5로부터 '전복적인 행동 조사'를 받았 다. 이 조사는 1985년 8월에 중단되었지만 그해 11월의 회의 기록에 따르면 BBC는 MI5의 '신원 확인'을 위한 조회에 계속 협조하기로 했 다.[79] 이 서비스(이것이 어떤 일들을 수반했는지 자료로는 알 수 없다)가 BBC에는 '시간이 들고 성가신 일일 수 있지만' MI5에는 '매우 유용했 다'.[80] 공개된 조사 관련 자료 가운데 또 하나 주목할 것은 특무 사무소 에서 일한 조안 리더(Joan Reader)가 MI5에 보낸 편지다. 리더는 자신 의 편지에 '당신과 당신의 동료들이 관심을 가질 만한'이라고 시작하는 메모를 동봉했다.[81] 그 메모는 '불가리아 대사관의 경고'와 관련된 것이 자, 당시 BBC 월드 서비스의 지원 및 행정국장이자 앞서 BBC 모니터 링 서비스 책임자를 지낸 데이비드 위더로(David Witherow)에 의해 특 무 사무소에 전달된 것이었다.[82] 월드 서비스와 BBC 모니터링은 반자 치적인 부문으로서 수신료가 아닌 정부 교부금으로 운영되어왔고, 따 라서 국가의 외교정책, 안보, 정보 담당 기관들과 깊이 관계하고 있었 다. 서신에 담긴 이런 소소한 정보들은 BBC와 정보기관 간에 정보와 사람에 대한 폭넓은 흐름이 있었음을 암시하는 한편, 이 두 기관 간에 틀림없이 깊은 친밀감이 있었음을 시사한다. 시턴은 자신의 책『공산주의자와 반역자(Pinkoes and Taitors)』의 서문에서, 만족스러운 듯이, BBC는 "비밀 국가의 커뮤니케이션 담당으로서 활동해왔다"라고 썼다. 그녀는 "BBC 엔지니어는 냉전의 최전선에서 동유럽 사람들의 가슴과 마음을 얻기 위해 활약해왔고, BBC는 영국이 승리하는 데 결정적인 도움이 되었다"라고 기술했다.

BBC가 정말로 미국과 그 동맹국들이 냉전에서 승리하는 데 기여했는지는 또 다른 문제이지만, BBC는 분명 열심히 싸웠다. BBC의 유명한 냉전 전사들 가운데 한 사람은 자유주의를 표방한 휴 그린 사장이었다. 앞서 살펴보았듯이, 그는 BBC 직원들에 대한 조사를 더 확대해달라고 MI5에 요청했다. 스스로를 "기자이자 심리전 전사"라고 설명하는 그린은 제2차 세계대전이 발발하기 전에 ≪데일리 텔레그래프(Daily Telegraph)≫에서 일했고, 제2차 세계대전 중에는 BBC의 독일 방송 책임자였으며, 전쟁 후에는 독일에서 영국군 점령 지역의 방송국장을 지냈다.[83] 옥스퍼드 졸업자였던 그린은 자유주의자였지만, 기성 체제의 사람이었고 안보와 첩보의 세계를 잘 알고 있었다. 그의 형인 소설가 그레이엄 그린(Graham Greene)은 전쟁 기간 동안 MI6에서 일했다. 그의 누이 엘리자베스(Elisabeth)도 MI6에서 일했고 MI6 요원 로드니 데니스(Rodney Dennys)와 결혼했다.[84] 그린은 1949년에 BBC의 동유럽 서비스 책임자가 되었는데, 그의 역할은 '공산주의 정권을 희화화해 냉소적이고 사악하며 우스꽝스러운 것으로 묘사하는 것'이었다.[85] 1년 뒤, 그는 BBC에 의해 식민성(Colonial Office)으로 파견되었다. 그는 프로파간다 책임자로 임명되어 말라야(Malaya, 말레이 반도)

에서 대반란작전을 총괄하고 있던 영국군 중장 해럴드 브릭스(Harold Briggs)를 도왔다. 거기서의 그린의 임무는 저항의 '의지를 꺾는 것', '지도자와 일반인 사이를 틀어지게 하는 것', 그리고 '국제공산주의에 의해 위협받고 있는 민주적 삶의 방식이 가진 가치를 인지시키는 것' 이었다.[86]

BBC에서 그린의 조언자는 제2차 세계대전 동안 육군 장교로 처칠의 이너서클 역할을 했고 그린에 앞서 BBC 사장을 지낸 이안 제이콥이었다. 제이콥은 전쟁 후 MI6 국장 자리를 제안받았지만 거부했고, 대신 1946년에 BBC의 유럽 서비스 총괄 자리를 수락했다. 그해 9월, 그는 유럽 서비스가 소련과 공산주의를 어떻게 보도해야 하는지를 놓고 외무성과 접촉했다. 외무성은 제이콥에게 영국의 반공 프로파간다를 개발하고 조정하기 위해 그해 4월에 구성한 러시아 위원회(Russia Committee)에 참여해줄 것을 요청했다. 이 위원회는 제이콥의 편의를 위해 주간 회의의 날짜를 옮기기까지 했다.[87] 이 위원회의 핵심 구성원 중 한 명은 이본 커크패트릭(Ivone Kirkpatrick)이었는데, 그녀는 공보부(Ministry of Information)의 국장 및 전쟁 기간 BBC의 유럽 서비스 국장을 지낸 외무성 관리였다. 커크패트릭과 제이콥은 밀접한 협조 관계를 맺었고, 이에 힘입어 뒤에 BBC 월드 서비스가 탄생했다.

러시아 위원회의 특히 중요한 계획 가운데 하나는 외무성의 프로파간다 팀으로서 반공 정서를 함양하고 'BBC와 상호 보완해서 공산주의에 대한 전쟁에서 무기' 역할을 할 정보조사부(Information Research Department: IRD)를 설립하는 것이었다.[88] IRD의 첫 책임자는 랠프 머리(Ralph Murray)였다. 그는 전 BBC 기자로서 제2차 세계대전 중에는 비밀 프로파간다 작전을 수행했고 나중에는 BBC 경영위원이 되었다.

그의 후임은 존 레니(John Rennie)였다. 그는 전(前) 광고 부문 중역으로, 전시에 프로파간다 담당이었는데 나중에 MI6 국장이 되었다. 이안 제이콥은 BBC가 IRD와 친밀하게 협력하도록 했고 오버시즈 서비스(Overseas Service) 국장과 유럽 서비스 에디터가 머리와 연락책을 맡도록 했다.[89] 그 이후로 BBC와 IRD는 극히 밀접하게 협력하는 관계가 되었다. IRD 설립에 중요한 역할을 했던 노동당 정치인 크리스토퍼 메이휴(Christopher Mayhew)는 BBC가 IRD의 '최고의 고객'이었다고 묘사했다.[90] 폴 래시마와 제임스 올리버(James Oliver)는 다음과 같이 기술했다.

> IRD 자료가 BBC에 쇄도했고 이 자료들은 뉴스 편집부, 토론 프로그램 작가, 그리고 여러 분야의 전문기자한테 보내졌다. IRD는 배경 설명, 분석, 기사, 추천 연사 등을 제공했다. 또한 IRD 전문가들과 협의도 가능했다. 이것은 매우 중요한데, IRD는 이내 자신의 영향력을 자랑했다. "BBC 오버시즈 서비스는 분명히 반공 선전을 위해 매우 중요한 매체다. 우리는 이 방송을 운영하는 사람들과 직급을 망라해서 매우 가깝게 지내고 또 매일 접촉하고 있다. 우리는 그들이 뉴스, 토론, 논평 프로그램에서 잘 활용할 수 있게 지침과 자료를 제공하고 있다."[91]

IRD에서 BBC 익스터널 서비스로 프로파간다가 이동한 것은 익스터널 서비스와 영국의 여러 외교 정책 및 프로파간다 기관들 사이에 발전된 훨씬 폭넓고 깊은 관계의 일단을 보여주는 것일 뿐이다. 올번 웹(Alban Webb)은 이에 대해 "연계성이 BBC의 최고위급에서부터 아래로 서서히 발전하는 체계", 그리고 "기관 간의, 그리고 사람 간의 연계 네트워크"라고 설명하면서 이를 통해 "관계의 본질적인 속성을 드러내고 영향력을 발휘했다"라고 묘사했다. BBC 위계의 꼭대기에 있는 사장과 경영위원장은 정부의 장관들과 상의했으며, 덜 높은 직급의 직원들은 정부의 관리들과 정기적으로 회의와 토론을 하고 그들로부터 매일 지침을 받았다.[92] 이런 공생관계는 형식상의 관료적인 유대를 기반으로 하는 것이기도 하고, BBC 직원들과 정부에 있는 그들의 상대역이 서로 사회경제적 배경이 비슷하고 '국가적 이익'이 어떻게 해석되어야 할지에 대한 암묵적인 이해를 공유한다는, 기본적인 계급 일치성을 기반으로 하는 것이기도 하다. 또 IRD와 BBC 사이에는 회전문 같은 것이 작동하고 있었다. 예를 들어, 1954년에 익스터널 서비스에서는 '공산주의자 관련 사무'를 위해 IRD의 소련팀장을 영입했다. 거기서 그는 BBC 기자이자 작가인 월터 콜라즈(Walter Kolarz) ─ IRD에서 가장 글을 많이 쓰는 작가 중의 한 사람 ─ 와 밀접하게 일했다.[93]

제2차 세계대전 후에 BBC 익스터널 서비스와 영국 정부 간의 관계는 의도적으로 복잡하고 불확실하게 유지되었지만, 대체로 BBC가 종속적이긴 해도 서로 협조하는 관계였다. 콜리어(Collier)는 다음과 같이 말한다.

> BBC는 중동 지역의 인물들을 어떻게 다루어야 할지에 대해, 그리고 자신들이 유력 정치인들(또는 대변인들)을 맨손으로 상대하는 것이 괜찮을지에 대해 외무성의 지시를 받는 것에 꽤 만족스러워하는 것으로 보였다.[94]

BBC 익스터널 서비스와 영국 국가 간의 관계의 본질을 보여주는 좋은 사례는 둘의 관계가 여전히 모양을 갖춰가던 1947년부터 드러났다. 근동 지역 뉴스 에디터 고든 매켄지(Gordon Mackenzie)는 "외무성과 BBC 간의 관계를 …… 제대로 이해하기 위해서 BBC가 맡은 임무는 영국 정부의 일반적인 방침을 방송에서 따르는 것이지만 일상의 방송을 위한 재료의 선택과 편집, 그리고 프레젠테이션에서 매우 광범위한 자유를 누리고 있다는 사실을 알아야 한다"라고 지적했다. 그의 동료 스티븐슨(Stephenson)은 "BBC가 정책의 어떤 측면을 지지하는 것은 언제나 상호간에 합의되어야 하는 일이었다"고 강조했지만, "외무성이 우리를 현저하게 압박할 때에는 협조와 지원의 분위기를 적절히 유지하기 위해 …… 우리는 보통 그런 요구에 응하라는 충고를 받았다고 나는 생각한다"라고 인정했다.[95]

정보기관과 BBC 간에 밀접한 관계를 맺을 수 있었던 또 다른 이유는 이와 같은 방송과 첩보, 프로파간다의 매트릭스에서 중요한 역할을 담당해온 BBC 모니터링 때문이다. 원래 적의 방송을 감시하고 번역하기 위해 세워진 BBC 모니터링은 제2차 세계대전 기간에 '공개된 출처'의 정보를 제공하는 영국의 귀중한 자산이었다. 여러 언어에 능통한 수백 명의 요원들에 의해 기록되고 번역된 자료들은 광범위하게 그리고 기꺼이 배포되었고, IRD의 외국용 프로파간다를 작성하는 데, 특히 나세르에 의해 고무된 중동 지역에서의 독립운동을 저지하려는 노력에 필수적인 재료가 되었다.[96]

요약하자면, 냉전 기간 동안 BBC는 영국 정부와 긴밀히 협조하며 프로파간다 자료를 배포했을 뿐만 아니라 그런 프로파간다가 의지하고 있는 정보도 공급했다.

이 모든 것을 단지 냉전의 특징으로, 즉 현대의 BBC와는 별 관련성이 없는 것으로 보려는 유혹이 있다. 이 때문에 그 시절 영국의 잔혹 행위들에 대한 역사적 증거를 이데올로기적 열정과 지정학적 경쟁이라는 과거의 특성으로 쉽게 일축해버린다. 그 시기의 문서 기록은 구하기 어렵고 여전히 매우 드물지만, 확실히 BBC는 그때 이후 상당히 바뀌었으며, 정보 및 안보 부문도 그랬을 것이다. 더욱이 이 주제의 바로 그런 성격 때문에 연구하기가 참으로 까다롭다. 그럼에도 이른바 테러와의 전쟁이 시작되면서 영국의 안보, 정보, 그리고 프로파간다 기구의 힘이 확대되는 것을 우리는 목도했다. 따라서 관계의 성격이 의심할 바 없이 상당히 바뀌었다고 해도 우리가 역사적 기록에서 확인한 형태의 중요한 공모가 이제는 없다고 생각할 만한 타당한 이유가 없다.

9월 11일 공격에 대해, 영국 정부는 즉각적으로 군사적 대응과 함께 여러 프로파간다 계획을 시작했고, '공공 외교'의 일환으로 BBC 월드 서비스는 중동 지역과 전략기획가들이 '아프팍(AfPak)'(단일의 독립체로 간주되는 아프가니스탄과 파키스탄 _옮긴이)이라고 부르는 지역에 대한 방송을 확대해 어떤 경우에는 방송 시간이 2배로 늘었다.[97] 몇 개월이 지나고 BBC는 중동 특파원 프랭크 가드너(Frank Gardner) — 전 국민방위군 대위로 투자은행 임원을 지낸 — 를 안보 전문기자라는 새로운 자리에 임명했다. 안보 전문기자라는 타이틀을 붙인 것은 테러와의 전쟁 전문기자(war on terror correspondent)라는 말이 '우스꽝스럽게 들릴 수도 있기 때문이었다'. MI6에 들어가기 위해 면접을 본 적이 있다고 시인한 가드너는 그 자리에 앉은 직후부터 MI6 및 MI5의 요원들과 밀접한 관계를 가져왔다고 솔직히 인정했다. 그래서 그의 동료들은 그가

MI6 요원이거나 정보제공자라고 의심하기도 했다.[98] 영국의 무기 감독관 데이비드 켈리(David Kelly) 박사가 자살한 다음부터 가드너는 MI6를 위해 BBC에서 중개자 역할을 했던 것으로 보인다. 정부의 프로파간다 기구와 가드너가 밀접한 관계를 가졌다는 증거는 2008년에 내무성의 조사, 정보 및 커뮤니케이션 부서(Home Office's Research, Information and Communication Unit: RICU)에 관한 문서가 유출되면서 드러났다. '커뮤니케이션을 통한 폭력적 극단주의 이데올로기의 저지(Challenging Violent Extremist Ideology Through Communications)'라는 제목의 문서는 '알카에다 브랜드의 오염'을 목적으로 한 RICU의 프로파간다 계획을 다음과 같이 폭로했다. "우리는 이 자료를 영국의 미디어 채널들, 예를 들면 BBC 라디오 프로그램에서 활용해 알카에다 지도자와 지지자 간의 갈등을 노출시키도록 밀어붙이고 있다."[99] 가드너는 '알카에다 내부의 적'이라 불리던 BBC 제4라디오의 프로그램 〈분석(Analysis)〉을 진행했는데, 그것은 그 문서에서 약술한 프로파간다 전략을 그대로 반영한 것이었다. BBC는 가드너와 또 한 명의 BBC 동료가 프로그램을 제작하는 동안 RICU 공무원들과 접촉했고 만났다는 사실을 인정했다. 그러나 RICU 공무원들이 제공한 자료를 사용했다거나 그들의 설득에 따라 프로그램이 만들어졌다는 것은 부인했다.[100]

진실이 무엇이든 간에 이는 BBC와 정보기관 간의 밀접한 관계가 계속 진행 중이라는 사실을 분명하게 보여주고 있다. 대테러 프로파간다 전문가 엠마 브라이언트(Emma Briant)는 BBC 사장이 '무언가를 방송하는 것이 국가적으로 또 운영상으로 이익이 될지 여부에 관해' 합동정보위원회(Joint Intelligence Committee) — MI5와 MI6, 그리고 정부 통신본부(Government Communications Headquarters: GCHQ)(영국의 정보 및 안보를 담당하는 조직 _옮긴이)의 활동을 조율하는 기구 — 로부터 직접 브리핑을 받고 있다는 점은 주목할 만한 일이라고 지적한다.[101]

한편 BBC 모니터링은 안보 및 정보기관과 밀접한 관계를 여전히 유지하고 있다. 그것의 '핵심적인 고객들'은 외무성, 국방성, 내각부, 그리고 안보 및 정보기관들이다. BBC 모니터링의 종합적인 실적은 연간 두 차례 소집되는 모니터링 자문단(Monitoring Consultative Group)의 감독을 받는다(물론 이 감독은 고문의 자격으로 행해진다). BBC가 주관하는 이 모임에는 국방성, GCHQ, MI5, MI6, 외무성, 내각부 등의 대표들이 참석하고 있다.[102]

최근까지 이 '핵심적인 고객들'은 내각부에 의해 용도가 지정된 보조금 형태로 BBC 모니터링을 지원했다. 한편 월드 서비스는 의회 보조금(parliamentary grant-in-aid)을 외무성을 통해 받아왔다. 2010년, 보수당이 주도한 연립 정부는 정부의 재정 지원이 축소될 것이고 2013/2014년부터 월드 서비스와 BBC 모니터링의 총비용을 수신료로 충당할 것이라고 발표했다. 월드 서비스에 대한 인원 감축과 재정 지원 철회 계획에 대해 하원의 외무 특별위원회는 "'소프트 파워'로서 월드 서비스를 활용해온 외무성의 우선 사항들을 BBC가 고려하지 않는 것은 영국에 이익이 되지 않을 것이다"라고 주장하며 강하게 반대했다.[103] BBC 월드 서비스 기자 출신의 미디어 학자는 한 외무성 관리가 월드 서비스를 "[우리의] 소프트 파워 무기의 큰 부분"이라고 말한 내용을 인용하기도 했다.[104] 관련 특별위원회의 노력으로 삭감 규모가 축소되었고, 2015년 11월 보수당 정부는 월드 서비스에 대한 지원 철회 계획을 뒤집었다. 중요한 사실은 그 발표 내용이 정부의 보고서에 담겨 있었다는 것이다. '국가 안전 전략, 전략적 방어 및 안보 리뷰(National Security

Strategy and Strategic Defence and Security Review)'라는 보고서에 따르면, 보수당 정부는 앞으로 매년 8500만 파운드를 월드 서비스에 지원하기로 했는데 그것은 "우리의 가치와 이익을 세계적으로 증진시키는 세계 최고의 소프트 파워로서의 우리의 위치를 보다 향상시키기 위한" 정부 전략의 일환이었다.[105] BBC 사장 토니 홀은 그 발표를 환영하면서 월드 서비스를 "세계적 영향력을 가진 우리의 최고 자원들 중 하나"라고 표현했다.[106]

제3장

전쟁과 평화

2003년 4월, BBC 제4라디오의 기함(旗艦) 뉴스·시사 프로그램 〈투데이(Today)〉의 에디터 케빈 마시(Kevin Marsh)와 진행자 존 험프리스(John Humphrys)는 '실용적이지만 돈을 꽤 들여 장식 판자를 댄, 그리고 푸른 색조의 창문들이 있는' 작은 방에서 템스강을 내려다보며 점심을 먹었다. 그 방은 영국 정보기관의 본부에 있었고 두 사람의 식사에 동참한 사람들은 당시 'C' ─ MI6의 최고위자들(chiefs) ─ 로 알려진 MI6 국장 리처드 디어러브(Richard Dearlove)와 그의 대리 나이젤 잉크스터(Nigel Inkster), 그리고 서열 셋째인 MI6 관리였다. 이 회합은 적절한 시기에 이루어진 것이었다. 영국 정부는 영국과 전 세계의 대다수 여론을 거스르면서, 그리고 국제법을 무시하면서까지 얼마 전 미국이 주도한 이라크 침공에 참여했다. 이런 분명한 공격 행위는 ─ 국제법에서 가장 중대한 범죄의 범주에 속하는데 ─ 매우 약한 근거에 기초하고 있었고, 순전히 거짓말로 정당화되었다. 따라서 MI6는 사태가 어떻게 전개될지에 많이 불안해했다. 마시에 따르면, 바로 그날 바그다드가 침공군에 함락되었는데, 새우와 치킨, 그리고 미네랄워터를 들며 'C'가 자신과 험프리스에게 깜짝 놀랄 소식을 전했다. "이라크는 주된 위험이 아닙니다." 그러자 디어러브의 대리인 잉크스터는 BBC에서 온 사람들에게 물었다. "만약 우리가 대량살상무기를 끝내 발견하지 못한다면 미디어에서 어떤 반응을 보일 거라 생각하십니까?"

마시에 따르면, MI6는 수개월 동안 "그들이 미디어의 여러 부문과 좀 더 열린 관계를 갖기 원한다는 강한 암시"를 주어왔고, 보도된 바로는 그 즈음에 리처드 디어러브가 한 'BBC 고위급 중역'과 또 다른 모임을 가지면서 그에게 "공보부가 이라크를 주된 위험으로 보지 않는다는 것을 명확히 했다".[1] 마시와 험프리스는 만남에 대해서는 보도하지만 대화 내용에 대해서는 일체 보도하지 않는다는 조건으로 점심 회합에 동의했다. 대화의 세부 내용은 나중에 ≪옵서버≫에 실렸는데, 마시는 자신이 약속을 지켰다고 주장한다. 그는 그런 대화들이 "모든 에디터들이 일상적으로 하는 것이고 …… 그 대화에서 우리는 소문이나 배경, 속내 이야기 등의 단편들을 얻어 듣는다. 누군가의 관점도 알게 된다"라고 썼다. 그렇지만 그날의 점심 자리는 매우 특별했다. 마시는 그 자리의 대화로 '블레어와 관련 서류 일체가 후세인을 긴급하고 임박한 위협으로 지목하지만 MI6의 최고위 인사들은 그렇게 생각하지 않고 있다'는 것을 알게 되었다. 당시 장관이던 클레어 쇼트(Clare Short)에게서 받은 브리핑과 결부해 마시는 침공의 공식적 정당화에 대한 대중의 우려와 반전 운동이 타당하다는 생각을 갖게 되었다.

백만 명으로 추산되는 사람들이 계획된 전쟁에 항의하는 행진을 벌였다. 영국 역사상 최대 인원이 참여한 항의집회였다. 그러나 마시에게 보다 의미 있는 것은 '무시하기 어려운' 기득권층 중에서도 회의적인 목소리들이 있었다는 것이다. 그는 나중에 "전쟁을 찬성하는 입장만 부각되는 프레임에 대한 불만을 놓고 정보기관 관계자들 사이에서 나온 소음"을 회고했다. 이런 맥락은 다음에 일어난 일들을 이해하는 데 필수적이다.

2003년 5월 29일 아침, 〈투데이〉는 국방·외교 전문기자 앤드류 길리건(Andrew Gilligan)의 기사를 방송했다. 그 기사의 취재원은 알려지지 않았다가 나중에 켈리 박사로 밝혀졌다. 켈리는 길리건을 한 주 앞서 만나 그에게 정부의 2002년 9월 보고서 「이라크의 대량살상무기: 영국 정부의 평가(Iraq's Weapons of Mass Destruction: The Assessment of the British Government)」가 '좀 더 매력적으로 보이기 위해' 총리실에 의해 수정되었다고 알려주었다. 그는 정보기관이 그 문서를 불만족스럽게 여기고 있는데, 특히 대량살상무기가 이라크에 의해 45분 안에 배치될 수 있다는 주장에 대해 그러하며, 이 주장이 단지 한 정보원에만 근거하고 있다고 말했다. 기사에 따르면, 총리실의 반응은 몹시 격렬했으며, 이미 '고충, 불만, 비난, 암시적인 위협 등으로 정기적으로 BBC를 공격해온'[2] 블레어의 수석 언론 담당관 앨러스테어 캠벨(Alastair Campbell)은 BBC에 대한 십자군 전쟁에 착수했다. 캠벨과 수상은 이것이 '반전' 어젠다를 타파하려는 것이라고 주장했다. BBC의 보도를 몰아붙이는 상황에서 켈리 박사가 사망한 채 발견되었는데 경찰은 사인을 자살로 추정했다.

켈리의 죽음에 관한 조사위원회의 위원장은 브라이언 허턴 경(Lord Brian Hutton)이었다. 그런 조사위원회는 '거물(the great and good)'이 위원장을 맡아 권력자가 무죄임을 밝히는 경향이 있지만, 허턴 경의 조사 결과는 경험 많고 냉소적인 정치부 기자들까지 놀라게 만들었다. 승리를 거둔 캠벨은 "수상도 진실을 말했고, 정부도 진실을 말했고, 나도 진실을 말했다. BBC는 경영위원장부터 아래까지 그러지 않았다"라고 주장했다. 스캔들은 블레어와 캠벨, 그리고 그 공모자들의 사임이라는 결과가 아닌, BBC 경영위원장과 사장의 사임, 그리고 BBC 지배구조에 대한 후속 조사라는 결과를 가져왔다.

BBC 경영위원장 개빈 데이비스(Gavyn Davies)는 허턴 보고서가 발표된 다음 즉각 사퇴했다. 그가 사퇴함에 따라 그때까지 BBC의 기자들을 보호했던 경영위원회는 보수적인 위원 리처드 라이더(Richard Ryder)가 이끌게 되었다. 앞서 합동 정보 위원회의 위원장이던 라이더는 그레그 다이크 사장을 압박해 사퇴시켰다. 그 이후에 그는 정부에 대해 '무조건적으로' 사과했다. 먼저 총리실의 승인을 받은 사과문[3]에서 그는 BBC에서는 "외부 저널리즘(outside journalism), 준수 시스템(compliance system), 편집 프로세스, 신규인력 훈련 등을 포함한 주요 개혁조치들이 이미 실행되고 있다"라고 밝혔다.[4] 새로운 준수 체제와 편집 프로세스에는 위험 관리 프로그램 목록(Managed Risk Programme List: MRPL)이 포함되었다. MRPL은 BBC에서 선임 에디터들이 감독하는 '적기 체제(red-flagging mechanism)'다.[5]

BBC는 MRPL이 '편집적·법률적·상업적·본질적·평판적 위험의 소지가 있는 프로그램을 눈에 띄게 하는 일종의 조기 경보 시스템'이라고 설명한다. 이 시스템하에서, BBC 프로그램 제작팀 또는 외부 프로덕션은 해당 프로그램이 속한 부서의 관리자에게 방송예정일 3개월 전에 쟁점이 될 수 있는 프로그램을 통지할 책임을 진다. 프로그램 관리 목록(Managed Programme Lists)이 모여 부문별 목록(divisional lists)

을 이루고, 이 부문별 목록은 해당 부문의 간부들로 구성된 위원회에서 논의된다. 부문별 목록은 BBC의 편집위원회로 보내지며 여기서 BBC 전체의 MRPL을 최종적으로 마련한다.[6] MRPL의 위험 범주에는 '선명한 입장(High-Profile)', '정치적 민감성(Political Sensitivity)', 'BBC 평판에 부정적(Adverse publicity for the BBC)', '문화적 민감성(Cultural Sensitivities)' 등이 있다.[7]

시사평론가들은 허턴 위원회 이후에 나온 여러 가지 조치가 BBC의 저널리즘에 미친 영향에 대해 다르게 평가한다. 전 BBC 기자 존 캠프너(John Kamphner)는 조사위원회 이후에 "BBC가 재갈 물린 언론이 되었고, 의도적으로 정부와 기성체제의 비위를 건드리지 않으려 하고 있다"라고 기탄없이 말했다. 마시는 "허턴 위원회 이후 BBC는 보다 신중해지고 보다 위험을 회피하게 되었으며, 정부와 권력에 보다 덜 도전적이 되었다"라고 썼으며, 다이크가 사퇴한 뒤 곧바로 사장이 된 마크 바이포드(Mark Byford) 아래에서 BBC의 저널리즘은 좀 더 위험기피적이 되었다고 보았다.[8] 영향력 있는 미디어 평론가 스티븐 바넷(Steven barnett)은 허턴 위원회의 결과로 BBC가 겁먹었다는 주장을 일축한다. 그는 BBC가 취한 제도적 조치 — 구체적으로 BBC 저널리즘 칼리지의 탄생을 의미한다 — 가 '다이크의 인기영합주의'에 반대해 BBC의 '핵심 가치'를 긍정하는 것이라고 보았다. 바넷이 보기에, 길리건의 보도와 BBC 지도부의 조치는 조직 수뇌부의 실패를 드러낸 것이었고 그 실패는 데이비스와 다이크의 사임으로 교정되었다. 그는 다이크가 자신의 전임자에 의해 강요된 관리를 위한 통제들로부터 기자들을 자유롭게 만들기 위해 엄격하지 않은 저널리즘을 추구했다고 주장한다. 그렇지만 바넷은 길리건의 기사를 방송한 BBC를 칭찬한다. 그는 독립적이고

공적 재원으로 운영되는 저널리즘이 민주주의에 얼마나 불가결한지를 그 기사가 잘 보여준다고 주장한다.[9]

이 가운데 어떤 것도 그럴듯하지 않다. 허턴이 BBC 저널리즘에 준 충격이 어떻게 해결되었는지 파악하기 어렵고 그 사건으로 관리의 실패가 드러났지만, 새로운 '책임의 장치(mechanisms of accountability)'가 BBC 경영위원장과 사장의 사임으로 이끈 중앙정부의 조직적 활동 뒤에 도입되었다는 사실은 명백하다. BBC가 그 이야기를 보도함으로써 중요한 공영방송의 임무를 수행했지만, 자세히 들여다보면 BBC가 그렇게 보도한 것은 입수할 수 있는 명백한 증거에 대한 대중적 압력이나 관심에 부응하기 위해서라기보다 기성체제의 목소리에 답하기 위해서였다. 만약 그 사건이 무엇이라도 드러내 보인다면 그것은 바로 BBC가 중대한 민주주의적 역할을 수행하는 데 있어 매우 제한된 능력을 가지고 있다는 것이다.

BBC가 치러야 할 무거운 희생은 말할 것도 없고 정부의 맹렬한 공격과 떠들썩한 부정에도 불구하고 길리건의 이야기는 놀라울 만큼 정확한 것으로 판명되었다. '의심스러운 문서(dodgy dossier)'로 알려진 블레어 정부의 문서는 2002년 9월 24일에 발표되었다. 이 서류는 공식적으로 합동 정보 위원회(Joint Intelligence Committee: JIC)에 의해 만들어졌다. JIC는 MI5와 MI6, 그리고 GCHQ의 대표들과 국방정보국의 대표, 외무성과 국방성, 그리고 내무성과 다른 부처들의 고위 관료들로 구성되는 정부 기구다. 이 문서는 앞서 8개월에 걸쳐 수집한 정보를 편집한 것이자, 그리고 막바지에 정부의 요청으로 MI6가 정식으로 제공한 '첩보' — 대량살상무기가 이라크에 의해 45분 안에 배치될 수 있다는 그 유명한 45분 주장의 근거 — 가 보완된 것이었다.

문서를 처음 편집할 당시 JIC는 이라크가 제1차 걸프전에 앞서 생산했던 비축물품 중에 화학 및 생물학 약제와 군수품이 얼마간 남아 있을 수도 있지만 그것들이 정확히 무엇인지 또는 여전히 실전에 쓸모 있는지에 대해 알 수 없다고 평가했다. 이들 가정된 생화학 약제의 운반체로서 사용될 가능성이 높다고 추정되는 것은 대포와 로켓 ― 전략적 미사일이라기보다는 재래식 무기 ― 이었다. 더욱이 JIC는 이라크 사령부가 이들 가정된 생화학 무기를 인접 국가들 또는 연합군 밀집지역에 사용할 수도 있다고 보았다. 이것은 계획된 침공으로 인해 대량살상무기가 사용될 가능성이 증가할 수 있음을 뜻하는 것이다.

블레어가 문서를 공표하도록 한 뒤에 모호한 부분들은 수정되었고, 이는 이라크가 일촉즉발의 위험을 야기하고 있다는 완전히 잘못된 인상을 주는 내용의 틀린 첩보와 합쳐졌다. 허턴의 눈가림 뒤에 마련된 버틀러 조사위원회(Butler Inquiry)는 JIC의 초기 평가에 나타났던 여러 경고와 불확실성이 최종적으로 발표된 문서에는 나타나지 않는다고 지적했다. 이것은 '실제 상황보다 확실하고 많은 정보 보고가 판단의 원인이 되었음을 뜻한다'.[10] 이것 자체가 총리실의 역할에 대한 길리건의 주장을 지지하진 않지만, 여러 조사위원회에 제출된 증거에 비추어 보면 분명하다. 여기서 증거란 JIC의 당시 위원장 존 스칼릿(John Scarlett)과 그 문서를 만드는 데 참여했던 여러 관리들이 캠벨과 밀접하게 일했고 그의 권고에 따라 '발표와 관련된(presentational)' 많은 것을 수정했던 것을 말한다. 45분 주장과 관련하여, 디어러브는 허턴에게 '출처가 확실한 정보'라고 언급했지만[11] 칠콧 위원회(Chilcot Inquiry)에서 MI6의 한 관리는 그 주장이 "희망적 관측에 근거한 것"이라고 표현했고 "우리는 그 첩보가 유효한지 충분히 확인하기 전에 …… 내놓

았다"라고 말했다.[12]

만약 길리건의 기사에 문제가 있었다면, 그것은 총리실을 비난하면서 여타의 공무원들이 수행한 역할을 과소평가한 것이었다. 길리건은 정보기관의 바람과 달리 보고서를 '윤색(sexing up)'하는 데 총리실의 압력이 작용했음을 시사했다. 그러나 조사위원회의 증거를 보면, MI6의 많은 사람들은 정책 어젠다를 둘러싸고 형성 중이던 정보에 대해 거북해했던 데 비해, 정보와 안보 관련 기구의 고위 인사들은 총리실 및 다른 정부부처들과 긴밀히 협조해 '의심스러운 문서'가, 버틀러의 표현대로, '입수 가능한 첩보의 최댓값(the outer limits of the intelligence available)'이 되도록 했다. 더욱이 45분 주장이 포함된 결과로 이어진 추정된 '첩보'를 생산하는 데 MI6가 큰 역할을 했음은 이제 분명하다. 길리건이 공보부 요원들보다는 총리실에 초점을 맞춘 것은 그에게 가능했던 정보를 감안하면 놀라운 일이 아니다. 공식적인 조사를 통해 총리실의 잘잘못을 따지는 것은 결코 쉽지 않다. 나머지 정부기관들이 일치 협력하면 총리실은 일체의 정치적 낙진으로부터 보호받을 수 있다. 이 점에서 특히 중요한 사람은 자신이 그 문서의 '소유권'을 갖고 있다고 주장했던 존 스칼릿이다. 디어러브 후임으로 잉크스터 부국장이 아니라 그가 MI6 국장이 되면서 그의 충성심은 보상받았다. 길리건의 주된 실수는 45분 주장이 틀렸다는 사실을 정부가 알고 있었다고 말한 것이었다. 사실 그 주장은 어떤 경우에도 증명하기가 불가능해 보이는 주장이었다. 이 부주의는, 이야기의 본질 면에서 그렇게 중요하지 않기는 하지만, 얼마동안 정부에 의해 간과되었다. 그러나 BBC는 이 부주의로 인해 허턴 위원회의 세부적인 조사를 받으면서 보다 열세에 놓였다.

1927년에 BBC는 공사가 되었다. 당시 BBC는 '국가는 국민에게 평화를 말해야 한다(Nation shall speak peace unto Nation)'를 공식적인 모토로 채택했다. 이 문구는 BBC의 공식적인 문장과 공식적인 잡지 ≪라디오 타임스≫의 표지를 장식했다. 그렇지만 BBC는 이런 평화주의 정신을 좀처럼 반영하지 않아왔다. 이 모토는 공식적으로 폐기되지는 않았지만 1930년대 전쟁 발발의 가능성이 커지면서 호감도가 떨어졌다.[13] 그 십 년 동안 BBC는 조용히 전쟁 준비를 했다. 1934년에 리스는 육군성에서 전시 방송의 계획을 논의하기 위해 작전 및 정보 책임자를 만났고, 1936년에는 자신이 한동안 책임을 맡게 된 전시 공보부의 설립 준비에 참여했다.[14] 두 대전 사이의 기간 동안 계획된 부서의 대표 지명자(Director General designate)는 스티븐 탤런츠(Stephen Tallents)였다. 프로파간다 전문가였던 그는 부대표로서 리스를 보좌했고, 나중에 홍보연구소(Institute of Public Relations)를 설립하고 대표했다. 1938년 9월, 전쟁 발발에 대비해 전시 호봉표와 직원 배치안 같은 BBC의 모든 준비가 마무리되었다.[15]

당시 BBC의 프로그램은 영국의 엘리트가 갖고 있는 지배적인 견해를 반영했고, 따라서 나치 독일에 대해 유화적인 입장을 취했다. 전쟁이 불가피하다는 사실이 명확해졌는데도 BBC는, 한 전직 에디터가 비웃으며 말한 대로, 그러한 전망에 대해 '침묵의 공모'를 유지했다.[16] 파시즘에 적대적인 연사들은 방송을 할 수 없었다. 자신이 속한 계층의 사람들과 달리 나치즘을 혐오했던 윈스턴 처칠은 1938년에 자신이 4년 전 독일의 재무장에 대한 의견을 방송에서 밝힌 이후 "BBC에 의해 재갈이 물렸다"라고 불평했다. 처칠은 또 "BBC가 정부의 통제하에 놓인 것 같다"라고 주장했다. 그의 말은 맞았다.[17]

전간기의 방송에 조예가 깊은 학자 패디 스캐널(Paddy Scannell)은 BBC의 1930년대 외교문제 보도를 살펴본 뒤 BBC가 이전에는 위태롭게 독립성을 유지했지만 지금은 "국가에 전당잡혀 있다"라고 결론지었다.[18] 파시즘에 대한 BBC의 보도는 대체로 영국의 정치 엘리트들 사이에서 지배적인 분위기를 따랐을 뿐 아니라 정부 정책에 전적으로 조응해 형성되었다. 1937년 3월, BBC의 프로그램 국장 세실 그레이브스는 외무성 사무차관 로버트 밴시터트(Robert Vansittart)와의 만남에 대한 정보를 보고했다. 처칠처럼 유화정책에 반대했던 것으로 유명했던 밴시터트는 그레이브스 — 전 육군 정보장교로 전시 기간 동안 공동 사장을 맡았다 — 에게 외무성은 BBC가 스페인의 파시스트 세력에 대해 좀 더 호의적으로 보도해주길 바란다는 뜻을 비쳤다. 스페인의 파시스트 세력은 프랑코 장군의 지휘 아래 중도좌파의 민주적 정부를 전복시키려 하고 있었다. 그 만남에 대해 그레이브스의 메모는 다음과 같이 기록했다.

> 스페인 뉴스와 관련하여, 그는 프랑코가 마드리드에 입성한 후 때가 되면 스페인을 지배할 것이라는 데 거의 의심의 여지가 없다고 말했다. 그는 프랑코가 BBC와 ≪더 타임스(The Times)≫가 자신을 반대한다고 느끼고 있으며, 그래서 [영국] 정부도 틀림없이 자신을 반대할 것이라 생각하고 있다고 말했다. 그는 이것이 개탄스럽다고 말했다. 그것은 프랑코를 이전보다 더 이탈리아와 독일의 품으로 보낼 것이므로 …… 그는 우리가 최소한 [스페인] 정부 뉴스를, 반란군(즉, 파시스트) 뉴스 외에는 들어오는 양에 상관없이, 싣지 않으면 매우 고맙겠다고 했다. 그는 우리와 영국 정부가 프랑코를 반대하지 않는다는 것을 프랑코가 확신할 수

있도록 우리가 친반군적 입장을 충분히 보여주면 좋겠다고 했다. 그는 또한 우리가 그쪽에서 분개할 수 있는 '반군(insurgent)'이라는 말 대신 다른 표현, 예를 들면 '민족주의자들(Nationalists)' 같은 말을 쓰면 좋겠다고 했다. 나는 스페인 뉴스와 관련해 그가 원하는 바를 우리가 불편 없이 들어줄 수 있다고 생각한다. 그렇지만 우리가 그 새로운 말을 채택할 수는 없다고 생각한다. 그럼에도 우리는 그 오래된 말을 버릴 수도 있다.[19]

2년 뒤에 전쟁이 발발하면서 BBC 보도 내용은 전체적인 전쟁에 유리한지 여부에 종속되었고 '전쟁 기간 내내 영국에서 백색선전의 가장 강력한 공급자'가 되었다.[20] BBC는 이전에는 우정성과 외무성에서 책임을 졌지만, 이제는 공보부 산하로 들어갔다.

전쟁 시기의 정보와 프로파간다에 대한 관리가 처음에는 다소 무계획적이었지만, 1940년에 짧게 공보부 장관을 지낸 존 리스는 자신의 '프로파간다에 대한 관심과 지식'에 기대어 그것을 '좀 더 효율적인 토대' 위에 올려놓았다.[21] 리스는 뉴스를 '프로파간다의 돌격대'라고 주장했고,[22] "뉴스와 프로파간다 모두 동일한 기관에 의해 통제되는 것이 필수적이라고 믿었다".[23] 리스의 주도로 MI7의 책무인 뉴스의 통제는 공보부의 프로파간다 운영부서로 통합되었다. 초기에 몇 차례 실수가 있었지만 효율적인 감독 시스템이 정착되었다. 영국의 커뮤니케이션 인프라를 통제하는 우정성은 통신사 기사가 매체에 닿기 전 검열할 수 있도록 하기 위해 BBC와 국내 및 국제 뉴스와 관련된 언론에 뉴스를 제공하던 통신사의 경로를 변경했다.

BBC도 정부와의 관계를 비슷한 기조로 임했다. 1940년 2월, BBC

사장 프레더릭 오길비(Frederick Ogilvie)는 최근 공보부 장관에 임명된 존 리스를 만났다. 리스는 총파업 시절에 자신이 겪었던 어려움을 언급하면서 만약 BBC가 정부에 인수되었더라면 훨씬 수월했으리라 생각한다고 말했다. 그러나 오길비는 "BBC의 체제상 독립이 더할 수 없이 중요하다"라고 강조했다. 그는 민주주의는 전시에 위태로운 주요 이슈 중 하나이므로 그와 관련해 BBC가 독립적으로 남아 있는 것이 훨씬 낫다고 주장했다. 그는 "어떤 변화도 무엇보다 중요한 일, 즉 방송을 본질적으로 개선하는 일을 전혀 하지 않았다"라고 강조했다.[24] 그는 또 BBC가 이미 공보부와 프로파간다 담당부서(Department EH) 등 정부의 여러 부문과 충분히 긴밀하게 협력하고 있다고 말했다. 개념상 독립적이고 지시(direction)보다는 지침(guidance)에 따라 방송하는 것으로 되어 있지만, BBC는 공보부의 모든 결정에 기꺼이 '따를' 준비가 되어 있었다.[25] 공보부는 "뉴스 커뮤니케이션을 경험 많은 전문가들에게 맡기는 게 낫다는 것과 외견상 독립적이어야 보도의 신뢰성과 온전함이 향상될 수 있다는 것을 곧 파악했다".[26]

1949년 5월, 체임벌린에 이어 처칠이 수상이 되면서 처칠이 몹시 싫어했던 리스는 공보부 장관에서 경질되었다. 리스를 승계한 사람은 보수당 정치인 더프 쿠퍼(Duff Cooper)로 이튼교 출신이며 처칠의 동지였다. 보호자가 바뀌면서 BBC는 더욱 확실하게 정부의 통제를 받게 되었다. 쿠퍼는 BBC 지도부와 만났고, 그 이후로 '훨씬 강도 높은 통제'를 실시하는 데 합의했다. 당시 BBC 경영위원장과 사장은 "공보부가 국가의 이익과 관련되었다고 판단한 일과 연관된 지시라면 일반적이든 특정적이든 기꺼이 따르겠다"라고 말했고, '정치적으로 중요한 프로그램들'에 대해서는 쿠퍼의 승인을 먼저 받는다는 데 합의했다.

또한 공보부의 방송 부문 국장은 BBC의 정책 회의에 참석하고, BBC의 국내 부문 편성국장은 공보부에서 매일 열리는 회의에 참석하며, BBC의 사장은 한 주에 두 번 참석하기로 합의했다.[27]

BBC의 전시 방침은 '전쟁에 반대하는 대중 선동에 참여한 적이 있는' 사람을 방송에서 배제하는 것이었다. 여기에는 파시스트, 그리고 한동안 공산주의자가 포함되었고, 심지어 평화주의자도 포함되었다.[28] 1940년 8월, 당시 2명으로만 구성되었던 BBC 경영위원회는 방송을 '매우 중대한 전쟁 무기, 군대 다음으로 중요한 무기'로 여기며 "BBC는 양심에 따른 병역 거부자를 위한 서비스를 하지 않겠다"라고 결정했다.[29] 오길비는 이 방침이 부과된 데 대해 다소 만족스럽지 않게 생각했지만 방침을 따랐다. 이 방침이 BBC를 '전쟁에 매우 효과적인 도구'로 만들려는 자신의 목표와 잘 맞았기 때문이다.[30]

그해 12월에 열린 한 회의에서 전시 내각은 BBC에 대한 '정부의 효과적인 통제'를 확실하게 할 새로운 조치를 마련하는 것이 필요한지를 두고 논의했다. 이 회의에서는 정부가 원하던 'BBC에 대한 완전한 통제' 대신 정부가 BBC에 2명의 '고문'을 임명하는 것으로 결정되었다. 고문 각각이 자신의 고유한 영역에 대해 최고의 지침을 내릴 수 있도록 하되, BBC 사장과 다툼이 있는 경우에는 공보부 장관이 최종적으로 결정하도록 했다.[31]

전면전을 위한 체제에 완전히 통합되면서, BBC는 정치전 지휘부(Political Warfare Executive: PWE)와 밀접한 관계를 갖게 되었고 PWE의 프로파간다를 유럽 전역에 방송했다. 한편 영국 공군은 폭격 임무를 수행하면서 PWE의 전단지를 투하했다.[32] 전략적인 이유로 BBC는 완전히 틀린 보도는 하지 않았다. 그렇지만 사기를 진작시키기 위해

수치는 일상적으로 조작되었고 뉴스는 '편집되고 검열되었다'.[33]

　1942년 BBC가 전황 보도에 대한 여러 제한 규정을 놓고 군 당국과 갈등을 빚었을 때 공보부와 총리실, 경영위원회 등에서 비판을 제기했다.[34] 세실 그레이브스는 공보부에 대해 '[BBC의] 프로파간다전이 현대전에 어울리는 기초' 위에서 이루어지도록 해야 한다고 촉구했고, BBC와 공보부, 영국의 PWE, 미국의 전쟁정보국(US Office of War Information), 영·미 작전참모부 등을 포함시켜 공동으로 활동 계획을 마련하는 것이 '중차대한' 일이라고 주장했다.[35] 당시까지 극도로 제한되었던 BBC의 취재 역량은 그 이후 대폭 늘었다. 이는 전쟁으로 인해 BBC의 중요도와 평판이 높아진 유일한 분야였다. BBC의 직원 수는 1939년 4000명에서 1940년에는 거의 세 배인 1만 1000명으로 늘었다.[36] 더욱이 처음에는 국민들의 눈에 별로 믿을 만하지 못하고 엘리트주의적으로 비쳤지만, BBC는 - 공보부의 엄밀한 감독을 받으면서 - 대중에게 다가가려 노력했고, 프리스틀리(J. B. Priestly)와 조지 오웰(George Orwell) 같은 좌파 지식인이 참여하는 트렌드를 예증함으로써 국가와 제국의 상징물들뿐만 아니라 '보통 사람들'의 문화도 매력적으로 그리는 좀 더 평등주의적 내셔널리즘을 고취했다. BBC는 "기존의 여러 전통을 고수하면서도 전전의(pre-war) 문화적 엘리트주의를 불안정하지만 계급 차별이 없는 사회로 대체해갔다".[37] 전시의 BBC는 전후의 경제 질서가 보다 더 평등주의적인 기초 위에서 마련되도록 더욱 포괄적이고 집단주의적인 정치문화를 형성하는 데 분명 기여했다.[38]

　두 대전 사이의 기간에 BBC는 '제국의 적극적이며 심지어 열성적인 선전원'으로 임무를 다했다.[39] 하지만 전후에는 영국의 엘리트들은 제국이 쇠퇴하는 현실과 미국의 세계적 주도권에 적응해야 했다. 미국이 지배하는 새로운 국제 질서를 보여주는 중요하고도 상징적인 사건이 이른바 1956년의 '수에즈 위기'다. 이 기간에 영국은 이스라엘, 프랑스와 비밀리에 공모해 이집트의 나세르 대통령을 물러나게 하고 수에즈 운하의 통제권을 되찾으려고 했다. 수에즈 위기는 BBC의 진보적인 발자취들, 즉 국가의 그늘에서 점차 벗어나 진정 독립적인 방송사로 나아가는 역사적 경험들 가운데 두드러진 사례다.[40] 그 위기 동안 BBC는 노동당 당수 휴 게이츠켈(Hugh Gaitskell)에게 방송시간을 할애해 정부를 화나게 했지만, '14일 규정' ─ 의회에서 논의될 예정인 이슈들에 대한 방송을 금하는 규정 ─ 에는 저촉되지 않았다.

수에즈 위기를 다룬 저널리즘이나 학문적인 연구가 꽤 많지만 가장 광범위한 것은 역사가인 토니 쇼(Tony Shaw)의 연구다. 그는 관련 증거를 면밀히 검토하면서 수에즈 위기에 대한 종래의 해석에 상당한 의문을 제기했다. 2003년 이라크 침공 때에 비추어 수에즈 위기 당시 BBC가 수행한 역할을 재조명한 결과, 상당한 유사점이 드러났다. 두 경우 모두에서 수상은 예전의 식민지 국가를 비밀리에 불법적으로 침공하려고 계획했고, 국제 외교라는 표면 뒤로 프로파간다와 역정보를 내보내 국내 및 국제 여론을 자기편으로 끌어들이려 했다. 두 경우 모두에서 BBC는 프로파간다 전쟁의 핵심적인 전장이었고, 고위직들은 정치인들이나 정부 관리들과 접촉하면서 큰 압력을 받았다. 앞으로 살펴보겠지만, 수에즈 위기 동안 BBC는 어느 정도 정부의 압력에 저항했고, 전쟁을 반대하는 일부 기득권층의 의견을 반영하고자 노력했다. 그렇지만 BBC는 반정부적으로 편향되었다는 비난 또한 받았다. 전쟁

지지 입장에 대해 적절하게 문제를 제기하는 데 실패하고 대체로 정부에 호의적으로 보도했는데도 말이다.[41]

수에즈 위기가 끝나고 나서 곧 BBC 경영위원회는 BBC의 보도에 대한 리뷰를 실시했다. 리뷰는 BBC가 "공정성과 객관성 의무, 그리고 진실보도 의무를 이행했다"라고 결론지었다.[42] 쇼는 이와 반대로 BBC의 뉴스 프로그램들은 "전반적으로 감탄할 만하게 곧고 공정했지만", 시사 프로그램들은 "일관되게 '사실'에서 비켜났고, 일관되게 정부에 호의적이었으며, 조심스럽지만 분명하게 친정부적 편향성을 피력했다"라고 평가한다.[43] 그래도, 진보적인 비평가들이 강조했듯이, BBC는 14일 규정의 제한에서 벗어날 수 있었고, 앤서니 이든(Anthony Eden) (보수당 정치인, 1955~1957년 수상 역임 _옮긴이)의 위기 대처에 대한 대중적 논란을 '단호히 불균형한 방식으로' 일부 반영했으며, "논란에 맞서야 하는 국면에서 그 논평들은 언제나 정부 측을 힐책했다".[44]

쇼는 1956년 7월 26일에 운하가 국유화되고 난 몇 주 뒤 BBC가 '나세르에 대해 매우 적대적인 입장'을 채택했다고 지적한다. "분쟁이 시작된 때부터 BBC는 분명 나세르가 한 행위의 불법성과 군사적 '대응책'을 취할 수 있는 정부의 권한에 관한 논평을 내놓았다".[45] 8월 초부터 중순까지 정부가 정보 관제를 강화해나가자, BBC 보도는 "이집트에 대한 강경 노선의 필요성을 강조한 공식 성명들에 갑작스레 집중했다".[46]

BBC 임원들은 이 국면에서 자신들의 일방적인 보도가 공사의 평판에 부정적인 영향을 줄 수 있다고 우려했고, 따라서 덜 당파적인 입장을 채택하고자 모색했다. 그들은 이든을 지지하는 방송을 하고 싶다는 호주 수상의 요청을 이미 외무성 장관의 출연이 예정되어 있다는 이유로 거절했다. 이든은 BBC 경영위원장 알렉산더 캐도건(Alexander Cadogan)을 통해 이 결정에 개입했다. 공무원 출신의 캐도건은 1952년에 처칠에 의해 경영위원장으로 임명되었다. 그는 이든과 가까웠는데, 이든이 외무성 장관이었을 때 차관으로 일하기도 했다. 그는 BBC에서 맡은 역할도 있었지만 수에즈 운하 회사의 정부 측 이사이기도 했다. 캐도건의 임명으로 기존의 BBC와 정부 간의 밀접한 관계가 더 공고해졌다. 캐도건도 제이콥이 국방성 장관의 참모부장으로 1년의 안식년을 지내고 BBC 사장으로 취임하던 해에 BBC 경영위원장이 되었다. 두 사람 모두 영국의 기득권층과 긴밀히 연결되어 있었다. 제이콥은 수에즈 운하를 국유화하는 뉴스가 나왔을 때 총리실 만찬 자리에 있었고, 캐도건은 자택에 있다가 그날 밤 늦게 그 자리에 동참하기로 했다.[47]

쇼에 따르면, 제이콥은 이든과 달리 BBC의 독립을 적극적으로 옹호했다. 그러나 캐도건은 "단호하고 열심히 감독하는 경영위원장이 되고자 했고, 회담을 취소했으며, 문제가 될 만한 대본의 사전 검열과 수정 지시를 주장했다".[48] BBC가 호주 총리의 방송 요청을 거절한 뒤에 캐도건은 제이콥에게 '관례와 제한사항에 상관없이' 그 결정을 번복하라고 지시했다.[49]

그 직후에 나세르를 인터뷰하려던 계획이 포기되었다. BBC의 유명한 프로듀서 그레이스 윈드햄-골디(Grace Wyndham-Goldie)는 총리실과 먼저 협의하라고 했으며, 이든은 그 계획이 '무분별하다'고 답했다고 주장했다.[50] 8월 15일에 BBC는 이집트 당국자가 출연하는 원탁회의를 마련했다. 당시 휴가 중이던 제이콥은 이든에게 소환되었고 정부가 제2차 세계대전 시기에 했던 것처럼 BBC에 고문관을 설치할 수도

있다는 말을 들었다.[51] 쇼에 따르면, 제이콥은 그 만남에서 독립의 필
요성을 옹호했다.

하지만 공사의 시사 프로그램들은 전반적으로 뚜렷하게 친정부적 편
향을 지속적으로 보였다. 나세르는 그의 동료 아랍인들이 그에게 등을
돌림으로 인해 자포자기하는 사람으로 묘사되거나, 또는 영국에 대한
그의 비이성적 혐오가 러시아 사람들에 의해 이용되고 있는 전형적인
과대망상증 환자로 그려졌다.[52]

IRD가 BBC에 반나세르 프로파간다를 공급하는 가운데 정부의 압
력으로 "BBC의 수에즈 위기 보도는 정부 편향성이 더 짙어졌다".[53] 8
월 16일, 분쟁을 해결하기 위해 국제회의가 런던에서 개최되었다. 그
러나 이 회의에 이집트 정부는 초청되지 않았다. 캐도건 위원장은
BBC 직원들에게 '회의가 열리는 동안 각별히 주의하도록', 그리고 '스
트레이트 뉴스'를 제외하고 정부의 기분을 상하게 할 수 있는 어떤 프
로그램도 방송하지 않도록 지시했다.[54] 이것은 이든 수상이 캐도건 위
원장에게 보낸 편지에 따른 결과였다. 이든은 편지에서 '국민들은
BBC에서 듣는 내용을 통해 영국의 힘과 결단력을 판단할 것'이고 이
처럼 '중요한 시기'에 BBC의 '책임이 매우 무겁다'고 강조했다. 9월에
경영위원회는 "BBC가 정당의 분열을 강조하는 어떤 것도 하지 말아야
한다"라고 결정했다. 여론조사에서 영국민 대다수가 어떠한 군사적
행동도 원치 않는다는 결과가 나왔을 때도 BBC는 계속 정부의 방침을
따랐다.[55] 조용한 설득, 은근하고도 노골적인 위협, D 통고(D Notice)
(정부가 국가 보안을 이유로 기사화하지 않도록 요구하는 정보 _옮긴이) 발

부를 통한 직접적인 검열 등이 매우 효과가 있다는 것이 증명되었고, 침공 예정일이 다가오면서 그런 압력은 증가했다.

일주일이 채 남지 않았을 때 정부는 BBC에 국제방송에 대한 지원을 대폭 줄일 계획을 갖고 있으며 외무성 관리를 고문으로 두어 '국제방송의 내용과 방향에 대해 권고'하겠다고 알렸다.[56] 수상실 언론담당 윌리엄 클라크(William Clark)는 제이콥의 부재로 사장직을 대행하던 하먼 그리스우드(Harman Grisewood)에게 정부가 BBC를 직접 통제하려는 계획이 진행 중이라고 넌지시 말했다. 공사를 인수하겠다는 위협은 수에즈 위기를 다룬 기사들에 영향을 미쳤고, 그 위협은 분명히 의미심장했지만 협박과 공모의 일반적인 형태에서 다소 벗어난 것이었다. 이 작전은 사장 다음의 최고위 임원이던 그리스우드와 노먼 보텀리(Norman Bottomley) 행정실장이 국방성을 방문했을 때 정점에 이르렀다. 두 사람은 군사령부 상황실에서 군사작전이 임박했고 작전이 시작되면 완전한 전시 검열을 실시할 것이라는 말을 들었다.[57]

그럼에도 불구하고 수에즈 위기는 방송의 독립성, 그리고 공정성과 관련해 BBC의 가능성을 보여주는 사례로 여전히 꼽히고 있다.[58] 전혀 가치가 없다고 할 수는 없지만, 수에즈 위기는 그 당시와 현재 BBC가 지닌 독립성의 한도와 성격을 심히 잘못 규정하고 있다. 그런 설명들에서 중요한 것은 BBC가 게이츠켈에게 11월 3일에 이루어진 이든의 방송에 대응할 권리를 주었다는 사실이다. 이 방송에서 이든은 침공을 '치안 활동(police action)'이라고 말했고, 자신을 '평화적인 사람, 국제연맹 사람'으로 표현했다. 경영위원회는 게이츠켈이 연설하기 이틀 전에 중요한 회의를 열었다. 이 회의에서 캐도건은 이든을 다시 한 번 지지했으며, 침공이 진행 중인 때에 BBC가 비판적인 내용을 방송해서는 안 된다고 주장했다. 그리스우드는 캐도건과 견해가 달랐다. 그는 익스터널 서비스가 언론이 BBC에 대해 비판하는 내용까지도 방송해왔기 때문에 국내 프로그램에서 비판적 관점들을 배제하라고 BBC에 요구하는 것은 맞지 않다고 말했다. 그리스우드의 주장이 득세하면서 캐도건은 마지못해 게이츠켈의 방송을 허용했다. 야당 지도자로서 게이츠켈이 논란이 되고 있는 방송에 대응할 자격이 있다는 논리에서였다. 이든 수상 스스로도 이와 같은 말로 자신의 연설을 언급했다. 게이츠켈의 방송은 분명 정치적으로 중요했다. 그러나 BBC의 독립성이라는 측면에서 보면 그 중요성은 많이 부풀려졌다. 여왕 폐하의 충성스러운 야당 지도자가 한 연설은 체제 반대파의 논리 그대로였고, ≪데일리 미러(Daily Mirror)≫, ≪데일리 헤럴드(Daily Herald)≫, ≪뉴스 크로니클(News Chronicle)≫, ≪맨체스터 가디언(Manchester Guardian)≫, ≪옵서버≫ 등 전국지의 많은 지면에서 지지를 받았다. 이든 수상이 11월 3일 연설을 하기 전에도 수상실 언론담당 클라크는 경영위원회가 케이츠켈에게 방송할 기회를 주고 싶어 하고 수상도 이를 수용할 것이라고 생각했다.[59] 나중에 캐도건은 게이츠켈의 방송을 "수치스럽다(disgraceful)"라고 묘사하면서 BBC가 "그를 제멋대로 하게 놔뒀다"라고 적었다.[60] 한편 그리스우드는 BBC 프로그램 제작자들을 대상으로 마련한 '통제 시스템'에 이상이 없다고 생각했고 BBC와 의회 간의 관계가 이전보다 더 좋고 밀접해졌다고 여겼다.[61]

수에즈 사건을 제대로 이해하려면, 같은 기간 BBC가 전쟁과 평화 관련 이슈들에 대한 비엘리트의 반대를 어떻게 다루었는지 살펴볼 필요가 있다. 1940년대와 1950년대의 BBC 기록을 살펴본 앤서니 애덤 스웨이트(Anthony Adamthwaite)는 BBC가 그 시기에, 심지어 핵무기 폐기 운동이 시작된 1958년 뒤에도, 평화 운동을 얼마나 하찮게 취급했는지 자세히 기술했다.[62] 당시 BBC는 공사의 고위 인사들과 정부 관료 간의 밀접한 관계를 반영해 공식적인 관점들이 두드러지도록 했다. BBC는 평판이 위태로운 경우에만 독립성을 내보였으며, 검열을 통해서든 다른 방법을 통해서든 그 생산물이 정부정책과 같은 기조에서 만들어지도록 자진했다.

BBC - 정부 관계가 실제로 어떻게 작용했는지 잘 보여주는 한 사건이 수에즈 위기가 발생하기 2년 전에 있었다. 당시 BBC는 수소폭탄에 관한 프로그램을 놓고 보수당 정부의 압력을 받고 있었다. 1954년 여름, 한 특집 프로듀서가 핵무기의 영향력을 살펴보는 1시간짜리 프로그램 제작에 착수했다. 정부는 그 즈음에 새로운 핵무기를 개발하려는 의향이 담긴 백서를 준비하고 있었고, 그래서 이 문제가 대중적으로 논란이 되는 것을 경계하고 있었다. 우정성 장관은 프로그램을 제작한다는 소식을 듣고는 처칠 수상을 대신해서 캐도건에게 편지를 보냈다. 그는 수소폭탄 문제가 'BBC 면장의 15(4)항에서 규정한 지도 또는 지시가 필요할 수도 있는' '공공정책에 관한 중요한 문제'라고 썼다.[63] 이것은 어떤 BBC 프로그램에 대해서든 방송을 금지할 수 있는 정부의 법적 권한을 사용하겠다는 위협이었다. 캐도건은 BBC의 독립을 강하게 주장하면서 "공사는 안보와 관련되는 경우가 아니라면 특정한 프로그램 부문에 대한 정부의 지도를 받아들일 수도 따를 수도 없다. 그렇게 하는 것은 칙허장에 의해 경영위원에게 부여된 책임에서 벗어나는 것이다"라고 썼다. 거기까지는 좋았다.

그다음에 발생한 일은 흥미로운 사실을 보여준다. 첫째, BBC 지도부는 캐도건의 편지에 대해 정부가 입장을 명확히 할 때까지 핵폭탄에 관한 어떤 프로그램도 방송해서는 안 된다고 결정했다. 이것은 정부가 당면한 문제 — 백서의 발표에 앞서 부정적인 내용의 방송을 금지하는 것 — 를 해결했다는 것을 의미했다. 둘째, 정부의 압력이 결과적으로 새로운 정책 — 그와 같은 프로그램의 제작에 대한 통제를 강화하는 것 — 으로 귀결되었다는 것이다. 캐도건의 입장표명 요청으로 다음 달에 회의가 열렸고 여기에는 캐도건과 제이콥, 국방성 장관 해럴드 맥밀런(Harold Macmillan)과 관방장관 노먼 브룩 경(Sir Norman Brook)을 비롯한 정부 대표들이 참석했다. 제이콥의 기록에 따르면, 회의에서 맥밀런 장관은 방송 예정인 프로그램에 대해 이렇게 말했다.

> 뭐든 쉽게 받아들이는 영국 사람들의 감정을 자극할까 봐 정부는 우려하고 있다. 왜냐하면 그 프로그램이 이런 문제들에서 영국 사람들의 타고난 게으름과 맞고, 수소폭탄의 무시무시한 속성으로 인해 수소폭탄이 국방의 수단 또는 유사한 활동에 쓰일 수 없기 때문이다.[64]

캐도건은 "장관들의 제안에 전적으로 동의하며 BBC가 이처럼 매우 미묘한 문제에서 정부를 곤란하게 만들 뜻이 없다"라고 말했다. 그러고는 이 문제를 '장애가 되는 서류' 없이 '비공식적인 기반' 위에서 다루기로 합의했다.[65] 우정성 장관은 처칠에게 BBC와 다음과 같이 합의했다고 보고했다.

> 수소폭탄 프로그램을 국민들에게 보여주는 것과 관계된 모든 문제에서 BBC는 국방성과 긴밀히 연락하기로 했습니다. 우리 모두는 이것이

정부가 문서로 꼼꼼하게 규정을 마련하는 것보다 더 만족스럽고 현실적인 해결책이라고 생각했습니다.[66]

나중에 제이콥은 「수소폭탄과 방송(Thermo-nuclear Weapons and Broadcasting)」이라는 정책 문서를 기초했다. 이 문서는 BBC가 이 문제와 관련해 '책임감 있게', 그리고 '국가의 이익을 위해서' 행동할 의무를 진다고 규정했다. 이 문서를 중역들에게 발표하면서 제이콥은 "본부장과 국장은 제안된 것들을 주시하고, 의심스러운 점이 있는 프로젝트에 대해서는 초기 단계에서 중심적인 고려 사항이 되도록 하는 것이 바람직하다"라고 말했다.[67]

이 사건은 1년 또는 2년 뒤에 벌어진 수에즈 위기와 관련되어 있다. 당시 우정성 장관이던 찰스 힐(Charles Hill) ─ 나중에 BBC 경영위원장으로 임명되었다 ─ 은 BBC 프로그램에 공식적인 간섭을 허용하는 권한은 제한적이지만 앞선 사례에서 그랬듯 '비공식적인 자문'은 성공적이었고 '일반적으로 만족스럽다'라고 기록했다.[68] 굿윈(Goodwin)이 소개하는 또 하나의 사건은 BBC에 관한 연구들에서 훨씬 광범위하게 언급된다. 이 사건은 1965년, 핵전쟁의 여파를 그린 드라마 - 다큐멘터리에 대한 방송을 금지한 것이었다. 〈전쟁 게임(The War Game)〉은 '방송 매체에 싣기에 너무 소름끼치는' 프로그램이고 엄청난 대중적 논란을 일으킬 수 있다는 이유로 BBC에 의해 방송이 취소되었다. 계획된 방송에 앞서 전 관방장관이자 현 BBC 경영위원장인 노먼 브룩은 정부 관료들에게 프로그램에 관한 '비공식적인 자문'을 받았다. 그는 관방장관에게 다음과 같은 편지를 썼다.

그 프로그램을 텔레비전으로 방송하는 것은 핵억지력 정책에 대한 국민들의 태도에 심각한 영향을 미칠 수 있습니다. 이런 상황에서 저는 이 프로그램을 텔레비전으로 방송할 것인지 결정하는 데 있어 BBC만 책임을 져야 한다는 것에 회의적입니다. …… 이 일에 대해 정부가 의사를 표명해야 한다고 생각합니다.[69]

프로그램에 대한 특별시사회가 뒤따랐고 여기에 내무성, 우정성, 국방성의 공무원들과 군 참모들이 참석했다. 시사 뒤에 열린 토론회에서는 이 프로그램이 반핵운동에 대한 지지세를 확대시킬 수 있다는 지적이 있었다.[70] 프로그램을 불방하기로 결정한 뒤에, BBC는 홀로 결정했다고 공표했지만 비평가들은 BBC가 정부에 굴복했다고 주장했다. 지금까지 나온 자료로는 프로그램의 불방을 왜, 그리고 누가 최종적으로 결정했는지 알 수 없다. 그렇지만 경영위원장 노먼 브룩과 사장 휴 그린이, 공식적으로는 결정에 대한 책임을 졌지만, 정부의 요청에 따라 방송을 금했다는 강력한 증거가 있다. '정보자유법(Freedom of Information Act)'에 따라 미디어 학자 존 쿡(John Cook)이 입수한 문서에는 노먼 브룩과 그린, 그리고 당시 추밀원 의장인 허버트 보든(Herbert Bowden)이 가진 점심 모임에 대해 다음과 같이 적혀 있다.

노먼 브룩 경과 휴 그린 경이 확고하게 추정하는 대로 그 프로그램이 방영되면 안 된다는 결론이 도출될 경우 휴 그린 경은 BBC 스스로 프로그램의 방영이 공중의 이익에 반한다고 결정했다는 취지의 언론발표문을 내겠다고 말했다. 만약 이렇게 될 경우 정부가 그 결정에 연루되었다고 알려지는 곤혹스러운 상황이 벌어지지 않도록 해야 한다.[71]

그린의 제안은 관방장관 버크 트렌드 경(Sir Burke Trend)이 쓴 메모에서도 확인된다. 트렌드는 그 오찬 회동에 앞서 보든에게 브리핑을 했다. 트렌드의 메모에는 다음과 같이 적혀 있다.

> 노먼 브룩과 그린은 공공의 질서를 이유로 그 프로그램이 방영되어서는 안 된다고 결정될 경우, BBC는 그런 근거에서 그들 스스로 그 프로그램의 불방을 결정했다는 취지의 발표문을 낼 준비가 되어 있다고 말했다. …… 정부 못지않게 BBC에게 어려운 것은 프로그램의 방영을 막는 적당한 이유를 생각해내야 하는 것이다. 반핵운동에 찬성하는가 반대하는가 하는 정치적 입장 차를 부추기거나 논란을 확대시키지 않으면서 말이다.[72]

매우 유사한 조치에 대한 증거가 훨씬 뒤인 1981년에 나타났다. 그해에 BBC 〈파노라마〉는 안보 및 정보 부문의 책무성을 살펴보는 프로그램을 기획했다. 당시 프로그램의 제작비가 대폭 삭감되었는데, 그것은 사장 이안 트레소언의 지시에 따른 것이었다. 그는 공식적으로 정부에서 누구도 그 프로그램을 본 적이 없고 BBC에 압력을 넣은 적도 없다고 말했다. 사실 트레소언은 밀접한 관계를 유지해왔던 보수당 정부로부터 상당한 압력을 받고 있었다. 그는 MI5 국장과 MI6 국장을 만났고 MI5의 법률고문과 함께 프로그램을 보고 난 뒤에 프로그램 제작비를 줄이기로 합의했다.[73] 그 일은 영국과 아르헨티나 간에 충돌이 발생하기 1년 전에 일어났다. 영국과 아르헨티나가 포클랜드제도/말비나스제도를 놓고 벌인 전쟁 기간 동안 BBC는 다시 한 번 정치적으로 엄청난 압력을 받았고, 수에즈 위기 때와 유사한 패턴으로 보도했다. 포클랜드 분쟁 기간에 BBC는 영국군에 대한 중립적인 보도로 매우 심하게 비난받았고, BBC가 영국군을 '아군'이나 '국군'으로 표현해 주길 바랐던 노먼 테빗(Norman Tebbit) 같은 우익 비평가들을 격노하게 만들었다. 이런 견해는 BBC 지도부 내에서도 지지를 받고 있는 듯했다. 분쟁 기간, 한 고위 임원은 에디터들에게 'BBC는 영국의(British) 방송공사'임을 상기시켰고, BBC의 '초연한 스타일'이 공중에게 '불필요한 분노'를 야기하고 있다고 말했다.[74]

한 주 뒤, 사장은 뉴스·시사 프로그램 회의에서 "BBC에 대한 맹렬한 공격을 통해 얻은 한 가지 이점은 BBC가 정부로부터 독립되어 있다는 사실을 외부에 분명하게 알린 것이다"라고 말했다. 선임 에디터들도 비공식으로는 BBC 보도가 균형을 잃었다고 인정했다. 심한 비난에 직면한 〈파노라마〉의 프로듀서 조지 캐리(George Carey)는 "프로그램의 도입부에서 영국의 대의명분이 전적으로 옳다는 것을 강조했다"라고 지적했다. 그 회의에서 "BBC 보도의 무게는 정부의 발표문 및 방침과 관련되어 있다. 정부가 BBC를 비방하고 있는데 정부는 이 점을 완전히 간과하고 있는 것 같다"라는 지적도 나왔다. 글래스고대학교 미디어연구소는 분쟁 기간의 텔레비전 보도에 대한 연구를 수행한 결과, 다음과 같이 결론지었다.

몇몇 프로그램 제작자들, 주로 BBC 시사 프로듀서들은 '균형성과 공정성' 주장을 심각하게 받아들였고 이견이 많은 상황에서 새로운 시도를 했다. 상황이 너무 격렬해지자 BBC는 한 발 물러났다. 한편으로 BBC는 정부로부터 독립을 지키려고 노력했다.[75]

글래스고대학교 미디어연구소는 1983년에 있었던 반핵운동 보도도 연구했다. 연구보고서는 협의가 없었지만 보수당 정부가 시위자들을 소련의 앞잡이로 몰아세우는 것에 BBC와 여타의 뉴스 매체들이 저항했다는 것을 강조한다. 그렇지만 보고서는 시위에 대한 보도가 시위 배후에 있는 실질적인 쟁점에 초점을 맞추지 않는 경향이 있었다는 것, 방송시간에 여유가 있으면 일상적으로 관료가 아닌 사람들로 찬핵 입장을 반영해 반핵 입장과 '균형을 이루도록' 했다는 것, 그리고 국민의 지지를 나타내는 여론조사 결과를 BBC가 보도하지 않았다는 것을 밝혀냈다.[76]

2003년 이라크 침공을 놓고 BBC와 정부 간에 세간의 이목을 끌 만큼 충돌한 것은 나중에 BBC가 좀 더 독립적이고 비판적인 입장을 취했기 때문일까? 만약 그렇다면, 그것은 잠깐의 일탈이었을 뿐이다.

길리건이 '의심스러운 문서'에 대한 보도를 하고 나서 몇 주가 지난 다음 〈투데이〉 에디터 케빈 마시는 이메일을 통해 길리건의 '표현 여러 곳에서 나타난 느슨한 어휘와 판단의 부족'을 비판하고 '길리건이 자신에게 허용된 〈투데이〉와의 관계에서 느슨하고 다소 거리가 있는 것'에 불만이라고 썼다.[77] 길리건을 채용한 것은 그레그 다이크가 존 버트 다음에 사장으로 취임하면서 단행한 편집 관련 통제완화 조치의 일환이었다.[78] 특히 길리건이 임용된 것은, 이라크 침공 기간 BBC 보도국장이던 리처드 샘브룩(Richard Sambrook)에 따르면, "수년간 BBC 국방 전문기자가 단순히 국방부의 관점을 반영했기 때문이다". 샘브룩은 허턴 위원회에서 이것이 "어떤 의미에서는 적법할 수 있지만 저널리즘의 측면에서 우리는 질문을 던지고 책임을 추궁하는 전문기자가 필요했다"라고 말했다.[79] 샘브룩의 공식적인 언급에 대해 전 BBC 국방 전문기자이자 2000년 2월에 BBC를 사직하고 나토의 미디어 고문 겸 대변인을 역임한 마크 레이어티(Mark Laity)가 이의를 제기했다. 레이어티 — 나중에 아프가니스탄 점령군의 미디어 고문으로 일한 업적으로 메달을 수여받았다 — 는 샘브룩의 '명예를 훼손하는, 완전히 틀린 발언'으로 자신이 충격을 받았다고 말했다. 레이어티는 자신은 '좀 더 전통적인 BBC 방식'을 따랐다고 한 발 물러섰지만, 그 일을 수행한 11년간 "BBC 보도국 또는 경영진의 누구로부터도 그와 같은 비난을 들은 적이 없었고 오히려 그 반대였다"라고 지적했다.[80]

레이어티의 발언이 시사하듯, '전통적인 BBC 방식'은 '책임을 추궁하는' 것이 아니었고 오히려, 샘브룩이 말한 것처럼, 대체로 영국 정부의 관점에서, 그리고 영국 정부가 정해놓은 조건에서 보도하는 것이다. 그렇지만 기자들이 방송에서 전쟁을 다룰 경우에는 이런 전통을 따르지 않고 일반적인 보도의 패턴들도 무시하며 기자와 관료 간의 긴장과 갈등의 순간에 초점을 맞추는 경향이 있다. 후자에 대해서는 증거가 상당히 명확하다. 전시, 그리고 전쟁에 돌입하기까지 미디어 보도는 압도적으로 전쟁 친화적이며, 비판적인 입장은 엘리트들이 반대하는 수준에 따라 다르게 나타난다.[81]

외교정책 관련 이슈와 논란에 대한 BBC 보도의 증거도 이와 일치한다. 예를 들어, 이라크 전쟁을 다룬 BBC 〈파노라마〉에 대한 데이비드 매퀸(David McQueen)의 분석은 BBC가 처음에는 '전쟁에 반대하는 전문가와 활동가의 의견을 배제'했지만 '반대하는 목소리가 커지자 기득권층과 (상대적으로 훨씬 적은 정도로) 비기득권층'의 반대 의견을 반영하기 시작했다는 것을 보여준다.[82] 또 하나의 연구에 따르면, 침공이 진행 중일 때 BBC 보도의 2%만이 침공의 본래 목적 또는 성과를 다루었다.[83] BBC의 의뢰로 진행된 또 다른 연구는 BBC의 텔레비전 보도가 전쟁을 지지하는 입장을 반영하는 경향이 있었고 '주로 영·미 정부와 군이 제공한 정보에 기초했다'는 사실을 밝혔다.[84] 그 연구는 국내의 여타 매체들에 비해 BBC가 정부 자료에 더 많이 의존하고 독자적인 자료를 덜 이용하며 이라크의 민간인 사상자도 덜 보도했다는 사실을 발견했다.[85]

그와 같은 결과는 BBC의 일반적인 저널리즘 문화를 반영하고 있다. 즉, 이해의 강도에 따라 이슈가 선택되고 제시되고 있음을 보여준다. 그렇지만 그것은 또한 위기 동안 BBC가 받는 극도의 정치적 압력을 반영하고 있다. 이런 사실은 이라크 사태와 관련된 문서들에서 분명하게 밝혀졌다. 샘브룩은 2003년 6월 27일에 "총리실은 전쟁에 이르기까지의 보도와 전쟁 국면에서의 보도에서 BBC를 위협하려 했다고 우리는 굳게 믿는다"라고 기록했다.[86] 이런 압력은 특히 앨러스테어 캠벨로부터 주어졌다. 전 BBC 경영위원 케네스 블룸필드(Kenneth Bloomfield)는 캠벨이 '끔찍하게 공격적'이라고 묘사한 적이 있다.[87] 길리건 보도에 대해 캠벨로부터 공개적 비판을 받은 BBC는 그 비판을 반전 어젠다를 추구하고 있다는 비난으로 받아들였다.

캠벨은 'BBC가 이라크 보도에서 매우, 매우 적대적이 되었고', '정부 입장을 지지하는 충분한 양의 방송시간'을 할애하지 않았다고 주장했다.[88] 이와 대조적으로 반전 운동 측에서는 BBC가 프로그램에서 상업 채널들보다 전쟁을 찬성하는 것으로 느꼈다. 우리가 보았듯이, 캠벨의 주장과는 다르게, 이것은 증거에 의해 뒷받침된다. 전쟁 중지 연합(Stop the War Coalition)의 창립자이자 의장인 린지 저먼(Linsey

German)의 평가가 전형적이다. "BBC 보도는 끔찍했다. 정말 끔찍했다. 우리는 스카이(Sky) 방송에서 훨씬 나은 뉴스를 만났고, ITN 뉴스 채널에서 훨씬 나은 보도를 접했다." 저먼은 이것이 부분적으로는 정부 압력 때문이라고 보았고, 또 부분적으로는 좀 더 상업적인 채널들은 자신들이 재미있다고 생각하는 것을 다루는 데 비해 데모는 주목을 받지 못한다는 어떤 기풍을 갖고 있기 때문이라고 보았다.[89]

이런 분석은 케빈 마시의 설명과 잘 들어맞는다. 반전 운동 보도와 관련된 질의에 대해 마시는 저술가인 이안 싱클레어(Ian Sinclair)에게 다음과 같이 답했다.

> 그것은 부분적으로 우리가 데모의 동기에 대해 더 회의적이기 때문이다. BBC가 오랫동안 비난을 받기 쉬운 입장에 서 왔다는 것을 기억해야 한다. …… 우리는 데모가 소란스럽기 때문에, 또는 거기에 많은 사람들이 모였기 때문에 보도하지는 않는다. 우리는 데모에 참가한 인원수에 좌우되지 않는다. ……스카이와 ITN이 훨씬 더 전통적인 언론관을 갖고 있다. 그들은 자신들의 일 가운데 일부가 사람들의 관심을 끌어 모으는 것이라는 생각을 갖고 있다. 숫자는 사람들의 관심을 끈다. 데모는 폭력적으로 변하지 않더라도 사람들의 관심을 모은다. 그래서 그것이 해답의 일부가 될 수 있다. 또 다른 해답은 많은 일들이 일어나고 있었다는 것이다. 이것은 〈투데이〉와 제4라디오에 확실히 적용되며, BBC1의 메인 뉴스에도 어느 정도 적용된다. 진짜 사건들이 일어나고 있다. 두 번째 결의안에 대한 UN 회담, 프랑스 포섭을 위한 노력, 부시와 블레어 간의 회의 등등. 우리는 그것이 우선사항이라고 생각한다. 현재 일어나고 있는 진짜 움직임을 관찰하는 것은 전쟁이 일어날 수도, 그렇지 않을 수

도 있다는 것을 의미했다. …… 우리는, 옳건 그르건 간에, 스스로를 공
공정책 저널리스트라고 생각한다. 그렇기에 우리는 공공정책 부문에서
일어나는 일들과 정치인, 당국자들을 살펴본다.[90]

지나가듯 한 말이지만 마시의 언급은 본질적으로 정부 압력을 암시
하고 있다.

> 캠벨은 편지로 우리를 뒤덮으려 했다. 단어 하나, 문구 하나, 헤드라
> 인이 제시되는 방식까지 무엇이든 트집을 잡았다. 내내 '너희는 거짓말
> 을 하고 있다'라고 했고 이것은 하나의 책략이었다. 그리고 그것은 규칙
> 적이었다. 나는 그와 그의 사무실이 어떻게 그렇게 많은 편지와 팩스를
> 보낼 시간을 낼 수 있었는지 정말 모르겠다. 우리에게만이 아니라 다른
> 사람들에게도 팩스를 보내야 했을 텐데 말이다. 엄청난 압력을 얘기하
> 는데, BBC가 정부로부터 받은 압력이 그러했다. 2002년에 의회가 복귀
> 했을 때 앨러스테어 캠벨로부터 '이것은 틀렸다', '저것은 틀렸다', '이건
> 사실이 아니다' 같은 압력이 매일 끊이지 않았다.[91]

블레어 수상은 개인적으로 다이크 사장에게 불평하기도 했다. BBC
가 '지지 의견과 반대 의견 사이에서, 뉴스와 비평 사이에서, 이라크 체
제의 지지자와 반대자 사이에서, 또는 우리가 가진 외교적 지지와 반
대 사이에서 균형을 제대로 잡지 못했다'는 것이다.[92] 궁극적으로 정부
의 지원에 의존하고 있는 BBC 지도부가 그런 불만을 무시할 수 없었
으리라는 것을 기억할 필요가 있다. 데이비스는 재정을 줄이고 사장을
면직하고 칙허장을 변경함으로써 BBC에 복수하겠다고 했던 정부의

'은밀한, 그리고 그렇게 은밀하지 않은 위협'에 대해 사임 전에 이미 기술한 바 있었다.[93]

　캠벨로부터 받은 한 편지에 답하면서 샘브룩은 "우리가 이라크의 공동묘지, 고문, 정치적 억압에 관해서 보도했던 많은 기사들이 전쟁을 정당화하는 증거로 이용되었다"라고 썼다.[94] 그는 또한 정부의 입장이 BBC 보도에서 잘 대변되도록 BBC 지도부가 기울인 노력을 지적했을지도 모른다. 개인적으로 침공을 찬성했던 다이크는 자서전에서 그가 "정부 입장이 정당하게 보도되도록 하기 위해 끊임없이 노력했다"라고 썼다. "특별한 회의체를 만들고 그 회의를 주재하면서 매일 아침 이라크 이슈에 대한 우리의 보도를 토의했다."[95] 나중에 공개된, 블레어에게 보내는 편지에서 다이크는 그 회의를 다음과 같이 설명했다.

　　이 위원회는 BBC의 고위 에디터가 반전 데모에 참가하는 것을 금하기로 했습니다. 전쟁을 지지하는 사람을 찾기 매우 어려운 때에 〈질문 시간(Question Time)〉 같은 프로그램에 참여하고자 하는 균형 잡힌 방청객을 우리가 찾아야 한다는 주장도 바로 이 위원회에서 나왔습니다.
　　이 위원회는 또 청취자 전화 참여 프로그램에 전화를 걸어온 사람들 대다수가 전쟁에 반대하는 의견을 보이고 있는 상황에서 전화회선을 늘려서 전쟁을 찬성하는 사람들이 보다 많이 연결되도록 했고 그 의견이 프로그램에 반영되도록 했습니다.
　　이 모든 것은 우리 방송이 균형을 잡도록 하기 위해 이루어졌습니다.[96]

　BBC 지도부가 계획된 침공에 대한 공중의 반감을 '상쇄'하려고 노력한 증거는 더 있다. 샘브룩은 고위 에디터들에게 보낸 이메일에서 "BBC가 좀 더 과격한 반전 의견들의 일부를 끌어들이고 있는 것에 대해 우려가 커지고 있다"라면서 "우리가 부시/블레어 노선을 분명하게 설명할 수 있는 사람을 확보하는 것이 중요하다"라고 강조했다.[97] 이 이메일은 누출되었다. 샘브룩은 국민 대다수가 전쟁에 반대하고 있고 대중 동원이 확실히 영향력이 있다고 인정했다. 다이크는 블레어에게 보낸 편지에서 '역사상 최대 규모의 데모'라고 언급했다.[98] 기득권층 내에서는 그것이 분명 걱정이었지만 BBC의 관점에서 보면 그렇게 중요한 것은 아니었다. BBC가 전쟁에 반대한다는 캠벨의 비난에 대해 샘브룩은 "군과 정보기관 모두와 밀접한 관계를 맺고 있는 많은 BBC 기자들은 자신의 접촉자들은 첩보 보고가 사담 후세인을 반대하는 주장을 강화하기 위해 과장되는 것을 우려하고 있다고 보도했다"라고 답했다. 그는 이어서 '안보 기관의 우려'를 제시하는 여러 언론의 보도문을 열거했고, "우리는 바로 이런 맥락에서 앤드류 길리건의 정보원이 주장하는 바를 보도하는 것이 공중의 이익에 부합한다고 판단했다"라고 강조했다.[99] 앞서 지적한 대로, MI6 국장은 길리건의 보도가 있기 얼마 전에 〈투데이〉의 에디터에게 미리 정보를 주었다. 다이크 역시 그 후 MI6의 고위 간부 존 스칼릿 — 당시 JIC 위원장이며 디어러브 다음으로 MI6 국장이 된 — 이 BBC의 한 기자에게 자신은 전쟁을 위해 만들어지고 있는 논거와, 자신이 주된 책임을 지고 있는 '의심스러운 문서'의 해석 때문에 마음이 불편하다고 말한 사실을 폭로했다. 다이크에 따르면, 그 대화는 디칠리 공원(Ditchley Park)의 벤치에서 이루어졌다. 이 공원을 소유하고 있는 디칠리 재단에서는 영국의 외교 엘리트들이 모여 정책을 논의하는 고위급 포럼이 매년 십여 차례 열린다.[100]

케빈 마시는 길리건의 보도가 정부로부터 공격받은 뒤에도 여전히 '첩자들'과의 관계를 유지했는데, 마시는 한 이메일에서 이들과의 대화를 언급했다. 그리고 그는 BBC의 안보 전문기자 프랭크 가드너(Frank Gardener)와 만났던 것을 상기한다. 가드너는 MI6에 있는 '뛰어난' 연락상대를 위해 마시와 마크 다마저(Mark Damazer)에게 따로 접근했던 것으로 보인다.[101] 마시는 가드너와 나눴던 대화를 통해, 보도에서 시사한 대로, 첩보에 붙인 유보 조항들이 MI6에 존재하는 '불량 요소' 때문에 비롯되었다기보다는 국방성에서 비롯되었다는 것을 MI6가 분명히 하길 원했지만, 표출된 회의론에 대해서는 MI6가 문제 삼지 않았던 것 같다고 결론지었다.

주요 참가자들의 주장을 통해, 그리고 여러 청문회의 결과로 공개된 문서들에 자세히 나타나는 이라크 침공 기간 BBC 고위 임원들과 국가 관리들 간의 교류를 통해 BBC와 좀 더 넓게는 기존의 방송 저널리즘의 개념이 가진 한계가 드러났다. 언뜻 보면 이라크와 '의심스러운 문서' 사례는 BBC가 독립적이고 비판적인 보도에 역점을 두는 것처럼 보인다. 시턴은 '통제받지 않으려는 방송사들의 결의'를 보여주는 한 예로 그것을 인용했고, 미국의 미디어와 비교하며 BBC가 "정부 압력을 거부했고 이라크 침공의 근거를 비판적인 입장에서 면밀히 조사하도록 촉구했다"라고 기술했다.[102] 이것은 길리건 사건에 대한 관례적인 평가 가운데 하나이지만 다음과 같은 면에서 실제 일어난 일을 심하게 오독한 것이다.

첫째, 그리고 가장 분명히, 그것은 길리건의 운명적인 보도가 있고 나서 몇 달 동안 일어난 일들을 간과하고 있다. 앞서 살펴보았듯이, 정부의 명백한 권력남용을 드러내는 대체적으로 정확한 이야기가 공개적인 갈등으로 번졌고, BBC의 최고위 인사 2명의 사퇴, 정부에 대한 공식적인 사과, 그리고 편집통제의 강화 발표로 마무리되었다. BBC는 정부의 전쟁 논거를 문제 삼았지만 이처럼 타협하지 않는 태도로 심한 대가를 치렀던 것이다.

둘째, BBC가 뒤늦게 이라크 침공의 논거를 조사한 것은 맞지만 BBC는 반전 의견에 적절한 무게를 두는 데 실패했고, 케빈 마시가 선뜻 인정했듯이, 반대자보다는 정치인과 관리들의 의견에 과도하게 집중했다. 이것은 BBC 프로그램에 반영되었다. BBC는 국내의 다른 모든 경쟁사들보다 공식적인 자료의 비중이 높았는데 특히 채널4 뉴스와 비교하면 그 차이가 컸다.

셋째, 그리고 마지막으로, 길리건 보도 자체가 권력으로부터 BBC가 독립적이라는 것을 보여주지는 않는다. BBC가 자신 있게 그 기사를 방송한 이유는 BBC가 접한 엘리트들의 동요가 상당했기 때문이다. 공중의 반대도 확실히 상당한 역할을 했지만, 엘리트의 반대와 염려가 매우 중요했던 것처럼 보였다. 따라서 도대체 여기에 어떤 '독립성'이 보이냐는 질문을 던질 수 있다. 만약 BBC의 독립성이 엘리트의 걱정하는 분위기에 의존한다면, 그것은 민주주의의 견지에서 분명 적절치 않다. 그리고 만약 그와 같은 독립성이 대중 동원에 의존한다면, BBC의 독립성이 매우 예외적인 상황에서만 실현될 수 있었음을 의미한다.

길리건 사태는 BBC의 독립성을 입증하기는커녕 국가와 BBC의 연계, 좀 더 넓게는 기득권층과 BBC의 연계를 명확하게 보여준다. BBC 경영위원장 개빈 데이비스처럼 그레그 다이크 사장은 노동당을 후원하는 백만장자였다. 데이비스는 신노동당(New Labour)(영국에서 1990년대 후반부터 2010년까지 토니 블레어와 고든 브라운이 이끈 새로운 형태의

노동당 _옮긴이)과 매우 가까웠다. 데이비스의 부인 수 나이(Sue Nye)는
고든 브라운의 개인 비서였고, 그들의 자녀는 브라운의 결혼식에서 신
부의 들러리와 화동을 맡았다. 투자은행 임원이었을 때 데이비스는 브
라운과 블레어의 비공식 경제 자문역으로 활동했다. 길리건 보도를 놓
고 정부와 갈등을 겪는 내내 데이비스는, 블레어 ─ 그는 허턴 위원회에
서 나올 수 있는 좋지 못한 결과를 최소화하길 원했다 ─ 와 개인적인 접촉
을 유지했다.[103] 케네스 블룸필드는 다이크와 데이비스 모두 블레어
정부와 가까웠기 때문에 BBC가 공격을 받았을 때 그들이 과도하게 방
어적인 자세를 취했다고 주장한다.[104] 그는 데이비스가 경영위원회에
보낸 아래의 이메일에 주목한다.

> …… 총리실과 조정을 하면 BBC에 이익이 있을 수 있다. ……그렇지
> 만 큰 그림에서 보면, 난 여전히 정부 압력에 직면해 굴복하는 것으로 보
> 이지 않으면서 이 싸움에서 벗어나는 것이 BBC에 매우 중요하다고 생
> 각한다.[105]

BBC 사장과 경영위원장의 개인적 평판 및 진실성이 위태로웠다는
사실이 영향을 미쳤든 아니든 간에, 위기를 겪은 과정에 대해서는 의
견이 분분하다. 그렇지만 블룸필드의 주장은 BBC의 최고위 인사들이
기득권층 인물일 뿐만 아니라 국가의 최고 권력자들과도 밀접하게 연
결되어 있었다는 사실에 근거를 두고 있다. 데이비스가 BBC 경영위원
장이던 시절에 기술한 바와 같이, 테사 조웰(Tessa Jowell)은 문화성 장
관으로서 BBC 경영위원회를 구성하는 12명 중 10명을 임명했다. 그
10명에는 위원장인 데이비스 자신과 부위원장도 포함되었다.[106] 길리

건 사태 당시 BBC의 지배조직에 자리를 잡은 인사들은 영국의 중요한 이익에 조금도 적대적이지 않았고, 자신들의 조직이 처한 입장이라는 이유로 정부의 이해를 추종했다. BBC와 정부 부문들 간의 긴장과 때때로 발생한 심한 갈등 — 길리건 사건이 하나의 예다 — 은 이런 맥락에서 이해될 필요가 있다. 그와 같은 시각은 우리로 하여금 이라크 에피소드를 '독립적인' 방송사와 괴롭히는 정부 간의 단순한 갈등이 아니라 영국 엘리트 간의 알력이 가장 가시적인 형태로 나타난 것으로 인식할 수 있게 해준다. 이런 알력은 국가기관 내부에서, 또 기관들 간에 일어나는데, 가장 공공연하게 나타난 것이 BBC와 총리실 간의 논란이다. 그 논란은 갈등과 의혹을 공개적으로 드러냈기 때문에 더 중요해 보였다. 그런 알력은 전쟁에 이르는 기간과 전시 동안에 특히 흔하게 발생하는데, 그 이유는 그런 시기에는 군사적, 그리고 외교적 어젠다를 추진하는 국가의 가장 강력한 부처들이 뉴스를 관리하고, 기득권층의 목소리를 포함해서 부드러운 비판의 목소리조차 표출되는 것을 제한하고자 하기 때문이다. 영국사회에서 BBC가 담당해야 하는 역할을 적절하게 개념화하려면 우리가 그런 갈등들의 중요성을 인식하는 것이 필요하다. 다만 그런 갈등이 연상시키는 '독립성'의 정도를 과장하지 않아야 한다. 더욱이 보다 완전한 그림을 그리려면 BBC와 정부 관리들이 공모했다는 증거에 주목할 필요가 있다. 이것은 갈등과 위기의 시절에 많이 간과되었던 특징이다. 그것은 자주 국가와 BBC 간의 단순한 싸움으로 간주되었다. 그렇지만 이는 자세히 들여다보면 훨씬 더 복잡한, 그래서 더 혼란스러운 권력의 유형과 영국에서 권력이 미치는 영향력을 보여준다.

제4장

정치, 권력, 그리고 정치적 편견

2014년, BBC의 경제 에디터 로버트 페스턴(Robert Peston)은 BBC 가 좌편향되었다는 주장에 대해서 어떻게 생각하느냐는 질문을 받았 다. 그는 사실은 그와 정반대라고 대답했다. 그는 ≪텔레그래프(The Telegraph)≫와 ≪더 메일(The Mail)≫을 지명하면서 BBC가 "신문들 이 정해놓은 의제들에 완전히 사로잡혀 있다"라고 말했다. 그는 또 BBC가 "우익이라기보다는 기득권을 지지하는 쪽으로 자주 방향을 바 꾼다"라고 덧붙였다. 요컨대, 그는 BBC가 좌익이라는 주장은 "그야말 로 헛소리"라고 일축했다.[1]

경박스럽긴 하지만 정확한 대답이다. 평판이 좋은 학문적 연구들은 모두 BBC의 프로그램이 권력집단의 이익과 관점을 과도하게 반영해 왔으며, 공중이 BBC를 편향적이라고 인식했다면 그것은 좌파적이기 보다는 보수적인 조직으로 간주되었다고 평가한다. 그럼에도 영국 정 치에서는, 그리고 영국의 정치평론가들 사이에서는 BBC가 좌파적이라는 통념이 퍼져 있다.

그런 주장들의 기원은 방송의 초기 시절까지 거슬러 올라간다. BBC가 공사로 바뀌기 전에도 보수당원들은 BBC의 '사회주의적 성향'을 불평했고,[2] 총파업 기간 동안 노골적으로 보수 진영 편을 들었음에도 우익들은 그 충성심을 확신하지 않았다. 1931년 보수당 당수는 동료 보수당원이 'BBC의 끊임없이 계속되는 반보수당 정책'이라고 부른 것에 대해 존 리스에게 불평했다.[3] 그로부터 2년 뒤 어느 오찬 연설에서 BBC 사장은 노동당 의원들이 BBC 정책에 대해 뭐라고 하든 "그들의 의견은 보수당 우익의 의견에 비하면 가벼이 여겨졌다"라고 말했다.[4]

1937년에 리스는 보수당의 개인회원 위원회에 참석해 뉴스와 교육 프로그램의 정치적 편향에 대해 논의했다. 여기서 그는 BBC 뉴스가 노조 지도자들의 비공식적인 파업행위에 너무 많은 관심을 보였다는 주장에 동의했다.[5] 그런 압력은 제2차 세계대전 동안에도 지속되었는데, 이때는 전쟁 노력에 대한 지지세를 확산하기 위해 좌파 지식인들에게도 방송 기회가 많이 주어졌다. 리스의 후임으로 사장이 된 오길비는 1941년 12월에 비밀 메모를 작성했다. 그는 "BBC가 연사를 선정할 때 지나치게 좌측으로 쏠린다는 비난이 최근 더 격렬해지고 있다"라면서 BBC 편성담당자들에게 '균형을 잡도록' 요구했다.[6] 1년 뒤, 당시 공동사장이던 세실 그레이브스는 편성담당자들에게 다음과 같은 비밀 메모를 보냈다.

의회와 관련해 해야 할 일이 꽤 많습니다. 특히 1922위원회[보수당의 우익 평의원들 그룹]가 BBC는 온통 좌파라고 한 것에 대해 대응해야 합니다. 물론 이것은 해마다 으레 대두되는 것이지만 무시할 수 없는 문제입니다. …… 문제가 해결될 때까지 가급적 좌파 연사를 멀리하면 고맙겠습니다.[7]

클레먼트 애틀리(Clement Atlee)가 취임하면서 수상에서 물러난 처칠은 1947년에 정치적으로 편향되었다고 추정되는 BBC 프로그램을 추적 관찰하는, 아마도 최초의 체계적인 기구의 창설을 제안했다. 이를 주도한 사람은 보수당 정치인 존 프러퓨모(John Profumo)였다. 그는 나중에 보수당 평의원으로서 상업 텔레비전의 설립을 주창했으며, 섹스 스캔들로 유명해지기도 했다. 1945년 선거에서 노동당의 압도적인 승리로 의원직을 잃은 프러퓨모는 보수당의 첫 방송담당으로 임명되면서 보수당 중앙 사무소에 라디오 방송의 정치적 편향성을 감시하는 부서를 만들었다. 그는 모니터요원을 6명 뽑았는데, 이들은 매주 어떤 프로그램을 추적, 관찰할 것인지에 대한 지침을 받았다. 대상 프로그램은 ≪라디오타임스≫가 발행되는 날에 중앙당 사무소에서 회의를 열어 선정했다. 프러퓨모는 나중에 저술가이자 기자인 마이클 코커럴(Michael Cockerell)에게 "우리 노력의 결과로 BBC와 우리는 많이 나아졌다. 그 노력은 효과가 있었다"라고 말했다.[8]

보수당에게 이것은 부분적으로 정당정치의 우위를 도모하는 시도였다. 이것은 또 공적 공간을 '감시'함으로써 노동당과 좌파 일반의 주변부에 있는 급진적인 정치세력을 하찮게 만들려는 시도이기도 했다. 1960년대와 1970년대에 급진적이고 평등주의적인 사회운동이 활발해지고 이와 비례해 노동자 계급의 투쟁성이 증가하면서 '전복' 위험에 대한 엘리트의 우려도 현저하게 커졌다. 이로 인해 공산주의자와의 아주 약한 연대조차 정보기관과 사적인 정치네트워크로부터 대응을 받는 빌미가 되었다. BBC가 좌편향이라는 비난이 점점 널리 퍼졌다. 미디어 비평, 그리고 특히 BBC에 대한 비판은 뉴라이트(New Right)의 두드러진 특색이었다. 뉴라이트는 이런 상황에 대한 반응으로 등장한 것으로, 보다 일반적으로는 전후의 보다 평등주의적이고 민주주의적인 문화에 반대하며 등장한 우익의 활동가, 지식인, 기자, 민간 선전원 등 − 대기업의 후원을 받고 정치 엘리트와 협력하는 − 의 운동을 일컫는 포괄적 용어다.

뉴라이트는 도덕적으로 보수적인 입장에서 BBC를 공격했는데, 텔레비전 프로그램의 섹스와 폭력 문제에 집중했다. 1964년에 설립된 메리 화이트하우스(Mary Whitehouse)의 TV 정화운동(Clean-Up TV Campaign)은 1년 뒤에 전국시청자연합(National Viewers' and Listeners' Association)으로 개명했다. 이 단체는 초기에는 BBC에 초점을 맞추었지만 나중에는 다른 미디어로까지 초점을 확대했고 대체로 도덕적 '방임주의'를 다루었다.[9] 이것은 당시 영국의 보수주의에서 유력한 주제였다. 문화이론가인 스튜어트 홀(Stuart Hall)과 그의 동료들이 『위기감시(Policing the Crisis)』라는 책에서 상술했듯이, 1960년대와 1970년대의 문화적·사회적 격변 − 섹스와 젠더에 대해 변화하는 규범, 의회 밖에서의 적극적인 정치적 활동, 북아일랜드의 정치적 폭력 사태, 현대 범죄(특히 폭력 범죄)의 고도화 − 은 성격상 도덕적이며 권위적인 강력한 보수주의적 반발에 부닥쳤다. 홀과 그의 동료들에게 영국의 경제적 위기는 '법과 질서'의 사회적 위기로 경험되었고, 여기서 "항의, 갈등, 방임주의, 그리고 범죄라는 주제들이 섞여서 하나의 커다란, 구별되지 않는 '위협'이 되었다".[10] 보수적인 기독교인이자 교사인 메리 화이트하우스는 이런 초기의 보수적 반동에서 중요한 인물이었다. 그녀와 함께 중요한 역할을 한 이가 뉴라이트 인종 차별주의자 에녹 파월(Enoch Powell)이었다. 그는 보다 잘 스며드는 1970년대의 '권위주의적 인민주의(authoritarian populism)'(홀이 이렇게 불러 유명해진 용어다)를 기대했다. 파월처럼 화이트하우스는 반엘리트적 수사를 채택했다. 그녀는 동성애자의 권리 같은 진보적 주장을 진작시킴으로써 전통적 가치들을 해치고 있다고 그녀가 믿고 있는 'BBC 안의 작지만 강력한 소수집단'에 그러한 반엘리트적 수사를 겨냥했다.[11]

권력의 중심에서 멀리 떨어져 있던 것을 감안해 메리 화이트하우스를 구식이지만 해롭지 않은 인물, 감탄할 만큼 고집 센 괴짜 잉글랜드 사람, 정치적이기보다는 숙녀인 체하는 사람으로 보려는 경향이 있었다. 그렇지만 이것은 메리 화이트하우스에게 해를 끼치는 것이다. 그녀는 비록 텔레비전의 섹스와 폭력에 사로잡혔지만 '도덕의 하향' ― 자세히 살펴보면 매우 정치적인 개념 ― 에 관한 우려로 추동되는 강력한 보수주의 운동을 주도했다. 더람(Durham)에 따르면, 화이트하우스는 성적인 무질서 다음에 정치적 무질서가 오고, 우리가 기준과 '가정, 문명화된 삶의 초석'을 지키지 않으면 '독재 아니면 파괴'를 차례로 겪게 된다고 믿었다.[12] 그녀는 상당히 냉정한 전사이기도 한데, 포르노그래피가 서구 사회의 도덕적 가치를 훼손하려는 공산주의의 비밀스러운 음모의 일부라고 보았다.[13] 화이트하우스 및 그녀와 같은 생각을 가진 사람들에게 BBC는 고매한 자유주의를 통해 위로부터의 위험한 사회적 변화를 강제하는 전위 사상가 같은 기관이었다. 그녀가 1977년에 출판한 책『섹스에 무슨 일이 있었는가?(Whatever happened to Sex?)』에서 그녀는 다음과 같이 썼다.

만약 누군가 내게 1960년대와 1970년대를 특징짓는 도덕적 붕괴에 가장 책임이 있는 사람이 누구냐고 묻는다면 나는 주저하지 않고 1960년부터 1969년까지 BBC 사장이었던 휴 칼턴 그린 경이라고 답하겠다. 그는 사람들의 생각과 행동에 영향을 미치는 역사상 가장 강력한 매체, 텔레비전을 지휘했다.[14]

BBC가 좌편향되었다는 주장은 보수적인 운동단체가 사람들을 동원하기 위해 채택하는 내러티브의 일부가 되었다. 그것은 특권 계급에 속하면서 대도시에 거주하는 엘리트가 공중에게 진보적인 가치를 심고 있다는 것이다. 화이트하우스는 한 세대 뒤에 BBC의 사회자 제러미 클락슨(Jeremy Clarkson)이 '상식'을 강조한 것과 비슷한 방식으로 자신이 살던 시대에 '가족의 가치'를 옹호하고 상징화했다. 1974년에 그녀의 캠페인은 뉴라이트의 정치지도자 키스 조지프(Keith Joseph)의 지지를 받았다. 키스 조지프는 다음과 같이 선언했다[에지배스턴(Edgbaston)에서 한 이 연설로 그는 미래의 보수당 지도자로서의 자질을 의심받게 되었다].

저 훌륭한 여성, 메리 화이트하우스로부터 영감을 받읍시다. …… 반대하는 세력의 규모를 보십시오. 먼저, 새로운 체제 전체가 통렬한 말과 냉소를 내놓고 있습니다. 이 중년의 여성은 바로 그것들에 맞서고 있는 겁니다. 요즘 그녀의 이름이 회자되고 있습니다. 그녀를 적대시하는 공격들로 인해 그녀는 유명해졌습니다. 그녀는 사람들을 동원했고 이런 현재의 흐름이 어디로 향할지 아는 많은 사람들에게 참신한 기분을 주었습니다. 그녀의 책 『그녀는 자신을 어떻게 생각하는가?(Who Does

She Think She Is?)』의 제목은 새로운 계급제를 신봉하는 사람의 분노의 외침에서 따왔습니다. 그 신봉자는 어떻게 무명의 여성이 감히 BBC와 교사들, 그리고 기만적인 목자들에게 강력하게 반대할 수 있는지 물었습니다.[15]

대처주의(Thatcherism)에서 도덕적 보수주의자들이 갖는 정치적 의미를 놓고 학자들은 자주 논쟁을 벌인다. '자유시장'주의로 기억되는 대처는 확실히 메리 화이트하우스의 도덕적 보수주의에 동조했다. 더글러스 허드(Douglas Hurd)는 다음과 같이 기술한다.

> 수상은 자유시장경제 옹호자이지만 자유 옹호자는 아니었다. 그녀는 화이트하우스 부인에 대해 매우 호의적이었고, 그래서 텔레비전의 폭력과 섹스에 반대하는 캠페인의 정점을 그냥 눈감아주었다. 마거릿 대처는 외설을 강력히 규제하는 새로운 법안을 지지했다. 특히 그녀는 방송의 내용에 대한 현재의 규정을 그대로 유지하거나 더 강화하길 바랐다.[16]

실로 나이젤 로슨(Nigel Lawson)을 제외한 초기 대처 지지자들의 핵심 인물들은 모두 신자유주의적 개혁과 사회적 보수주의에 전념했다. 그럼에도 신자유주의적 개혁이 정치적으로 우선사항이었다. 조지프가 1996년 에지배스턴에서 했던 연설을 회고하며 대처는 다음과 같이 언급했다.

> 내 정치적 멘토는 경제에 단지 관심이 있는 정도를 넘어 경제가 주된

관심사였다. 1970년대 내내 경제는 순조롭지 않았고 그래서 어떤 새로운 분석으로 접근해야 했다. …… 영국의 경제적 쇠퇴를 되돌리는 것은 실로 엄청난, 고통스러운 일이었다. 적어도 정권 말기까지 경제가 최우선이었다.[17]

노먼 테빗 — 전 BBC 경영위원장 마마듀크 허시(Marmaduke Hussy)가 'BBC의 재앙'이라고 말한[18] — 은 자신과 대처, 그리고 조지프가 '물질만능주의의 천박한 시각을 가졌다'고 자주 공격받았지만 사실 "우리 모두 경제 자유주의자가 아니었다"라고 주장했다.[19] 대처는 자기 이름을 빌려준 정치 운동 — 이 운동은 어떤 점에서는 화이트하우스와 그녀의 지지자들보다 더 정교하게 방송을 분석하는 방법을 발전시켰고, 이 운동으로 인해 '방임주의'에 대한 반동적인 문화 공격이 전후 정치경제에 대한 신자유주의의 비평에 뿌리내렸다 — 을 규정하는 신자유주의와 보수주의의 개념을 스스로 실증했다.

대처는 BBC를 전간기를 지배한 '권위주의적인 분위기'의 유산으로 간주했고, 자서전에 방송을 "강력한 압력단체가 자신에게 유리한 주장만 하는 것이 어떤 대의를 위한 고결한 헌신으로 위장되는 분야들 중의 하나"라고 언급했다.[20] 그녀는 진보적인 문화(화이트하우스를 그토록 격분시킨)와 방송의 경제적 구조[로널드 코스(Ronald Coase), 피터 제이(Peter Jay), 앨런 피콕(Alan Peacock) 등등이 발전시킨 경제 평론의 대상인] 간의 본질적인 연계성을 간파했다. 대처의 여러 전기 작가 중 한 사람인 존 캠벨(John Campbell)은 다음과 같이 썼다.

그녀는 수상이 되기 오래 전부터 자신의 신념에 따라 BBC를 싫어했다. 왜냐하면 BBC가 국가의 소유이고 공적으로 재원을 충당하기 때문이었다. 그녀는 BBC를 대학처럼 보조금을 지급받고, 영리주의에 반대하는, 그리고 독선적인 국유산업으로 보았다. 그녀는 BBC가 납세자의 비용으로 분명하지 않은 자유주의와 도덕적 방임주의를 이용해 국가적 논의를 해치고 있다고 생각했다.[21]

뉴라이트의 영향력 있는 지식인 폴 존슨(Paul Johnson)은 대처가 BBC 관련 정책에 진전을 보이지 않는 것을 비판했다. 그는 BBC처럼 "납세자의 돈으로 재원을 충당하는 국유산업에서는 좌편향이 불가피했다"라고 보았다.[22]

뉴라이트에서 비롯된 BBC의 진보적, 또는 좌파적 '편향'에 대한 공격을 BBC의 재원 조달과 조직적 구조를 놓고 오랜 기간 BBC를 공격해온 역사의 일부로서 이해할 필요가 있다. 대처 시대에 BBC에 대해 제기된 정치적 편향과 관련된 주장들 가운데 가장 불명예스러운 것은 노먼 테빗이 제기한 것이었다. 그는 BBC와 정부 간에 갈등이 고조되는 상황에 상당한 역할을 했다. 그 갈등은 결국 사장 앨러스데어 밀른의 강제 사퇴로 끝났다. 보수당 컨퍼런스에서 당 중앙사무소에 미디어 모니터링 그룹을 설치했다고 보고하고 나서 얼마 지나지 않아 테빗은 그해 4월 미국의 리비아 폭격에 대한 BBC 보도를 비판하는 문서를 BBC에 보냈다. 당시 미군은 영국의 공군기지를 이용했는데 이에 대해 논란이 일었다. 그는 나중에 이 문서를 "BBC와 ITN에서 방송한 보도에 대해 뉴스 프로그램 하나하나, 문장 하나하나를 비교한 문건"이라고 기술했다.[23] BBC의 〈9시 뉴스(Nine O'Clock News)〉는 ITV의 〈10시 뉴스(News at Ten)〉와 비교되었는데 전자는 "부정확, 빈정거림, 그리

고 불균형으로 가득했다"라고 묘사되었다.[24]

> BBC가 시청자들이 리비아 사람들에 대해서는 동정심을 갖고 미국 사람들에 대해서는 적대감을 갖도록 편집상의 결정을 내린 것에 비해 〈10시 뉴스〉는 편집상 편파적이지 않은 자세를 견지할 수 있었다.[25]

그 문서는 1986년 10월 30일에 테빗의 설명서와 함께 BBC로 발송되었다.

> 우리가 갖고 있는 증거에 비추어 볼 때 BBC 뉴스 보도는, 적어도 이번 경우에는, 공사가 신봉하는 높은 기준에 미치지 못했다. 그 방송은 뉴스와 의견, 추측, 오류, 그리고 BBC 평판을 심히 손상하는 리비아 프로파간다의 무비판적 보도와 뒤섞여 균형 잡히고 공정하고 치우치지 않는 저널리즘과는 거리가 멀었다.[26]

테빗은 자서전에 "합리적으로 생각하는 많은 사람들이 BBC가 그 사건을 오해를 낳을 수 있게, 또 불공평하게 보도하는 것을 보고 불편해했다"라고 썼다.[27] 그렇지만 몇 년 뒤에는 "사실은 그때 내가 좀 집요했는데 부분적으로는 우리가 개입하게 만든 정부 절차에 내가 의구심을 가졌고(그럴 만했다고 생각된다), 정책 자체에 대해서도 불안했기 때문(근거 없는 것으로 판명되었다)이다"라고 해명했다.[28]

BBC에 유난히 적대적이던 또 다른 중요한 대처의 측근은 전 BBC 기자 우드로 와이엇(Woodrow Wyatt)이다. 그는 "BBC가 공적 보조금으로 지탱되는, 수익을 낳지 못하는 국유산업이기 때문에 어쩔 수 없이 민영 기업에 대해 편파적이다"라고 보았다.[29] 주지하는 바와 같이 와이엇의 무분별한 '저널들' — 그의 사후에 출간된 — 은 대처 시대에 BBC에 대해 음모를 꾀했던 우익 활동가들의 네트워크를 잘 보여준다. 그 저널에서는 정치적 임명에 관해 전 사장 이안 트레소언과 여러 차례에 걸쳐 논의한 일, 그리고 BBC 경영위원장 듀크 허시와의 정기적인 토론을 다루었다. 또한 여기에는 스스로 '전복대응 선전원'이라고 지칭한 줄리언 루이스(Julian Lewis)와 회합한 기록들도 있다.[30]

루이스는 나중에 보수당 의원이 되었지만 1980년대 초기에는 '안보를 통한 평화 연대(Coalition for Peace Through Security)' — 노련한 전복대응 선전원이던 브라이언 크로지어(Brian Crozier)에 의해 설립된 — 라는 이름의 반평화적 기구의 '연구책임자'를 맡았다. 와이엇은 루이스를 '정말 매력은 없지만' '이상주의적이고 단호한' 사람이고, "보수당을 위해 노조의 활동과 BBC의 편파성을 억제하는 등 경탄할 만한 일을 많이 했다"라고 평했다.[31] 1995년에 루이스는 테빗의 후임으로 보수당 중앙사무소의 미디어 감시단 책임자가 되었다. 1986년 6월, 와이엇은 루이스, 크로지어, 그리고 2명의 다른 보수적인 '공모자들'을 만났고 그들이 '미디어의 편파성에 대응해 많은 일'을 해왔다는 것을 알게 되었다. 와이엇은 공모자들이 BBC와 ITV의 프로그램을 망라해 정치적 편파성에 대해 조사한 보고서를 곧 자신에게 보내겠다는 말을 들었다.[32] 그 문서는 1년의 작업 끝에 1986년 11월에 출판되었는데, 313쪽에 달했다. 이 보고서는 젊은 자유론자 사이먼 클라크(Simon Clark)가 작성했는데, 그는 나중에 담배 로비스트로 일했다. 보고서를 쓰는 동안 클라크는 런던의 상업·금융 관련 인사들로부터 경제적 지원을 받았고,[33] 완성된 보고서는 이들과 연줄이 든든했던 전복대응 활동가 챌

폰트(Chalfont) 경에게 보내졌다.

> 일반 대중 사이에서는 꼭 그렇지 않겠지만 정계에는 널리 퍼져 있는
> 믿음이 있는데, 그것은 텔레비전의 뉴스와 시사 프로그램이 객관적이지
> 도 공정하지도 않다는 것이다. 그리고 그것들이 사실 지속적으로 좌파
> 에 호의적이라는 것이다.[34]

이것은 정확히 미디어 감시단이 첫 보고서를 통해 증명하고자 했던
것이다. 보고서의 결과 중에는 BBC의 간판 텔레비전 시사 프로그램
〈파노라마〉에 관한 내용도 있었는데, 이 프로그램의 우편향은 불과
8.1%였던 것에 비해 좌편향은 24.3%라는 것이었다. '비정치적' 프로
그램을 제외할 경우 〈파노라마〉는 압도적으로(94.1%) 좌편향이라고
보고서는 지적했다.[35]

미디어 감시단의 보고서 발표에는 BBC와 ITN의 고위 간부들도 참
석했다. 그 뒤 5년 동안 감시단은 유사한 보고서를 많이 냈다. 이 중에
는 1990년에 ≪데일리 익스프레스(Daily Express)≫가 의뢰하고 와이
엇이 ≪데일리 익스프레스≫의 칼럼을 통해 주창한 보고서도 있다. 그
것은 BBC 제4라디오의 간판 뉴스·시사 프로그램인 〈투데이〉의 편향
성에 관한 것이었다. 그해 와이엇은 동료의원 챌폰트 경의 지원을 받
아 공정성 유지를 법적 요건으로 규정하는 내용의 방송법 수정안을 제
안했다. 이 수정안은 방송사들과 의회에 있는 방송사 지지자들에 의해
저지되었고, 정부가 상정한 덜 엄격한 법안이 통과되어 방송법 6장에
속하게 되었다.

테빗과 루이스가 이끈 감시단과 같은 활동들이 미치는 영향력과 의

미를 우리는 어떻게 이해해야 할 것인가? BBC에 대한 테빗의 캠페인이 보수당 선거전략의 일환이었다는 주장이 제기되었다.[36] 여기에 대해서는 의심의 여지가 없다. 정치인들은 선거에서 이기기 위해 분명 기자들을 압박한다. 그렇지만 테빗의 캠페인이 보수당 중앙사무소에 기반을 두었다고 해서 그것을 정당정치라는 좁은 테두리에서 이해해서는 안 된다. 1970년대와 1980년대에 영국 사회를 급격히 변화시키고자 했던 엘리트의 네트워크들은 보수당 안에서뿐 아니라 밖에서도 가동되었다.

엘리트들은 기성 정치를 넘어서 다양한 기관 − 싱크탱크, 민간 방송, 광고, 금융 − 으로 확산되어 영국 정부의 부처와 협력하고 때때로 부딪쳤다. 대처의 재선이 물론 중요했지만, 그것은 BBC를 상대로 벌인 캠페인을 비롯하여 의회 밖의 정치 활동으로 이루려는 목표들을 위한 수단의 하나일 뿐이었다. 테빗과 클라크의 것과 같은 문서들은 이들 네트워크와 그들이 추구하는 정치적 전략이라는 맥락 속에서 이해되어야 한다. 경제문제연구소와 다른 신자유주의 싱크탱크들에서 생산된 보고서들처럼 이들 문서는 학문적 기준에서 허술하다. 그러나 그와 같은 문서들은 정치적 네트워크들을 구성하고 공고히 하며, 또 그들의 이데올로기를 강화시키고 정치적 활동을 집중시키는 데 중요한 역할을 한다.

테빗의 리비아 문서를 살펴본 뒤 전 보수당 장관 이안 길모어(Ian Gilmour)는 그 문서에 대해 "보수당 중앙사무소가 BBC가 그랬으면 좋겠다고 생각하는 것들의 공정성을 따져 만든 부정확하고 사소한 프로파간다의 모음"이라고 기술했다. "BBC는 그것을 어렵지 않게 망칠 수 있다"라고 그는 썼다.[37] 새로 임명된 BBC 경영위원장 듀크 허시는, 테빗의 일부 주장에 동의했지만 그럼에도, BBC를 방어했다. 길모어는 테빗의 리비아 문건이 이 점에서는 '실패'일 수 있지만, "테빗이 잘 인식하고 있듯이, 그의 전반적인 협박 캠페인은 성공적이었다"라고 주장했다.[38] 미디어 감시단에 있는 테빗의 개인적인 상대에 대해 줄리언 루이스는 '효과적이고 정기적이며 포괄적인 보고서'가 〈파노라마〉 같은 프로그램들에서 공정성이 눈에 띄게 향상되는 결과'를 낳았다고 평가했다.[39] 이 평가가 사실이라면, 이 성공은 단순히 제시된 증거의 진실성에 기인한 것이 아니었다. 오히려 정치적 네트워크들의 힘과 영향력, 그리고 그 네트워크들이 관여된 보다 폭넓은 운동에 기인했다.

물론 보수당 정부가 BBC에 행사하는 영향력은 그들의 성공에 중요했다. 그런데 보수적인 언론의 지지 또한 또 다른 중요한 요소였다. BBC가 '적정한 공정성'을 내내 유지해야 했던 것에 비해 신문은 똑같은 제한을 받지 않아도 되었다. 이렇게 한 것은 규정의 기준을 느슨하게 해야 신문 시장이 다양한 정치적 시각을 담을 수 있고, 거기서 독자들이 자유로이 선택할 수 있기 때문이다. 그러나 이런 근거는 1970년 대 말에 신문시장이 점차 독점화되고 많은 중도좌파 계열의 신문들이 폐간되면서 공허해졌다. 1960년대부터 영국의 좌파 및 중도좌파 신문이 계속 쇠퇴한 것은 독자 부족이나 정치적 지지의 감소 때문이 아니었다. 그것은 좌파 신문이 시장경쟁에 필요한 높은 수준의 자본투자와 충분한 광고 수입을 확보할 능력이 없었기 때문이다.

≪선(Sun)≫은 ≪데일리 헤럴드≫의 뒤를 이어 노동자 계급을 대변하는 중도좌파 성향의 일간지였으나 1969년에 루퍼트 머독(Rupert Murdoch)의 관할하에 들어가게 되었고 편집인 래리 램(Larry Lamb)에 의해 우파 성향의 타블로이드판 신문으로 탈바꿈했다. 머독의 ≪선≫

이 전통적인 보수언론 대열에 합류하면서 시장은 대폭 오른편으로 이동했다. 1950년에 보수당과 노동당을 지지하는 신문은 발행부수 면에서 대등했다. 1974년에 보수당과 노동당에 대한 정치적 지지는 각각 71%와 32%였고 1983년에는 78%와 22%였다.[40] 이것은 영국의 정치문화를 오른쪽으로 이동시키는 효과를 발휘했다. 이런 이동은 대중의 태도보다는 언론의 경제적 변화에 기인했다.[41] 그동안 BBC는 대중처럼 대체로 사민주의의 합의에 묶여 있었고, 민영 미디어의 문화적 변화 및 비즈니스 부문에서 발생한 엘리트의 의견 변화와 갈등했다. 보수 언론으로부터 열렬한 지지를 받았고 또 거기서 시작되기도 했던 BBC에 대한 수구의 공격은 이런 맥락에서 이해되어야 한다.

이 시기에 대중은 BBC를 어떻게 인식했을까? 1970년대 중반부터 독립텔레비전위원회(Independent Television Authority, 뒤에 Independent Television Commission으로 이름을 바꿈)가 실시한 연례조사에서는 시청자들에게 TV 채널의 정당 편향성을 묻는 문항을 두었다. 응답자 대다수가 BBC에서 정치적 편향성을 인식하지 못했다고 대답했고, 정치적 편향성을 인식했다고 응답한 사람들 중에는 친보수당 성향으로 인식한 경우가 친노동당 성향보다 늘 많았다. 이 결과는 1970년대 노동당 정부 때부터 토니 블레어가 수상이 된 1997년 선거 때까지 유지되었다. ITN의 정당 편향성에 대한 인식에서는, 대처와 메이저 수상 기간에는 두 정당 간에 차이가 없었는데, 1970년대 노동당 정부 기간과 신노동당의 초창기에는 ITN을 친노동당으로 인식하는 비율이 높았다.

BBC가 친보수당 편향을 보인다고 인식하는 비율은 1997년에 극적으로 떨어졌고, 역사상 처음으로 친노동당 편향으로 인식하는 비율보다 낮아졌다. 그렇지만 이듬해 이 비율은 다시 상승해 친노동당 편향으로 인식하는 비율보다 높아졌다. 이 데이터가 의미하는 바는, 시청자들이 대체로 BBC를 당파적이지 않다고 간주했지만 그래도 어느 한 편을 들라고 한다면 우파 조직으로 본다는 것이었다. 이런 인식은 집권당의 정치철학과는 크게 관계가 없다. 이는 당시 BBC의 경쟁사와는 다른 경우라 하겠다.[42] 따라서 대중이 BBC를 보수적인 조직이라고 보던 때에 우파는 BBC를 좌파라고 공격했다. 이런 점이 그런 공격들을 과도하게, 심지어 기만적으로 보이게 했다.

그러나 하찮은 프로파간다와 분별없는 수사 이면에는 상당히 일관된 정치적 전략이 숨어 있었다. 뉴라이트는 BBC가 사회민주주의의 가치를 제도화했으며, 그리고 메리 화이트하우스로서는 유감스럽겠지만 1960년대의 진보적 문화를 어느 정도는 제도화했다고 이해했다. 예를 들면 노먼 테빗이 BBC를 경멸하는 것은 1960년대 사회운동이 BBC의 문화에 미친 영향과 분명 관계가 있다. 그는 BBC를 '3류 같은 시기였던 1960년대에 봐주기 어렵고, 독선적이며, 위선적이고, 멋모르고, 죄의식에 찬, 몹시 감상적인, 좌경의 온상'이었다고 묘사했다.[43] 이안 길모어는 "이러한 묘사는 조 매카시(Joe McCarthy) 상원의원이 미국무부에 대해 내린 평가와 일맥상통한다"라고 신랄하게 비판했는데 이는 적절한 평가다.[44] 테빗과 동료들은 엘리트의 견해와 정치단체들이 더 우경화하기를 바랐고, 그런 전략의 일환으로 BBC를 공격했다.

2000년대에는 '테러와의 전쟁'으로 보수 운동과 조직적인 BBC 공격이 재현되었다. 2004년 당시 〈투데이〉의 에디터 케빈 마시는 다음과 같이 기록했다.

아마도 9월 11일부터, 그리고 이른바 테러와의 전쟁 선포 이후 [BBC에] 조직적인 편향성이 있다는 비난이 강하게 일었다. 그것은 의도적인 당파성을 비난한 것이 아니라 무의식적이고 조직적으로 좌경화된 사고 방식을 비난한 것이다.[45]

마시는 특히 ≪데일리 텔레그래프≫의 BBC 감시 칼럼 빕워치(Beebwatch)와 존 로이드(John Lloyd)의 2004년 책『미디어는 우리 정치에 어떤 영향을 미치는가(What the Media are Doing to Our Politics)』를 지적했다. 로이드는 이 책에서 심한 비판을 일삼는 미디어가 민주주의에 대한 믿음을 해쳤다고 주장한다. 이 주장은 토니 블레어가 2007년 6월에 한 연설에서 되풀이되었다. 이 연설에서 그는 미디어를 '야수(feral beast)'에 비유했다. 로이드는 2003년 이라크 전쟁을 지지했던 전(前) 좌파 그룹의 한 사람이었다. 그러나 그는 언제나 대중운동에 거부감을 보이는 글을 썼다. 예를 들면『광부의 파업(The Miner's Strike)』에서 그와 공동 작가는 광부들의 비민주성을 비판했고, 2001년에 출간한『불복의 윤리: 반글로벌화 운동이 어떻게 사회민주주의를 위협하는가(The Protest Ethic: How the Anti-Globalisation Movement Challenges Social Democracy)』에서는 1990년대의 반기업 운동을 비난했다.

≪데일리 텔레그래프≫는 빕워치를 2003년 말에 두 달 동안 매주 세 번씩 실었다. 당시 텔레그래프 그룹은 캐나다 태생의 보수적인 사업가 콘래드 블랙(Conrad Black)이 지배했다. 그는 나중에 미국에서 사기와 사법방해로 유죄 선고를 받았다. 블랙은 뉴라이트를 열성적으로 지지했다. 그는 1990년, 당시 에디터 맥스 헤이스팅스(Max Hastings)가

줄리언 루이스의 프로파간다 활동에 ≪텔레그래프≫가 관여하지 않도록 조치하자 우드로 와이엇의 요청을 받고 개입했다. 블랙은 와이엇이 말한 '보수적이지만 호전적이지 않은, 그리고 반노동당 성향인 이야기들을 계속 공급'하는 것에 관해 루이스와 협력하도록 하기 위해 텔레그래프 기자와의 오찬을 마련했다.[46]

2003년 9월 초부터 12월 초 사이에 ≪데일리 텔레그래프≫에 총 26개의 BBC 감시 기사가 실렸다. 이들 기사는 BBC 프로그램이 좌편향되었다는 증거를 각각 제시하고 있다고 주장했다. 빕워치는 맥스 헤이스팅스의 후임인 찰스 무어(Charles Moore)가 창안했다. 그는 마거릿 대처의 공식적인 전기 작가였고 대처 이후의 영국 보수주의에서 영향력 있는 인물이었다. 무어는 BBC가 보수당에 대해 편파적이지 않았을 수도 있다고 양보했지만 BBC의 "관념적인 추정은 상당히 부드러운 좌파의 관념적 추정과 같다"라고 주장했다.

그러한 관념적 추정으로는 다음과 같은 것을 들 수 있다. 유엔은 좋지만 미국의 권력은 나쁘다. 팔레스타인은 정당하지만 이스라엘은 그렇지 않다. 이라크 전쟁은 잘못이다. EU는 좋은 것이고 EU를 비판하는 사람들은 '국수적'이다. 인종 차별은 세상에서 가장 나쁜 죄다. 낙태는 괜찮지만 사형은 나쁘다. 너무 많은 사람들이 감옥에 있다. 여타의 방식보다 이성결혼을 우위에 두느냐는 개인적인 판단에 달려 있다. 환경운동가들은 공공심이 있지만 '대기업'은 그렇지 않다.[47]

무어는 이어서 빕워치가 어떻게 '프로그램을 추려 평가하고' 관련 정보를 수집할 것인지에 대해 설명했다. 그는 미노타우로스(Minotaur)라는 미디어 감시 조직이 BBC의 생산물에 관한 모든 자료를 조사할 것이라고 말했다. 미노타우로스 미디어 트래킹(Minotaur Media Tracking)은 피어슨 경(Lord Pearson)의 후원으로 설립되었다. 당대 귀족으로 보수주의자였던 그는 나중에 영국 독립당(UK Independence Party)으로 당적을 옮겼다. 미노타우로스의 창립자 캐시 진젤(Kathy Gyngell)과 데이비드 케일리(David Keighley)는 전 직원들이었고 각각은 대처 시대에 활약이 두드러졌던 호주의 방송사 중역 브루스 진젤(Bruce Gyngell)의 둘째 부인과 친구였다.[48] ITV의 가맹사 티비에이엠(TV-am)의 대표였던 진젤은 1987년 사내 분규를 무자비하게 처리하며 대처에게 깊은 인상을 주었고, 자신의 젊은 부인 캐시와 함께 수상 관저에 초대받았다. 진젤은 나중에 대처의 딸 캐럴(Carol)을 직원으로 고용했고, 두 집안은 자주 친목 모임을 가졌다.[49] 그는 1991년 프랜차이즈를 잃으면서 영국에서 공적 생활을 마쳤지만 그의 부인은 나중에 보수 활동가로 활동했다.[50] 캐시 진젤은 호주에서 한동안 지낸 뒤 런던으로 돌아와 전업주부협회(Fulltime Mothers Association)를 설립했고, 1999년 7월 케일리와 함께 미노타우로스 미디어 트래킹을 세웠다.

미노타우로스는 BBC를 감시하기 위한 조사만 제공하진 않았다. 후속 기구인 뉴스워치(Newswatch)와 함께 빕워치는 EU에 회의적인 싱크탱크 글로벌 브리튼(Global Britain)과 정책연구센터(Centre for Policy Studies)를 위해 보고서를 다수 생산했다. 정책연구센터는 대처와 키스 조지프에 의해 설립된 신자유주의 싱크탱크로, 진젤은 나중에 여기서 연구원으로 일했다. 미노타우로스와 뉴스워치가 발표한 보고서의 대다수가 EU 통합에 호의적인 편향성을 주장했고, 몇몇 보고서는 우익 정치와 보수당에 대체로 부정적인 편향을 보인다고 주장했다. 이전의 우익 미디어 감시단들의 경우처럼, 이들은 BBC에 직접 로비를 하기도 했고 신문을 동원하기도 했다. 예를 들면 글로벌 브리튼 보고서를 놓고 BBC와 그 조직을 지지했던 보수적인 인사들 — 대표적으로는 피어슨 경 — 사이에는 서신이 오갔다.

전직 BBC 기자이자 우익 비평가인 로빈 에이킨(Robin Aitken)이 지적한 대로, 뉴스워치와 동조 단체들은 BBC의 EU 보도에 대한 캠페인에 '엄청난 시간과 에너지'를 들였고 이는 "마침내 윌슨 리포트(Wilson Report)와 함께 결실을 맺었다".[51] 이것은 경영위원회가 BBC의 EU 보도를 점검하기 위해 구성한 패널이 작성한 보고서였다. 이 패널의 좌장은 전 고위공무원이자 스카이 방송의 총국장 리처드 윌슨(Richard Wilson)이었다. 패널이 살펴본 문제들은 BBC가 '조직적으로 EU에 호의적'이었는지, 아니면 'EU에 적대적'이었는지, 영국의 가맹을 반대하는 목소리들이 BBC 보도에서 배제되었는지 등이었다. 경영위원회는 사기업 모리슨 미디어 컨설턴트(Morrison Media Consultants)에 내용분석도 의뢰했다. 내용분석에서는 4개 뉴스를 자세히 들여다봄으로써 BBC 보도와 다른 신문 및 방송사 보도를 비교했다. 이 분석의 결론은 잠정적이고 불확실했다. 예를 들면 보고서는 ≪가디언(Guardian)≫ 기자 조지 먼비엇(George Monbiot)의 기사가 '공정한 보도가 아니라 개인적인 의견'이라는 것을 '사전에 분명히 알리지 않았다'는 이유로 〈뉴스나이트〉를 비판했다.[52] 이 보고서는 EU로부터 이주하는 문제에 대해서는 'BBC와 신문 보도가 전체적인 구조와 내용적으로 매우 유사했고' 노동당 정부와 보수당, 반이민 압력단체인 영국이민감시(Migration Watch UK) 등이 잘 대변되었다고 평가했다. 그렇지만 보고서는 ≪더 타임스≫와 ≪데일리 메일(Daily Mail)≫이 표출한 이민에 대한 우려가

'BBC 보도에 반영되지 않았다'고 지적했다.[53] 보고서에서는 내용분석은 언급되지 않았고 대신 조사에 참여한 그룹의 의견에 기초했다는 사실만 적시되었다.

패널은 '의도적인 편파성의 증거'를 발견하지 못했지만 '[BBC의 유럽 보도가] 문화적이고 무의식적인 어떤 성향에 시달리고 있다는 인식이 널리 퍼져' 있다고 지적했다.[54] 권고사항에 대한 응답으로 BBC는 유럽 담당 에디터를 신설했고 EU에 관한 의무적인 연수를 도입했다. BBC는 3년 전에 설치해 운영해온 '모니터링 시스템'을 강화했고, 프로그램 제작진으로 하여금 EU 이슈와 관련해 주요 인터뷰 대상자를 기록하도록 했으며, '어조와 접근법'을 점검하는 질적 방법을 개발하기로 합의했다.[55]

이 특별한 캠페인 ― BBC의 제도적 변화를 가져온 ― 의 배후에는 EU와 단일 통화에 대해 특정한 입장을 주장하는 영국 엘리트의 한 파벌이 있었다. 5명으로 구성된 윌슨 패널에는 이 파벌의 대표이자 일대 귀족이며 사업가 로드니 리치(Rodney Leach), EU에 반대하는 압력단체 비즈니스 포 스털링(Business for Sterling) 대표, 전 고위공무원이자 유럽 친화적인 재단 브리튼 인 유럽(Britain in Europe)의 이사 스티븐 윌(Sir Steven Will) 등이 포함되었다. 비즈니스 포 스털링이 보수당 출신 인사들에 의해 주도되고 사업 측면에서 보수당으로부터 상당한 지원을 받았다면, 브리튼 인 유럽은 신노동당과 자유민주당, 그리고 보수당 친유럽파의 주요 인물들을 지원했다. 이들 캠페인 그룹의 구성에서 볼 수 있듯이 EU는 영국의 엘리트를 분열시키는 이슈였다.

EU와의 관계를 놓고 벌이는 영국의 다툼에 관해서는 정책연구센터가 2011년 낸 소책자에 자세히 나와 있다. 「죄책감에 시달리는 사람들

(Guilty Men)』이라는 소책자는 보수적인 기자 피터 오본(Peter Oborne)
이 다른 한 사람과 공동으로 집필했으며, BBC의 전 경제 에디터 피터
제이가 서문을 썼다. 그 책은 미노타우로스가 실행한 조사에 기대어
"BBC가 모든 객관성을 잃고 당파적인 프로파간다와 궤를 같이했다"라
면서 BBC가 스스로를 '좌파/진보 엘리트'와 결연시켰다고 주장한다.[56]

제4라디오의 〈투데이〉는 2000년 5월 22일부터 7월 21일까지 9주간
이 주제로 121명을 인터뷰했다. 87명이 EU에 호의적이었고 34명은 회
의적이었다. EU에 회의적인 의견이 34개 인터뷰와 21개 사운드바이트
(인터뷰에 비해 상대적으로 짧은 발언)로 방송되었던 것에 비해 EU에
호의적인 의견은 72개 인터뷰와 40개 사운드바이트로 방송되었다. 사람
수, 인터뷰 수, 그리고 사운드바이트 수에서 EU 옹호론이 반대론에 비해
두 배로 대변되었다.[57]

오본과 공동작가는 유럽 문제에 대한 이런 뚜렷한 편파성을 BBC의
정치문화 탓이라고 여기면서, '어떤 의도적인 결정이나 계획이 반영'
된 것 같지는 않고 사실은 "BBC 프로듀서와 기자들의 고매한 태도가
EU에 찬성하는 압력단체들의 태도와 잘 맞물렸다"라고 평가한다.[58]
저자들은 각주에서 피터 시슨스(Peter Sissons)와 마이클 뷰크(Michael
Buerk)가 진보/좌파 편향에 관해 펼쳤던 주장을 인용한다.[59] 시슨스와
뷰크는 각각 자신이 추정하는 좌파 편향성을 내부에서 폭로했던 여러
전·현직 기자와 중역들 중의 한 사람이다. 시슨스는 자신의 책『한쪽 문
이 닫힐 때(When One Door Closes)』에 다음과 같이 썼다.

내가 보기에 '편향(bias)'이라는 말은 널리 퍼져 있는 문화의 미묘함을 묘사하기에 너무 무디다. 좀 더 좋은 말은 '사고방식(mindset)'이다. BBC의 근저에는, 그 DNA에는 견고하게 좌파적인 사고방식이 있다.

신보수주의 잡지 ≪관점(Standpoint)≫을 위해 그 책을 리뷰한 또 다른 전 뉴스진행자 마이클 뷰크는 시슨스가 'BBC가 추정된 기관적 편향을 지녔다는 복잡한 이슈를 꼬챙이에 정확히 꿰지는 못했지만' BBC 문화에 대한 그의 분석이 대체로 유사하다고 평가했다.

BBC가 정상적이라고 또는 비정상적이라고 간주하는 것, 적당하다고 또는 과도하다고 생각하는 것, 어떤 이슈의 중심이 어디인가 하는 것 등은 구성원들이 공유하는 일련의 추정들에 좌우된다. 이들은 한결같이 중산층이고, 고등교육을 받았고, 북런던이나 맨체스터에 거주한다. 이들은 도회적이고 명민한 30대로 학교, 대학, BBC 등 여러 기관에서 만족스러운 성과를 거두었지만 사업, 기업, 지방, 지역성, 전통, 정치인 등과 관련된 경험은 거의 없으며 아마도 이런 것들에 대한 경멸을 잘 감추지도 못할 것이다. ≪가디언≫은 그들의 성경이며 그들의 신조인 정치적 공정성을 대변한다.[60]

전 BBC 중역 로저 모지(Roger Mosey)도 비슷한 주장을 했다. 그는 잘 알려지지 않은 인물인데 나중에 보수당 장관이 된 마이클 고브(Michael Gove)를 BBC TV의 〈온 더 레코드(On the Record)〉팀에 영입하는 데 역할을 했다. 모지는 2006년 BBC 경영위원들이 주관한 공정성에 관한 세미나에서 ≪텔레그래프≫ 기자 재닛 데일리(Janet Daley)

의 주장에 '얼마간 동의'한다고 말했다. 데일리는 모지가 BBC의 '진보/좌파 어젠다'라고 부른 것에 대해 논의하고자 참석했다.[61] 모지는 BBC가 정치적 보도에서 당파적이지 않으려고 세심하게 행동하지만 그럼에도 일부 이슈에 대해서는 '집단 사고'가 나타난다고 주장했다. 그 말은 BBC 기자와 에디터들이 의도적으로 편향되었다는 것이 아니라 당연하게 여기는 추정들을 수용한다는 뜻이다. BBC를 공격하는 다른 우익 비평가들처럼 모지도 유럽과 이민 문제에 집중했다. 그는 자신이 "2003년 여름에 BBC의 편집정책 팀과의 싸움터에 출전했다"라고 썼다. 그 팀이 텔레비전 뉴스가 이민과 테러 문제를 뭉뚱그려서 보도하고 있다고 비판하고 난 뒤였다. 그 팀은 텔레비전 뉴스를 '성난 타블로이드 신문의 어젠다와 극우 집단'이 이끌어가고 있다고 지적했다. 모지는 편집정책팀이 채택한 '진보적/방어적 대응'을 비난하는 한편, 그레그 다이크에 의해 BBC의 비즈니스 에디터로 임용된 거침없는 우파 저널리스트 제프 랜들(Jeff Randall)과 BBC를 좀 더 비즈니스 친화적인 방향으로 밀고 나가려 논의하는 서신을 주고받았다. 랜들은 다음과 같이 답했다.

BBC의 정책부서/사상경찰에 소속된 직원 중에 누군가가 [우익 칼럼니스트] 리처드 리틀존(Richard Littlejohn)의 글을 읽을까요? 그 직원들은 모두 읽어야 합니다. 그는 소말리아 레스토랑에서 채식 요리를 들면서 ≪인디펜던트(Independent)≫ 신문을 읽는 것이 멋진 밤 외출이라고 생각하는 사람들의 의견들보다 훨씬 정확하게 여론을 반영하고 있습니다.

BBC에 대한 랜들의 견해는 전 BBC 기자 로빈 에이트킨의 견해와 다르지 않다. 그는 『우리는 BBC를 신뢰할 수 있는가?(Can We Trust the BBC?)』라는 책에 다음과 같이 썼다.

> BBC에서 성공하기 위해서는 일련의 태도와 견해를 수용하는 것이 필요하다. 아니면 적어도 공개적으로 부정하지는 말아야 한다. 그 집단의 가치들은 일괄해 '진보적'이라고 불릴 수도 있지만 여기서 진보적이란 관대하다는 의미 없이 단지 '보수적'이라는 말의 반대일 뿐이다. 그래서 예를 들면 '비차별적인' 태도가 매우 강조되고, '성차별'이나 '동성애혐오증'을 심각한 죄로 간주된다. '남에 대해 성급한 판단을 내리는' 태도를 좋지 않게 여긴다. BBC 사회에서는 미혼모를 탐탁찮아 하는 것이 빈축을 산다.[62]

이와 같은 일화적인 주장들은 BBC의 우파 비평가들에게 유용하게 쓰였다. 예를 들어 2014년 4월 우익 싱크탱크 키비타스(Civitas)를 위해 뉴스워치가 발간한 보고서에는 BBC에서 마크 톰슨, 닉 로빈슨(Nick Robinson), 존 험프리스, 그리고 전 〈투데이〉 에디터 로드 리들(Rod Liddle)이 반EU 편향성에 관해 했던 주장들이 인용되었다.[63] 그러나 이 여러 비평가들이 '편향성'에 대해 주장하고 있는 것이 BBC에서 그대로 제시되고 있는가? 앞서 인용된 발언들이 보여주듯이 BBC의 우익 비평가들은 자주 의사-사회학적 언어로, 무의식적으로 집단적인 추정을 재생산하는, 기관문화를 언급한다. 이것은 다 괜찮다. 그렇지만 이런 진보적 성향이 어디서 비롯되는지, 또는 그것이 어떻게 영구화되는지는 자주 덜 명확하다. BBC 사회자이자 전 정치 에디터 앤드류 마는 전형적인 설명을 제시한다. 그는 BBC가 추정된 진보-좌파 편향성을 지녔다고 언급한 가장 유명한 BBC 인물들 중 한 사람이다. 마는 앞서 언급한 2006년 공정성 세미나에서 '문화적 편향성'에 대해 다음과 같이 말했다.

> BBC는 공적으로 재원을 조달하는 도시의 조직체로, 일반적인 인구 분포보다 젊은 사람들과 소수민족, 그리고 거의 확실히 동성애자의 비율이 비정상적으로 높다. BBC는 최소한 재원구조와 관련해서 국가의 승인을 받아야 한다. 이 모든 것이 BBC 안에서 고유의 진보적 성향을 만든다.[64]

이 문맥에서 공적 재원을 언급한 것은 조금 이상한데, 당시 집권한 노동당 행정부의 보다 중도적인 노선을 고려하면 이해가 된다. 그렇지만 무의식적인 진보적 문화 편향이 BBC의 인원 구성과 대도시에 소재한다는 데서 비롯된다는 견해는 훨씬 더 전형적이다. 하지만 이 견해와 관련된 증거는 거의 설득력이 없다.

BBC 구성원의 인종적 다양성을 예로 들어보자. 2011년 잉글랜드·웨일스 인구조사에서 백인과 비백인의 인구 비율은 각각 85.9%와 14.1%였다. 같은 해 BBC는 구성원의 백인 비율과 흑인·소수민족(Black and Minority Ethnic: BME) 비율이 각각 87.7%와 12.3%였다고 발표했다.[65] 스코틀랜드와 북아일랜드의 데이터를 포함하면 양상은 조금 달라졌을 것이다. 두 지역 모두 백인이 압도적으로 많기 때문이다. 하지만 그와 동등하게 BBC의 2011년 통계에는 해외 근무 사원이 포함되었다. 해외 근무 사원의 반 정도는 백인이 아니다.[66] 그해 BBC는 4

년 기한의 다양성 제고사업에 착수했다. 이 사업을 입안할 즈음에 나온 통계치를 보면 흑인·소수민족 비율이 완만하게 증가했다. 흑인·소수민족의 비율이 전체적으로는 13% 정도지만, 그 비율에 못 미치는 부서가 꽤 많다. 텔레비전과 라디오 부문에서 흑인·소수민족 구성원 비율은 각각 10.6%와 10.5%다. 더욱이 간부급에서는 흑인·소수민족 비율이 BBC 전체에서의 비율보다 훨씬 낮다. 사장실, 콘텐츠 부문 임원실, 편집기준, 정책 등의 부문(BBC는 이들을 각각 하나의 '부문'으로 정하고 있다)에서는 민족적 다양성이 잘 유지되고 있다. 그러나 여타 부문에서 간부급의 흑인·소수민족 비율은 매우 낮아 BBC 트러스트와 BBC 북아일랜드의 경우에는 0%, 재정과 사업 부문은 8.8%다.[67]

BBC에서 소수민족의 비율은 영국 전체의 인구 구성과 대체적으로 일치하지만 잉글랜드와 웨일스보다는 약간 낮으며, 영국의 여타 지역보다 인종적으로 훨씬 다양한 런던광역시보다는 현저히 낮다. 이런 정황에서 마의 언급 같은 주장들은 BBC가 비백인을 고용함으로써 영국의 백인들을 대변하지 못하거나, 혹은 반소수민족 정서가 만연되어 다양성이 낮은 지역들의 백인들을 충분히 대변하지 못하는 것을 은연중에 비판한다고 봐야 한다. 이런 주장 ─ 소수민족 시민들의 지원으로 운영되는 전국 방송사는 백인이 아닌 사람의 고용을 피하거나 인종차별적인 시각을 전파하는 수단이 되어야 한다 ─ 은 명백하게 부당하기 때문에 공개적으로 지지받을 수 없었다. 그렇지만 이런 주장은 BBC의 다양성 정책에 대해 '진보적'이라거나 혹은 '정치적으로 정당'하다는 수구적 공격이 가져온 논리적인 귀결이다. 앤드류 마같이 영향력 있는 BBC 기자가 2006년에 그런 생각을 무심코 표출할 수 있었던 것은 신노동당의 집권 1기 이후에 나타난 영국 정치문화의 보수적인 경향을 반영한다.

노동당에서 패권을 잡은 계파가 사회주의적 주장을 포기하고 영국의 금융 엘리트와 궤를 같이하면서 사실상 계급에 관한 일체의 논의가 금기시되었다. 이런 상황에서 신자유주의에 대해 허용되는 유일한 비판은 자유주의 그 자체에 대한 반대였다. 그래서 '백인 노동자 계급'은 신노동당의 중산층 자유주의에 반대하는 보수적인 생각을 가진 집단으로 보이게 되었고 엘리트들의 정치적 다툼에, 특히 이민과 EU 문제와 관련된 싸움에 동원되는 일이 빈번해졌다. 의회 및 정부와 밀접하게 연결되어 있고 고위 임원 상당수가 사립학교 출신의 상위 중산 계급임에도[68] BBC는 완고한 우익 비평가들에게 무대응으로 일관했다. 정치 엘리트와 점차 멀어진 BBC가 왜 진보적 엘리트주의라는 비판에 취약했는지, 또 왜 마크 톰슨 사장 시절 시청자들과 정치적으로 가까워지기 위해 우편향된 편집방침을 도입하는 섣부른 시도를 했는지 쉽게 알 수 있다.

우경화를 강조한 정치적 논의들의 근본적인 문제는 BBC의 정치에 관한 수많은 논의들처럼 정치가 다른 문화적 가치들에 관한 것일 뿐만 아니라 권력에 관한 것이기도 하다는 인식이 부족했다는 것이다. BBC의 진보적 문화에 대한 격렬한 공격의 핵심은 BBC와 그 구성원이 ≪더 타임스≫, ≪데일리 텔레그래프≫, ≪더 메일≫, 그리고 보수당으로 대변되는 우파보다 ≪가디언≫과 노동당으로 대변되는 좌파에 보다 호의적이었다는 것이다. 우리가 살펴본 대로 BBC의 우익 비평가들은 BBC가 유럽 통합을 지지해왔다고 주장하고 이것을 좌파 편향성의 증거로 간주한다. 미노타우로스와 뉴스워치가 발견했다고 주장하는 보도의 유형을 좌파적 조직문화의 탓으로 돌리는 문제점은 앞서 언급한 「죄책감에 시달리는 사람들」이라는 소책자에 의도하진 않앉지만 분명하게 드러난다. 그 보고서의 저자들은 자신들이 확인했다고 주장하는 유럽 친화적 입장을 BBC만 취했던 것이 아님을 인정하며, "그 보도를 좀 더 넓고 큰 국가적 패턴의 일부로 봐야 한다"라고 주장한다.[69] 그들은 보고서에 BBC와 함께 영국산업연맹(Confederation of British Industry: CBI)과 ≪파이낸셜 타임스(Financial Times)≫를 거명했다. 그들은 영국산업연맹은 1990년대 중반까지 대기업들에 의해 통제되었고 그런 대기업들이 총애한 어데어 터너(Adair Turner)가 대표를 맡았으며, ≪파이낸셜 타임스≫는 '런던 금융가와 업계의 대변자'로서 중요한 역할을 했다고 지적한다.[70] 바꾸어 말하면 이 특별한 이슈에 관한 BBC의 보도는 영국의 기업 엘리트 간에 정리된 정치적 견해와 보조를 맞추었다.

이 이슈와 관련해서 놀라운 점은, 정치적 '편향'이 그처럼 좁게 개념화된 상황에서 그런 주장을 지지할 실질적인 증거가 없다는 것이다. 오히려 증거는 반대 방향을 가리키고 있다. 최근 BBC 트러스트의 의뢰로 카디프대학교 연구팀이 BBC 정치보도에 관해 광범위한 조사를 수행했다. 그들이 수행한 「의견의 폭에 대한 평가(Breadth of Opinion Review)」에는 EU와 이민에 대한 BBC의 2007년과 2012년 보도 검토, BBC 보도와 다른 방송사 보도에 대한 의견 비교가 포함되었다. 연구자들은 "EU에 회의적인 의견이 정기적으로 방송된 것에 비해 EU 가입의 혜택을 내세우는 의견은 덜 두드러졌다"라고 정리했다.[71] 저자의 한 사람인 마이크 베리(Mike Berry)는 "기업 로비스트들이 EU 지지 의견이 적게 표출되는 자료를 많이 제공했다"라고 지적한다.[72]

주요 정당들 간의 정치적 균형이라는 점에서 보면, 두 번의 조사기간에는 당시 집권당이 정계를 주도했다. 그러나 2012년 보수당의 우세는

"2007년의 노동당 우세보다 차이가 훨씬 컸다".[73] BBC 보도를 다른 방송사 보도와 비교한 조사를 보면, BBC의 ⟨6시 뉴스(News at Six)⟩에서는 두 기간에 걸쳐 보수당 정치인들이 노동당 정치인들보다 50% 이상 TV에 더 많이 나왔는데, 이런 패턴은 다른 방송사에서는 나타나지 않았다.[74] 이 연구의 주요한 결과 중 하나는 BBC 정치보도에서 의회의 자료와 관점이 지배적이라는 점이다. 연구자들은 BBC 뉴스를 다음과 같이 평가했다.

> BBC 뉴스는 비교적 좁은 범위의 취재원에 의존한다. 정치지도자들이 주된 취재원인데 그중 수상은 가장 뉴스가치가 크고 폭넓게 인용된다. 다른 정부 인사들이 그 뒤를 따른다. 이것은 또 다른 경향과 밀접하게 연결되어 있다. 유럽에 대한 영국의 관계 문제와 이민 문제에서 이런 경향이 두드러지게 나타났다. EU 및 이민과 관련된 보도는 EU와 이민으로 인한 사회의 충격과 관련된 폭넓은 이슈들을 다루기보다는 이들 주제와 관련해 주요 정당 간에 일어나는 갈등과 다툼을 주로 다루었다.[75]

BBC의 EU 보도에서는 정치적 취재원의 비중이 매우 높았다. 취재원이 출연한 것은 2007년에 65%였고 2012년에 79.2%였다.[76] 2012년 EU 예산과 관련해 협상을 벌인 데 대한 보도는 "주제에 대한 의견들보다는 쟁점에 대한 의회의 책략에 초점을 맞추었고", 이렇게 "정치적 다툼에 집중하면서 정작 예산에 관련된 중요한 정보나 EU 투자정책의 장단점은 간과되었다".[77] 이민에 관한 BBC 보도는 '좀 더 다양한 취재원'을 포함했지만 여전히 "정치적 취재원이 지배적인 패턴을 반영했고 정치적 다툼에 자주 초점을 맞추었다". 연구자들이 실시한 정성적 분석에 따르면 BBC가 방송한 이민 관련 토론들은 정치인들에 의해 논의의 틀이 구성되었고, 그들의 발언은 자주 '사실'로 제시되었다. BBC 뉴스가 의회 정치의 지배를 받고 있음을 확인하면서 연구자들은 정치적 공정성이 '두 주요 정당 간의 균형'에 기초하고 있다고 결론지었다.[78]

이런 보도는 BBC 기자가, 그리고 BBC 그 자체가 공식적인 정치 세계와 맺고 있는 관계의 정도를 반영한다. 2015년 영국의 민주주의에 관한 다큐멘터리를 방송한 BBC의 닉 로빈슨은 이 사실을 솔직하게 인정했다. "나는 이즐링턴에 살고 웨스트민스터에서 일한다. 이것, 참! 나도 그 패거리구만." 그는 한 유권자와 대화하며 농담을 했다. "그렇다. 나는 많은 사람들이 이제 낡아서 고물이 된 정치 기계 ─ 그 기계를 좋아하든 싫어하든 ─ 로 보는 그런 기계의 작은 톱이다."[79] 그 이후 〈투데이〉 프로그램으로 옮긴 로빈슨은 BBC의 정치 에디터가 되었다. 이 자리는 2009년 버락 오바마 대통령 당선자를 위한 정보 브리핑 당시 '영국의 정치 저널리즘에서 가장 중요한 자리'로 묘사되었다.[80] 그는 정치에 대한 독특한 개념을 갖고 특이한 형태의 정치 저널리즘에 진지하게, 또 열성적으로 몰입했는데, 그의 접근법은 BBC 전통과 상당히 일치했다.

로빈슨에게 정치는 간단히 말해 정치인들이 말하고 행동하는 것이고 정치부 기자가 할 일은 효과적으로 소통해서 시청자들에게 이런 것을 알려주고 또 공식적인 정치 과정을 설명하는 것이다. ITN에서 정치 에디터로 일할 때 그는 정치 에디터로서 자신이 할 일은 "권력자들이 하는 일과 생각하는 바를 알리는 것"이라고 말했다. 또 나중에 『다우닝가에서 실황으로(Live From Downing Street)』에 쓴 대로 "많은 사람들이 개인적으로 알고 있는 것들, 즉 동료 간의 갈등, 곰곰 생각해 찾아낸 정책의 모순점이나 부족한 점 등을 공개적으로 드러내는 것"이라고도 했다.[81] 로빈슨은 이 과제를 열정적으로 수행했고 웨스트민스터 정치의 인물과 파벌, 책략을 명확하게, 그리고 지나치리만큼 열심히 설명했다. 그의 개인적 배경 때문에 이 일이 잘 맞았던 측면도 있다. 그는 '체셔(Cheshire)의 녹음이 우거진 부유한 마을'에 소재한 보수적인 가정에서 자랐고, 사립학교를 다녔고, 어릴 때부터 브라이언 레드헤드(Brian Redhead)와 매우 가까이 지냈다. 〈투데이〉 프로그램의 공동사회자 레드헤드는 대처주의자들에 의해 좌파로 분류되었지만 스스로는 온건 보수주의자라고 생각했다. 그는 어린 로빈슨이 방송기자가 되는 데 영향을 미쳤고 나중에는 조언자로서 도움을 주었다.[82] 레드헤드는 케임브리지대학교 출신인 반면 로빈슨은 다른 많은 BBC 고위 인사들처럼 옥스퍼드대학교를 나왔다. 학생회 토론모임은 로빈슨의 '대학 놀이터'였고, 대처주의가 한창일 때 그는 대학의 보수연합(Conservative Association) 회장이 되었다. 그는 영국의 정치 엘리트를 모시는 사람들에게 맞춤한, 그리고 고위 BBC 기자들에게 매우 일반적인 정치학, 철학, 경제학을 전공했다. 이 모든 것이 로빈슨에게 웨스트민스터-화이트홀 시스템이 작동하는 방식을 본능적으로 이해하게 했고, 거기서 활동하는 사람들과 자연스럽고 편안한 관계를 가질 수 있게 했으며, 각별히 정치보도에 능숙하게 만들었다.

　로빈슨식의 접근법은 잘하면 뛰어난 역량의 내부자 저널리즘이라는 형태로 나타날 수 있다. 즉, 배타적인 고위 정치의 세계를 볼 수 있는 창을 제공하고, 투명성을 높이고, 그럼으로써 민주주의를 고양시킬 수 있다. 이런 접근법은 정치에 관한 엘리트주의적 '내부자' 관점을 함양하고, 시청자들이 정치를 사회적 정책에 대한 공적 숙의(public deliberation) 시스템이나 부와 권력의 분배에 대한 쟁론 시스템으로 보기보다는 주요 참가자들 간의 게임으로 보도록, 그리고 그들 가운데 자신과 동일시할 수 있는 사람을 찾도록 독려하는 경향이 있다. 그레그 다이크는 사장 재직 시절 BBC 저널리즘에 대한 영국 의회의 과도한 집중을 다루려 했지만 'BBC의 정치적인 기자들'과 '경영위원회의 정치꾼들'에 의해 좌절되었다. [83] 다이크는 특별히 전 경제부 기자이며 2000년부터 2004년까지 경영위원을 지낸 사라 호그(Sarah Hogg)를 거명했다. 옥스퍼드 PPE(정치학, 철학, 경제학) 출신의 호그는 1990년부터 1995년까지 존 메이저 정부의 정책부문 책임자였다. 그녀는 많은 기업의 이사를 맡았고 이튼교 출신의 보수 정치인이자 헤일샴 자작(Viscount Hailsham)인 더글러스 호그(Douglas Hogg)와 결혼했다. 다이크는 자신이 '영국 의회의 음모(Westminster conspiracy)'라고 부른 것에 대해 미디어 학자 데이비드 매퀸에게 이렇게 말했다.

그것은 하나의 마을이고 그 마을에는 정치인, 공무원, 기자, 로비스트가 있다. 그들은 점점 하나의 집단이 되어갔고 다른 모든 사람은 딴 집단이 되어갔다. [84]

다이크는 이것이 웨스트민스터 정치가 과잉 보도되고 기자들이 덜 질문하는 태도를 갖는 문화에 이르게 한다고 완곡히 말했다. 이것은 분명 심각한 문제다. 권력에 가까움으로써 얻는 기회 — 취재원 접근, 내부자 정보, '특종' — 에 대비해 비판적인 거리는 줄어든다. 앤드류 마는 『나의 직업(My Trade)』에서 이 문제를 언급했다.

만약 당신이 정치인과 그가 처리해야 할 문제들, 그리고 경쟁 부서들이나 부실했던 지난 계획들의 문제들에 관해 이야기한다면, 그들의 방식대로 보는 것을 피하기 어렵다. 똑같은 시각이 당신에게 통찰을 주기도 하고, 당신의 적대감을 무디게 하기도 한다. 바깥에서 잘 모르는 채 도전적으로 접근하면 군중이 갈채를 보낼 것이라고 판단하는 게 더 좋을까? 최종적인 답은 없다. 만약 당신이 원로 정치인과 밀접한 협조관계를 맺지 않으면 그가 자신의 생각을 솔직하게 말하지 않을 것이고 그러면 당신은 어떤 일이 일어나고 있는지 제대로 이해할 수 없을 것이다. 그렇지만 만약 당신이 그들과 밀접한 관계를 맺는다면 그들과 정서적으로 가까워질 것이고 그들이 어떤 식으로든 실패했을 때 아마도 단호하게 대하지 못할 것이다.[85]

10년 뒤, 마의 첫 소설 — 정치스릴러 — 이 다우닝가 10번지 접수처에서 출간되었다.

권력 근접성의 문제는 저널리즘에 내재하는 직업적 딜레마일 뿐만 아니라 영국사회의 신자유주의적 전환을 보여주는 특징이기도 하다. BBC가 1990년대에 새로 옮겨간 공간 중 하나는 의회 맞은편 밀뱅크(Millbank) 스튜디오였다. 이곳은 개인 소유 건물로 1993년 BBC가 '최초의 세입자'가 되었다.[86] 최근 폐쇄된 스튜디오들처럼 라임 그로브 스튜디오는 '창단 멤버(old guard)'라는 저널리즘 기풍을 상징했지만 비평가들에게는 용기 없는 저널리즘을 의미했다. 의회와의 지리상 근접성은 기자들의 정치인들 및 그들의 공보 비서관들과의 밀접한 관계로 투영되었고, 기자들의 보도관리 어젠다는 신자유주의자인 존 버트 사장이 대립적인 저널리즘에 대해 가진 불신 및 그가 추진한 편집권의

중앙집중화 정책과 딱 들어맞았다.[87]

그때부터 BBC와 웨스트민스터 간에는 회전문 같은 것이 있어왔다. 블레어 정부의 많은 장관이 전 BBC 임직원이었다. 크리스 브라이언트(Chris Bryant)는 2001년 국회의원이 되었는데 그는 1998년부터 2000년까지 BBC에서 유럽 사무국(European Affairs) 국장을 지낸 바 있었다. 2009년부터 2010년까지 문화·미디어·스포츠부 장관을 역임한 벤 브래드쇼(Ben Bradshaw)는 BBC 라디오 리포터였다. 브래드쇼의 전임자 제임스 퍼넬(James Purnell)은 이제 BBC의 전략·디지털 국장으로 29만 5000파운드의 연봉을 받고 있다. 그는 토니 블레어의 특별 보좌관으로 임명되기에 앞서 1990년대 중반에는 BBC의 기획부서 책임자였다. BBC의 정치 리포터 돈 브린드(Don Brind)와 로레인 데이비슨(Lorraine Davidson) 모두 정치 커뮤니케이션직을 차지했다. BBC의 정치연구 책임자 빌 부시(Bill Bush)는 블레어의 전략커뮤니케이션 부서에 합류했다.[88]

BBC를 좌파로 색칠하려는 로빈 에이트킨은 여러 다른 '회전문' 커넥션을 지적하지만 보수당으로 정권이 넘어간 뒤에도 똑같은 패턴이 나타나고 있다. 앞서 지적했듯이 마이클 고브(2015~2016년 법무부 장관 역임 _옮긴이)는 한동안 BBC 리포터로 일했다. 조지 오스본 재무상(2010~2016)의 특별 보좌관 테아 로저스(Thea Rogers)는 전 BBC 프로듀서로 닉 로빈슨(2005~2015년 BBC 정치 에디터 역임, 2015년부터 〈투데이〉 사회자를 맡음 _옮긴이)과 함께 일하기도 했다. 데이비드 카메론(David Cameron)(2010~2016년 수상 역임 _옮긴이)은 전 ≪뉴스 오브 더 월드(News of the World)≫ 기자 앤디 쿨슨(Andy Coulson)이 수상실 홍보국장에서 물러난 뒤 BBC에서 크레이그 올리버(Craig Oliver)를 영입했다. 전 런던 시장 보리스 존슨(Boris Johnson)도 이와 유사하게 전 BBC 정치 전문 기자 구토 해리(Guto Harri)를 홍보국장으로 임명했다. 그의 후임 윌 월든(Will Walden)은 전 BBC 의정뉴스 에디터로 예전에 닉 로빈슨 및 앤드류 마와 함께 일했다. BBC 생방송 정치 프로그램의 에디터 로비 깁(Robbie Gibb)은 영향력 있는 보수당 정치인 프랜시스 모드(Francis Maude)의 대표 참모 출신이며 보수당 장관 니콜라스 깁(Nicholas Gibb)의 동생이다.

여기서 우리가 알 수 있는 것은 미디어와 정치 홍보에 경험과 전문성을 가진 '정치 계급'의 일부가 순환한다는 점과 미디어와 정치가 밀접하게 연관된 세계에서는 시장성이 높은 커넥션이 있다는 점이다. 정치 컨설턴트와 홍보 담당으로서 그들은 정치적인 삶의 전문화를 꾀하는 어떤 추세를 대표하는 사람들이자, 정치 및 기업 홍보를 전문으로 하는 좀 더 넓은 산업의 구성원들이다. 이런 사람들의 일부는 정치적 동지가 되기도 한다. 그러나 그들이 헤엄치는 물 때문에 그들은 정치, 그리고 대처주의 뒤에 나타난 기업 주도형의 정치적 합의(그들은 그런 합의의 산물이며 다시 합의를 생산해낸다)에 대한 현실성 ― 그게 아니면 냉소주의 ― 을 압도적으로 공유한다. BBC와 양대 정당의 친기업적인 파벌 간 인물 교류는, BBC 위계의 정점에 있는 엘리트들의 순환을 반영한다. BBC에서 이런 순환은 설립 이래 지속되어왔다. 진보주의자들이 상상하고 싶어 하는 것이 무엇이든 이것은 BBC가 정치 및 권력의 세계와 거리를 두지 않고 있으며, 거기선 회사의 이익이 우선적이라는 것을 보여준다. 더 정확히 말하면, BBC는 권력과 영향력이 복합된 네트워크의 중요한 부분이다. BBC가 정치적 편향을 내보인다고 말할 수 있다면 그것은 BBC가 정치적 당파심에 근거하기 때문이 아니라

BBC가 권력과 자신이 공유하는 이익이 엮이는 네트워크를 지향하기 때문이다. 자신들이 공유하는 이익은 반드시 자명한 것이거나 불변의 것이 아니라 네트워크 안에서 또 네트워크를 거쳐서 형성되는 것이며 BBC와 같이 중요한 정치적 기관은 이러한 이익을 내적으로 또는 정치적 기관을 통해서 만들어낸다는 사실에 유의해야 한다.

제5장

신자유주의적 관료주의의 형성

미국의 경제학자 갤브레이스(J. K. Galbraith)는 "조심스럽게, 열심히 퍼뜨린 기업의 신화가 있다. 그리고 현실이 있다. 그런데 이것들은 서로 인연이 멀다"라고 1977년 BBC 텔레비전에서 말했다. 그가 차분하게 설명한 신화는 소비자가 최고이며 기업은 그 또는 그녀의 선호에 대응하고 사회의 자원을 효율적으로 할당한다는 것이었다. 갤브레이스는 "기업은 정부에 영향을 미치고 소비자에게 영향을 끼친다. 오직 교과서들만 그렇지 않다고 말한다"라고 계속해서 이야기했다.[1] 이런 발언들은 BBC와 세계의 여러 공영방송사가 공동으로 제작한 다큐멘터리 시리즈의 아홉 번째 프로그램 〈대기업(The Big Corporation)〉에서 소개되었다. 이 프로그램은 갤브레이스가 대본을 썼고 진행도 했다. 〈불확실성의 시대(The Age of Uncertainty)〉는 '산업 사회의 발흥과 위기'를 살피는 야심찬 13부작 시리즈였다. 이 시리즈에는 사회에서 기업의 역할을 따져 묻는 프로그램과 자본주의의 한계, 칼 마르크스와 존 메이너드 케인스의 사상을 살펴보는 프로그램이 포함되었다. 미국 민주당과 가까운 박식한 사회참여 지식인 갤브레이스는 케인스의 제자였다. 그는 결코 급진적이지 않았다. 사실 그는 스스로를 보수주의자라고 말했다. 그러나 그는 자신이 살던 시대의 많은 사람들처럼 신고전학파 경제학과 기업 권력에 비판적이었다. 그는 1977년 〈불확실성의 시대〉가 방송될 즈음 위기에 처했고 결국 손 쓸 수 없이 쇠퇴한 미국의 진보주의 전통을 옹호했다.

갤브레이스는 그보다 4년 전 BBC 프로듀서 에이드리언 멀론(Adrian Malone)의 연락을 받았다. 멀론은 그해에 방송된 〈인류의 발전(The Ascent of Man)〉 시리즈로 찬사를 받은 바 있었다. 그는 BBC 중역인 휴 웰던과 가까웠지만 독립적인 성향이 강했다. 멀론은 아직 경영진의 승인을 받지 않은 채 경제 사상에 관한 다큐멘터리 시리즈를 만들겠다는 생각으로 갤브레이스와 접촉했다. 보도된 바로는 BBC 경영진은 '격노했지만' 결국 멀론에게 프로젝트를 진행하라고 허락했다.[2] 1977년에 시리즈가 방송되었는데 프로그램마다 '개인적 견해'라는 자막을 넣었다. 이 시리즈는 우파로부터 많은 비판을 받았고 일반적인 평가도 호의적이지 않았다. 그래서 BBC 경영진은 재방을 하지 못하도록 했다.[3]

〈불확실성의 시대〉가 받은 비판은 정치인, 사업가, 저널리스트, 학자, 그리고 출세한 소책자 집필자들의 네트워크에서 조직적으로 제기된 것이었다. 보수당 내의 신자유주의 분파가 1976년 초에 이러한 비판에 대한 소문을 들었고 정책 책임자 키스 조지프가 관심을 가졌다. 조지프는 곧 동료들에게 편지를 보내 BBC가 '사회주의를 공개적으로 지지하는 사람'을 초대해 경제에 관한 프로그램을 진행하려 한다고 알렸다. 그는 갤브레이스를 "우리가 경제 전선에서 대치하고 있는 가장 위험한 인물"이라고 표현하며 그들이 "BBC에 경고해야 하고 …… 그들로 하여금 맥파지언[McFadzean, 셸(Shell)의 회장이며 전직 영국산업연맹 회장] 같은 사람이 진행하는 동등한 시리즈를 만들도록 계도해야 한다"라고 제의했다.[4] 후속 편지에서 조지프는 다음과 같이 썼다.

> 갤브레이스는 사회주의자이자 간섭주의자이며, 반기업적이고 삶의 현실에 완전히 무관심한 사람입니다. 만약 그에게 BBC가 제안하는 기반이 주어진다면 그는 국가와 우리에게 엄청난 손해를 입힐 수 있습니다.[5]

친구인 대처주의자 제프리 하우(Geoffrey Howe)는 '잘못된 접근법을 그럴듯하게 옹호하는 사람'에게 그처럼 중요한 연단이 주어질까 봐 우려하는 조지프에게 동의한다고 말했고, "갤브레이스와 적절한 균형을 이루도록 하이에크(Hayek)나 프리드먼(Friedman)의 강연 또한 잇따라 마련되어야 한다"라고 생각했다.[6] 하우는 나중에 하이에크에 대해서는 "아마도 지금은 너무 나이가 많은 듯하다"라며 한발 물러섰다.[7] 반면에 프리드먼은 비범하고 점차 영향력이 커지는 인물이었고, 하이에크가 케인스에 대해 그러했듯이 갤브레이스와는 이미 친구이자 논쟁 상대였다.

갤브레이스는 나중에 "영국의 보수주의자 집단은 〈불확실성의 시대〉보다 선수를 치려고 밀턴 프리드먼을 시카고대학교에서 데려와 나의 경제적 관점에 반하는 강의를 하도록 했다"라고 회고했다.[8] 통화주의의 대가인 프리드먼은 큰 영향력을 지닌 신자유주의 싱크탱크 경제문제연구소가 주관해 모은 저널리스트와 정치인, 사업가를 상대로 두 차례 강연을 했다. 이를 통해 그들의 지지자에게 반격의 무기를 제공하려 한 것으로 추정된다.[9] 한편 정책연구센터 — 대처와 조지프가 보수당 내에서 신자유주의를 활성화하기 위해 공동 설립한 싱크탱크 — 는 이전에 갤브레이스를 공격하는 강연을 했던 맥파지언에게 소책자를 의뢰했다.[10] 미국에서는 PBS가 〈불확실성의 시대〉를 방송할 예정인 가운데 갤브레이스 시리즈에 반하는 취지의 정치 캠페인이 시작되었다. 비평가들의 압력 아래 미국 공영방송사의 한 간부는 프리드먼에게 자신들이 "논평이나 비판적 분석, 또는 갤브레이스 시리즈에 '대응하는 프로그램 편성' 등 여러 가능성을 놓고 당신과 깊이 있게 협의할 수 있길 바랍니다"라고 편지를 보냈다.[11]

프리드먼의 '대응 프로그램' 계획은 1977년 초에 미국의 공영방송사 간부 로버트 치테스터(Robert Chitester)가 그에게 연락을 취하면서 시작되었다. 치테스터는 프리드먼이 쓴 『자본주의와 자유(Capitalism and Freedom)』를 읽고 시장에 대한 '절대적인 믿음'을 갖게 되었고, 프리드먼의 급진적인 생각을 텔레비전 시리즈를 통해 대중화하고자 했다.[12] 그들은 이 프로그램의 프로듀서를 찾던 중 처음으로 멀론을 접촉했다. 프리드먼에 따르면, 멀론은 "우리의 철학에 대한 공감 부족"으로 거절했다고 한다.[13] 그들은 미국에서 프로듀서들을 여럿 만났지만 적임자를 찾지 못했고 공감하는 협력자를 찾기 위해 영국으로 돌아왔다. 경제문제연구소의 랠프 해리스(Ralph Harris)는 치테스터가 BBC와 계획된 시리즈의 방송권과 관련해 논의할 수 있도록 여러 차례 자리를 마련했다. 치테스터는 샘 브리턴(Sam Brittan)을 만났는데, 브리턴은 예전에 프리드먼의 학생이었고 당시에는 《파이낸셜 타임스》에서 통화주의를 주창하고 있었다. 그렇지만 치테스터에게는 전직 BBC 프로듀서 앤터니 제이(Antony Jay)와의 만남이 무엇보다 중요했다. 제이는 1980년대 초에 BBC에서 방영된, 냉소를 자아내는 정치 풍자극 〈예스 미니스터(Yes Minister)〉의 공동 창시자로 이름을 떨쳤다. 치테스터를 만났을 즈음 제이는 '시장경제로 전향'했고 '프리드먼주의자'였다.[14] 그는 잉글랜드의 사립 중고등학교와 케임브리지대학교를 나와 BBC에 입사했고, 우익 계열의 소논문 집필자가 되기 전에는 독립작가이자 TV 프로듀서로 일했다.[15] 치테스터와 만났을 때 제이는 비디오 아트 텔레비전이라는 프로덕션을 설립한 지 얼마 되지 않았다. 이 프로덕션은 그가 BBC 제2텔레비전 국장을 지낸 마이클 피콕(Michael Peacock)과 또 한 명의 전직 BBC 프로듀서와 함께 세운 것이었다.

프리드먼은 나중에 제이와 그의 동료들이 "우리의 철학에 동조했고 그 철학을 제시하는 다큐멘터리를 제작하는 데 열성적이었다"라고 회고했다.[16] 프리드먼은 "복지국가의 모국이며 사회주의 정당의 공공연한 본원지 영국은 우리가 자유시장에 동조하는 프로듀서들을 찾을 수 있는 곳이 되어야 한다"라고 말했다.[17] 미국에서 그 프로젝트는 기업들과 보수적인 재단들로부터 쉽게 충분한 후원을 받을 수 있었다. 이 시리즈는 나이젤 로슨이 대처에게 설명한 대로 "시장경제의 장점들을 소상하게 설명했다".[18] BBC는 〈선택할 자유(Free to Choose)〉(치테스터의 제안으로 프리드먼이 주도해서 만든 TV 프로그램으로, 총 10편으로 구성되어 있음 _옮긴이)의 여섯 편을 구입해 1980년 초 토요일 밤에 연속 방영했다.[19] BBC는 프리드먼이 참석하는 스튜디오 토론 프로그램을 마련했는데 통화주의자 저널리스트 피터 제이가 사회를 맡았고 대처주의자 장관 제프리 하우와 나이젤 로슨 등이 출연했다. 프리드먼이 스튜디오 녹화를 위해 런던을 다녀간 뒤에 대처는 총리실을 방문한 데 대해 감사하는 편지를 보내면서 자필로 "우리 모두 당신의 TV 프로그

램을 즐기고 있습니다"라고 덧붙였다.[20]

   ⟨불확실성의 시대⟩의 방영, 그리고 프리드먼의 ⟨선택의 자유⟩ 방송에까지 이른 조직화된 반격은 영국과 미국에서 자본주의적 민주주의의 방향을 놓고 벌어진 광범위한 투쟁에서 일어난 하나의 사건이었다. ⟨불확실성의 시대⟩가 방영되기 1년 전인 1976년은 중요한 분기점이었다.[21] 대처가 보수당의 대표가 되었고, 해럴드 윌슨에 이어 수상이 된 노동당 우파 제임스 캘러핸(James Callaghan)은 노동당 전당대회에서 '불황에서 벗어나기 위해 지출을 늘리는 것'이 더 이상 선택사항이 아니라고 선언했다. ⟨선택의 자유⟩가 1980년에 방송될 즈음 대처가 권력을 잡았고 그녀의 정부는 종전 후 국민적 합의에 따라 구성된 주요 기관들의 상당수를 해체하려고 했다. BBC가 늘 그 일부로서 존재해왔던 기존 체제는 재구성되었고, BBC 직원들을 신자유주의 개념과 관행에 끌어들였으며, 시장에 포함되지 않는 BBC의 요소들이 시장 논리와 회사 엘리트의 가치관과 이해관계에 종속되었다. BBC의 변화, 그리고 BBC가 속한 보다 넓은 '산업'의 변화는 이 과정의 중요한 부분이었다. 이들 사건이 보여주듯이 BBC는 정치 또는 사회와 떨어져 있는 독립적인 영역이 아니다. 오히려 BBC는 서로 다른 그룹들, 특히 경쟁하는 엘리트의 분파들 간의 갈등과 논쟁의 장이다. 그렇지만 이 다툼은 프로그램에 접근하거나 프로그램 제작자를 압박함으로써 내용에 영향을 미치려는 경쟁적인 노력에 국한되지 않았다. 신자유주의자들과 뉴라이트의 다른 분파들은 성공적인 '아이디어 전쟁'을 하려고 시도했을 뿐만 아니라 그런 전쟁이 일어나는 곳의 지형을 재구성하려고 했다. 그들은 방송, 특히 BBC를 영국 체제의 중요한 구성요소로 인정했다. 따라서 BBC는 어느 정도는 더 평등주의적이고 민주주의적인

합의를 제도화해야 했고, 그렇기 때문에 완전히 파괴되든지 아니면 철저하게 쇄신되어야 했다.

BBC에 대한 대처의 반감은 잘 알려져 있다. 이안 트레소언은 대처가 총선에서 승리하기 1년 전에 '에디터들의 문제에 대한 관용은 고사하고 별다른 관심 없이 결의에 찬 채' BBC 본관을 방문했던 일을 비망록에 적어놓았다.[22] 대처가 수상이 되고 몇 달이 지난 1979년 9월 경영위원들은 대중의 인식에 관한 BBC의 연례 조사를 수행하기 위해 수상관저의 문을 두드려 새로운 수상에게 BBC에 대한 생각을 묻는 질문자를 보면서 농담을 나누었다.[23]

그러나 그녀의 개인적인 생각이 무엇이든 대처의 첫 임기 동안 BBC와 정부 간의 관계는 대체로 우호적이었고 BBC의 상황은 노동당 정부시절보다 양호했다. 앞서 노동당 정부는 여러 가혹하며 단기적인 수신료 조정을 강제했다.[24] 대처의 첫 정부는 많은 영역에서 조심스러운행보를 취했기에 BBC로서는 비교적 괴롭힘을 당하지 않는 시절이었다. 윌리엄 화이트로(William Whitelaw)가 내무상으로 임명된 것도 BBC로서는 다행스러운 일이었다. 그의 방송정책은 내각의 다른 구성원들이 취한 급진적 입장과는 달리 내무성의 전통적인 실용주의와 보조를 맞추었다.[25] 대처는 자서전에 "불행한 일이지만 방송사들은 내무성에서 준비된 지지자를 찾았다"라고 썼다.[26] 화이트로는 대처와 가깝고 또 충직했지만 신자유주의자는 아니었으며 공적으로 재정을 조달하는 기관에 대한 신자유주의자들의 반감을 공유하지도 않았다. 또 그는 뉴라이트 구성원들에게 일반적이던 인식, 즉 BBC가 좌파라는 인식도 공유하지 않았다. 그는 비망록에 그와 대처가 "방송 관련 문제들에 대해서 의견이 같았던 적은 한 번도 없었다"라고 기록했다. "우리는 특히 BBC 프로그램들의 편향성에 대해 서로 견해가 달랐다."[27]

나의 경험, 그리고 아마도 불가피하게 나의 견해는 수상 및 내 동료들 대다수의 의견과 매우 달랐다. 그래서 텔레비전이나 라디오 프로그램을 놓고 논란이 벌어질 때면 나는 BBC 옹호자로 판명되곤 했다. …… 때로는 활발한 토론으로 이어지기도 했다.[28]

화이트로는 내무상 재임 기간(1979~1983)에 BBC의 칙허장 갱신과 수신료 조정, 채널 4의 설립을 감독했다. 채널 4의 설립은 첫 대처 정부를 특징짓는 실용주의와 현대화의 요소들을 잘 보여준다. 비록 여러 가지 점에서 채널 4는 신자유주의자들이 강조하는 기업가주의와 궤를 같이하지만 1970년대 동안 좀 더 포괄적인 방송 체제를 구축하기 위해 캠페인을 벌인 사람들에게는 중요한 승리였다. 한편 채널 4가 내세운 '대안적인' 문화 및 정치 성향은 뉴라이트의 수구적인 성격과 상충했다.

1979년과 1983년 사이 비교적 조용했던 시기는 대처주의가 보다 과격한 국면으로 이동하면서 휘몰아친 거대한 정치적 폭풍으로 인해 끝났다. 1984년부터 연합 세력 — 수상을 비롯한 보수당 정부의 대다수 인사들 — 은 BBC의 존속을 위협하는 것 같은 가차 없는 공격을 퍼부었다. 톰 오말리(Tom O'Malley)가 지적하듯이 개인들과 기업들, 그리고 민간 단체들의 네트워크가 다양한 배경에서 나타났다.

머독이나 사치스(Saatchis)같이 일부는 직업상 자본주의자들이었다.

다른 사람들 ― 애덤 스미스 연구소나 경제문제연구소 사람들과 같이 ― 은 자본주의의 미덕을 증진시키려는 의욕을 가진 이념가들로 이해될 수 있다. 또 다른 사람들은 산업과 이념가 모두와 밀접한 관계를 갖고 있는 정치인들이다. 이 정치인들의 일부는 영이나 테빗처럼 정부에 소속되어 있다. 이 네트워크들은 방송 이슈에 대해 비공식적인 연합 이익집단으로 활동했다. 이 연합은 비즈니스의 세계와 정책의 세계를 연결하는 국가의 공식적인 체계의 안팎에서 작동했다.[29]

정책 논의들에서 초점은 BBC 재원조달 위원회였다. 이 위원회의 위원장은 신자유주의 경제학자 앨런 피콕이었다. 그는 '자유시장'을 옹호하고 '문화 경제'를 주창한 '반체제'주의자였다. 피콕은 영향력이 큰 신자유주의 싱크탱크 경제문제연구소의 이사였고 영국 최초의 사립 대학교인 버킹엄대학교의 부총장이었다.[30] 샘 브리턴도 피콕 위원회의 위원이었다. 위원회의 위원들은, 나중에 경제문제연구소에 합류한, 센토 벨라노프스키(Cento Veljanovski)의 자문을 받았다. 또 미국 여행 뒤에 통화주의로 전향한 전직 ≪더 타임스≫의 경제 에디터 피터 제이의 비공식적인 자문을 받았다. 제이는 미국 체제 중에 밀턴 프리드먼과 친구가 되었다.[31] 피콕 위원회는 수신료를 폐지하고, 대처가 바라는 대로, BBC가 광고를 하도록 권고할 것이라는 기대를 받고 있었다. 그러나 최종 보고서는 이 안을 채택하지 않았고 대신에 "BBC는 소비자 주권에 기초해 복잡한 시장 체제로 나아가야 한다"라고 권고했다.[32] 위원회의 주요 권고사항은 프로그램을 민간 부문에 의뢰하는 독립제작 쿼터를 도입하라는 것이었다.

피콕 위원회가 활동하는 동안 BBC의 편성에 대해 일련의 강력한 공격이 가해졌다. 가장 심한 공격은 〈리얼 라이브즈(Real Lives)〉 다큐멘터리 시리즈 중 신페인당(Sinn Fein)(북아일랜드와 아일랜드공화국의 통합을 원하는 아일랜드 정당 _옮긴이)의 마틴 맥기네스(Martin McGuiness)와 인터뷰한 내용을 다룬 〈연합왕국의 가장자리(On the Edge of the Union)〉에 대한 것이었다. 이 프로그램을 20년이 지나 돌아보면서 프로듀서 폴 하먼(Paul Hamann)은 맥기네스와 그의 DUP(Democratic Unionist Party)(아일랜드 자치안에 반대하는 북아일랜드 정당 _옮긴이) 상대인 그레고리 캠벨(Gregory Campbell)이 '무정한 고집쟁이들'이었고 프로그램을 만든 이유는 '그들 입장의 무익함'을 드러내기 위함이었다고 말했다.[33] 영국 국방 의용군의 일원이며 국방을 중시하는 BBC 부사장 앨런 프로서로는 경영위원회에 프로그램이 "두 공동체 모두에 존재하는 극단주의자들 간의 뿌리 깊은 분열을 확실하게 보여주었고", 비록 프로그램이 적절한 위임 절차를 거치지 않았지만 "지역의 보안 담당자들과 모든 문제를 협의하면서 촬영했다"라고 강조했다.[34]

내무상 레온 브리턴(Leon Brittan)은 이 문제를 다르게 보았다. 그래서 경영위원회를 점차 정치화했다. 브리턴은 프로그램을 실제로 보지 못했지만 그럼에도 BBC 경영위원장 스튜어트 영(Stuart Young)에게 만약 그 다큐멘터리가 방송되면 BBC는 '시청자들을 무차별적으로 살해할 수 있는 능력과 준비성, 그리고 그러한 의도를 가진 자들에게 매우 가치 있는 연단을 제공'함으로써 '실질적으로 테러를 돕는 결과'가 될 것이라고 편지로 불만을 표시했다.[35] 이에 대한 답으로 경영위원들은 전례 없이 프로그램을 사전에 살펴보는 조치를 취했고 '이 프로그램의 의도가 계속 오독될 수 있고 잘못 해석될 수 있기 때문에 그 프로그램을 현재 형태로 방송하는 것은 현명하지 못하다'고 결정했다는 사

실을 내무상에게 통지했다.[36]

정부, 그리고 부사장 마이클 체클랜드가 지적한 대로 머독 신문들의 압력[37]으로 이미 예고된 방송을 취소하기로 한 경영위원회의 결정은 BBC 직원들의 1일 파업을 불러왔다. BBC 집행부와 경영위원들 간의 심각한 갈등이 뒤따랐다. 경영위원들은 BBC가 어떻게 저널리스트들을 관리할 것인지 알아야겠다고 강력히 요구했고 사장 앨러스데어 밀른에게 만약 그 다큐멘터리를 추후 방송하겠다고 발표하면 그를 해고하겠노라고 위협했다.[38]

〈연합왕국의 가장자리〉는 약간의 수정을 거쳐서 결국 1985년 10월에 방영되었다. 미디어 학자 스티븐 바넷은 〈리얼 라이브즈〉 논란이 BBC의 독립성을 예증한다고 주장했다. 바넷이 보기에 중요한 것은 그 논란이 'BBC의 의지, 또는 BBC 저널리스트들의 의지, 또는 직업적인 저널리스트로서의 긍지, 또는 강력한 정부로 인해 불편해진 상황에서도 독립적이고 비당파적인 저널리즘을 추구하려는 BBC의 결의가 약화되지 않았다'는 것이다.[39] 그러나 이러한 평가는 이 사건 또는 유사한 사건들의 장기적인 의미를 완전히 놓치고 있다. 프로그램에 당장 충격을 주지는 않았지만 이런 경우들은 BBC의 문화와 정책에 지속적인 영향을 미칠 수 있다. 이 사건으로 집행부와 경영위원회 간에 균열이 생겼고, 시턴에 따르면, 경영위원들은 밀른을 해임하기로 결의했다.[40]

1986년 10월, 〈리얼 라이브즈〉 논란이 있고 난 1년 뒤, 포클랜드 전쟁 동안 BBC의 보도에 격분했던 보수당 대표 노먼 테빗 — BBC 보도를 '말 주변 좋은 공정성', '정교한 공명정대함'이라고 비난한 바 있다[41] — 은 총회에서 BBC 프로그램을 감시하는 조직을 보수당 중앙 사무소에 설치했다고 발표했다. 같은 달에 BBC 경영위원장이 새로 임명되었다. 전 사장 이안 트레소언은 대처에게 (그녀가 신뢰하는 우드로 와이엇을 통해) BBC를 훈육하기 위해 새로 정관을 마련하거나 조직 구조를 바꿀 필요가 없다고 조언했다. 경영위원회는 '전능했으며' 위원들은 정치적으로 임명되었다. 필요한 것은 강력한 위원장이라고 그는 말했다.[42] 스튜어트 영(대처 내각의 장관이자 전직 정책연구센터 국장 데이비드 영의 동생)이 사망하자 트레소언의 오랜 친구이자 전직 타임스 이사인 마마듀크 허시가 경영위원장으로 임명되었다.[43] 대처는 허시를 임명하기 전 루퍼트 머독과 상의했고 보도된 바에 따르면 허시는 테빗의 사무실에서 '거기에 들어가서 정리하시오'라는 메모를 받았다고 한다.[44]

허시는 부임하면서 1984년 1월에 방영된 〈파노라마〉 프로그램의 〈매기의 호전성(Maggie's Militant Tendency)〉편[45]과 관련해 계류 중이던 명예훼손 사건을 해결했다. 이 프로그램은 보수당에 극우 집단이 침투했다고 주장했고 보수당의 우익 의원들 몇몇을 거명해 논란이 되었다. 닐 해밀턴(Neil Hamilton)과 제럴드 호워스(Gerald Howarth) 의원이 명예훼손 소송을 제기했고 이들을 돕기 위해 경제문제연구소의 소장 랠프 해리스가 우익 금융업자 제임스 골드스미스(James Goldsmith)와 함께 약 10만 파운드의 기금을 마련했다.[46]

듀크 허시는 몇 달 동안 부위원장 조엘 바넷(Joel Barnett)의 도움을 받아 앨러스데어 밀른의 사퇴를 획책했다. 허시는 먼저 그런 계획을 지지하던 전직 BBC 경영위원장 마이클 스완과 협의했다. 그와 바넷은 날짜를 정하고 '그 일을 신속하고 무자비하게 처리하기로' 결의했다.[47] 밀른은 1987년 1월 29일에 그 자리에서 해임되었다. 해임을 실행하는 시간은 당일 오후로 예정된 수상에게 질문하는 자리에서 거론되지 않도록 정해졌다. 밀른은 점심 식사를 하러 가는 길에 비서실의 패트리샤 호지슨(Patricia Hodgson)에 의해 위원장실로 안내되었다. 대처주의자 호지슨은 나중에 미디어 규제기관 오프콤(Ofcom)의 책임자가 되었다. 밀른의 회계사에 따르면, 바넷 옆에 앉아 있던 허시는 밀른에게 "당장 그만두시오"라고 하면서 밀른의 해임이 경영위원회의 만장일치 결정이라고 말했다. 그는 연금을 잃을 수도 있다는 협박을 받았고 사직의 이유를 '개인적인 사유'로 해달라는 요청도 받았다.[48] 전직 BBC 경영위원 켄 블룸필드(Ken Bloomfield)의 말에 따르면 허시와 바넷은 '단호한 야수성(decisive brutality)'으로 밀른의 해임을 처리했다.[49] 강제로 퇴임된 밀른은 자신이 받은 충격과 모멸감에 대해 "한 마디 설명이나 논의도 없이 그런 사람들에 의해 내쳐졌다"라고 자서전에 기술했고 이름을 밝히지 않은 '저명한 영국의 방송사'로부터 받은 다음과 같은 편지 내용을 언급했다. "당신에게 일어난 일은 방송 오명의 역사에 높이 평가될 일이다."[50]

시턴은 자신의 책에서 밀른이 〈매기의 호전성〉 편에 관해 '경영위원들을 오도'했고, 허시가 임명되기 오래 전부터 경영위원회는 이미 그의 해고를 계획했다고 주장한다.[51] 그렇지만 그녀는 이러한 주장을 뒷받침할 증거에 대해서는 언급하지 않았다. 그녀의 주된 정보원은 허시의 쿠데타를 도운 패트리샤 호지슨인 듯하다. 중요한 것은 그녀가 제시한 증거가 그녀의 해석을 의문시하고 있다는 것이다. 예를 들어 그녀는 허시와 바넷이 "밀른의 해고가 정치적 이유에서 이루어졌다는 의심을 피하려고 (밀른이) 무능하다는 증거를 원했다"라고 기술했지만, 나타난 자료 중 무엇에서도 그런 증거가 될 만한 것이 없었다. 그녀는 경영위원회에서 밀른을 지지했던 알윈 로버츠(Alwyn Roberts)를 언급했다. 로버츠의 은퇴 기념 만찬회가 밀른의 강제해고 전날 밤에 열렸는데 그는 다음날 계획된 일에 대해 알지 못했다. 이 모든 것은 오만하고 종잡을 수 없는 편집책임자와 개혁적인 공익의 수탁자 경영위원회 간의 신뢰 붕괴에서 비롯되었고 해결책으로서 밀른의 해고가 불가피했다고 보는 그녀의 해석을 약화시킨다. 반대로, 그것은 당시 우세하던 해석을 지지한다. 이러한 해석은 정치화된, 그리고 정치적으로 임명된 경영위원회가 드러내놓고 BBC 경영진을 참수한 것이었다.

밀른은 분명 급진적이지 않았다. 그는 옥스퍼드, 그리고 기득권층의 중심지에 자리한 전통 있는 사립학교들 중 하나인 윈체스터대학교에서 교육을 받았다.[52] 그는 BBC가 우익이라는 토니 벤(Tony Benn)(노동당 정치인 _옮긴이)의 주장을 '터무니없다'고 일축한 적도 있었다. 그러나 〈투나잇(Tonight)〉과 〈그것이 바로 그 주(That Was the Week that Was)〉의 제작을 비롯해 직장 생활의 거의 전부를 BBC에서 보내면서 그는 BBC가 수십 년에 걸쳐 겪은 제도적 변화를 상징하는 인물이 되었다. 그는 반전 운동과 반인종주의 운동을 목도했고 1960년대의 대항문화도 경험했다. 그는 정치적 풍자와 좀 더 계급의식 있는 다큐멘터리와 드라마의 출현에 관여했고 보다 독립적이고 이전보다 지배계층과 거리를 두는 조직을 형성하는 데 이바지했다.[53] 밀른은 전통적으로 BBC 지도부가 지지해온 것보다 더 실질적으로 방송의 독립을 구현하고자 했다. 보다 중요한 것은, 헨디가 말했듯이, "[BBC 경영위원회가] 그를 기질적으로 피콕 위원회가 원하는 변화를 추동하지 못하는 인물일 것이라고 보았다"라는 것이다.[54] 바꾸어 말하면, 우익 경영위원들은 자신들이 계획한 BBC에 대한 신자유주의적이고 권위주의적인 조사를 그가 실행에 옮길 것으로 믿지 못했다는 것이다.

진 시턴은 밀른을 일종의 순교자로 기리면서 1987년 사건에 대한 자신의 평가를 정리했다. 밀른의 직업적인 죽음을 통해 BBC가 '전략적으로 잘 훈련된' 개혁가들에 의해 다시 태어날 수 있었다는 것이다. 이 놀랍게도 낙천적인 평가는 밀른의 해임 뒤에 시작된 BBC의 변혁에 대한 시턴의 보다 앞선 분석과 궤를 같이한다. 시턴이 보기에 'BBC가 직면했던 가장 단호한 맹습에도' BBC가 살아남은 것은 프로젝트의 성과였다. 프로젝트의 목적은 첫째로 'BBC를 정부로부터 구하는 것'이었고, 둘째로 '내부로부터 BBC를 재설계하는 것'이었다.[55] 그러나 시턴이 인지하지 못한 것은 이런 재설계가 정치적 압력 아래 진행되었을 뿐만 아니라 대처가 시작한 사회적·정치적 변화 프로젝트의 일부였다는 것이다. BBC는 자신의 존재를 위협하는 것들을 극복했지만 존속의 대가로 부상하고 있는 신자유주의적 질서를 수용해야 했다.

밀른의 후임 마이클 체클랜드는 '뉴스와 시사 부문에 매우 필요한 점검을 성공적으로 감당할 수 있는 부사장을 영입한다'는 조건으로 임명되었다. 존 버트는 부사장으로 임명되었다.[56] ITN의 회장 폴 폭스(Paul Fox)와 타임스 신문사 시절 알고 지낸 피터 제이가 허시에게 버트를 '강력하게 추천했다'.[57] 런던 위켄드 텔레비전(London Weekend Television)의 프로그램 국장으로서 버트는 지식인 대상의 시사 프로그램 〈위켄드 월드(Weekend World)〉를 총괄했다. 이 프로그램은 '1970년대 영국의 경제 논의의 중심부' 역할을 했다.[58] 피터 제이가 진행을 맡았고 샘 브리턴과 같은 통화주의자들, 그리고 런던 비즈니스 스쿨의 경제학자 앨런 버드(Alan Budd)와 테리 번스(Terry Burns) 등이 출연했다. 번스는 버트와 가까운 친구가 되었다. 그는 버트가 "다양한 통화정책 수단이 갖는 의미에 대해서 매우 침착하게 설명했다"라고 회고했다.[59] 버트는 보수당의 유력 정치인이자 신자유주의자 키스 조지프를 "1970년대 동안 여러 차례 만났고, 때때로 점심을 같이 했다".[60] 그는 경제문제연구소의 세미나에도 자주 참석했고 거기서 밀턴 프리드먼이 강연하는 것도 보았다.[61] 피터 제이 다음에 〈위켄드 월드〉의 사회를 맡은 브라이언 월든(Brian Walden)도 경제문제연구소의 세미나에 정기적으로 참여했다. 경제문제연구소의 국장 랠프 해리스는 나중에 월든이 "우리가 소중히 여기는 징표가 되었고" "그의 텔레비전 프로그램에 우리를 자주 출연시켰다"라고 말했다.[62]

이런 직업적인 관계와 개인적인 우정을 통해 버트 ─ 자신의 설명으로는 정치적으로 순진한 채 대학을 떠났고 약간 좌파적 자유주의자였던 ─ 는 확고한 신자유주의자가 되었다. 그는 자신의 정치적 변화를 다음과 같이 요약한다.

나는 자유시장 메커니즘으로 전향했다. 나는 국가가 기업을 운영할 수 있다는 것에 매우 회의적이었다. 나는 노동조합에 의한 권력의 남용을 점점 더 혐오했다. 내가 일하는 산업에서는 더욱 그러했다. 국가가 모든 문제를 해결할 수 있고 공공 지출이 계속 늘어날 수 있다는, 1960년대에 가졌던 분별없는 확신이 근거가 박약한 확신임을 알게 되었다.[63]

1987년 그가 BBC의 부사장으로 임명되었을 즈음에 버트는 '시장의 가치로 전향한' 지 이미 오래였다. 더욱이 그는 '기득권에 적대적'이었고 '심한 저항 속에서 변화를 이끈 (런던 위켄드 텔레비전에서의) 경험'이 있었다.[64]

그는 BBC의 근본적인 쇄신이라는 정치적 과제와 개인적인 의지를 함께 갖고 부임했다. 그는 BBC에서 자신이 생각하는 좋은 저널리즘과 좋은 경영을 구현하려고 했다. 피터 제이의 영향을 받아 버트는 분석의 엄격성을 결여한 저널리즘을 비난했다. 그는 정치적·경제적 문제들을 근본적인 원인 — 이는 1970년대에 정치적·경제적 위기를 악화시켰다 — 에 대한 분석 없이 나타난 현상에만 집중해 보도하는 것을 배척했다. 여러 비평가들이 주장했듯이 텔레비전은 정치적 편향이 없었다. 오히려 '이해에 반하는 편향성'에 책임이 있었다.[65] 버트와 제이에 따르면 해결책은 뉴스와 시사를 구별하지 않는 것이었다. 그리고 시사에 맥락과 분석을 보다 더 도입하고 정치·경제 문제에 상세한 정보에 기초한 분석을 제공하기 위해 전문기자를 선발하는 것이었다.[66]

이것은 본질적으로 버트가 부사장으로서 도입하려는 변화를 뒷받침하는 철학이었다. 부임 뒤 두 달이 지나고 나서 그는 BBC의 고위 관리자들 전체를 서리(Surrey)에 소재한 호텔에 소집해 나흘 동안 회의를 진행하며 뉴스와 시사 부문을 통합하는 계획을 발표했다. 이것은 전문성을 가진 저널리스트들이 보도하는 '권위 있고 분석적인 저널리즘'을 생산하겠다는 것이었다.[67] 버트로서는 실망스럽게도, 그가 제안한 변화는 직원들로부터 환영받지 못했다. 그는 직원들이 "내가 외부에서 와서는 BBC의 저널리즘을 거세하려 한다고 걱정했다"라고 회고했다.[68] 버트가 부임한 뒤 곧 BBC를 떠난 제임스 롱(James Long)은 다음과 같이 말했다.

사람들을 정말로 괴롭히던 것들 중 하나는 점점 원고의 승인을 받는 쪽으로 나아간다는 것이었다. 그때까지는 전문기자로서 일정을 어떻게 짤지, 어떤 기사를 다룰지, 어디서 취재할지 등 거의 모든 것을 예산에 따라 내가 결정했다. "이것이 기사다"라고 내가 말하면 "우리가 더 잘 안다"라고 말할 사람이 없었다. 회사를 떠났지만 난 지금도 케이트 에이디(Kate Adie)와 마틴 벨(Martin Bell), 그리고 많은 사람들과 연락하며 지낸다. 그들은 새로운 상황, 즉 당신이 어디선가 데스크에 전화해서 요점을 언급하려 하는데 당신이 말을 시작하기도 전에 그들이 먼저 "그런데 우리는 이 사건을 이렇게 본다"라면서 취재를 위해 현장에 나와 있는 당신에게 기사가 어떠해야 하는지 말하는 상황에 처할 수도 있는 것을 매우 실망스러워했다. 농담처럼 들리겠지만 이런 식이 되었다. 다소 중앙집권적이고 통제하려는 식의 새로운 관료주의가 나타나고 있다.[69]

버트는 '조직의 답답한 보수주의와 타성, 공무원 문화, 변화에 대한 적의'에도 불구하고 자신의 과업을 수행했다고 스스로 평가한다. 그는 "나는 바보 같은 남작주의(baronialism)와 의사방해(obstructionism)에 맞서 많은 전선에서 싸웠다"라고 회고한다.[70] 일반적인 채용절차를 밟지 않고 그는 직접 임명을 통해 경영진을 구성했다. 한편 그는 경영위원회에 있는 자신의 부대가 "BBC 저널리스트들 중에 있는 저항세력들과 계속 싸우고 있어 벽에 피가 튈 수도 있다"라고 주의를 주었다.[71] 버트의 호전성에 필적하는 것은 그의 자기 연민뿐이었다. 그는 '친구가 없는 상태'에서 중요하지만 생색이 나지 않는 일을 계속했다고 불평한다. 그는 '직장에서의 마음의 벗들'인 하월 제임스(Howell James)와 패트리샤 호지슨, 그리고 '바위처럼 굳세게' 그를 지지해주는 경영위원장 허시에게서만 위안을 받았다고 말한다.[72] 1987년 12월, 많이 낙심해 있던 그를 위해 그의 '친구들'이 '버트를 격려하는 저녁 모임'을 열었다. 채널 4의 리즈 호건(Liz Horgan)은 모임의 의도가 "그의 새로운 일

에 딸려 있을 것 같은 모질고 유별난 형벌에서 존을 구출하는 것"이었다고 말한다.[73]

버트는 매우 인기가 없었지만 허시와 나머지 경영위원들의 지원을 받아 실로 '막강했다'. 그래서 그는 회의적이고 사기가 저하된 직원들에게 자신의 계획을 따르게 할 수 있었다. 그의 권위는 야심찬 직원의 승진을 통해 발휘되었고 낡은 '제도화된 이데올로기들'에 물들지 않은 새로운 인력의 영입을 통해 강화되었다. 전직 뉴스·시사 부문 간부는 본에게 다음과 같이 말했다. "버트가 부임했던 1987년에 뉴스·시사 부문의 간부 대부분이 쫓겨나는 피의 숙청 사건이 있었다. 그것은 무자비한 불시의 일격이었다."[74] 버트와 그의 부관들은 '대대적인 충원과 배치 활동'에 돌입해 민간 부문에서 '80명의 전문기자들'을 영입했고 기존 직원들 가운데 상당수를 조기 퇴직시켰다.[75] 이렇게 충원된 사람인 피터 제이는 1990년에 경제·비즈니스 에디터로 임명되었다.

좋은 저널리즘이라는 버트의 비전은 편집권의 확대와 새로운 인력의 충원뿐만이 아니라 BBC 저널리즘이 실행되는 물리적 공간도 바뀌어야 이루어질 수 있는 것이었다. 버트의 각별한 골칫거리는 라임 그로브 스튜디오였다. 물리적으로 거리가 멀고 건축학적 견지에서 볼 때 복잡한 이 건물 다발은 버트가 추구하는 관료주의의 합리화에 맞지 않았다.

외부자에게는 당혹스러운 비밀스러운 구조의 라임 그로브 스튜디오는 본사에서 꽤 떨어져 섬처럼 고립된 자치구였고, 통제받지 않는, 그리고 버트가 뿌리 뽑고자 하는 피상적인 저널리즘을 상징했다. 버트는 자서전에서 라임 그로브를 다음과 같이 묘사했다.

런던 해머스미스(Hammersmith)/셰퍼즈 부시(Shepahards Bush) 지역의 한 주택가에 부자연스럽게 자리 잡은 센터는 영국 방송의 고먼가스트(Gormenghast)(영국 작가 머빈 피크의 공상 소설 _옮긴이) — 낡고 금방이라도 무너질 듯한, 얽히고설킨 복잡한 빌딩, 현대적인 프로그램 제작에 적합하지 않은, 비밀 패거리를 감춰주는 미로 같은 건물 — 였다.[76]

버트는 나중에 한때 BBC 뉴스·시사 프로그램을 진행했던 '여러 낡은 건물들'을 '텔레비전 센터의 현대적이며 특정한 목적을 위해 지어진, 또한 기술적으로 선진화된 복합건물', 그리고 의회 맞은편에 자리한 밀뱅크(Millbank) 스튜디오와 비교했다.[77] 화이트 시티 원(White City One)은 이 지역에 있는 또 하나의 사옥으로 BBC의 시사 프로그램 다수가 여기서 제작되었다. 전직 BBC 저널리스트는 이곳을 "아마도 엔지니어 한 명만이 의뢰할 수 있을 것 같은 오싹한 느낌의 은빛 건물", 그리고 "버트의 관리 스타일을 보여주는 건물"이라고 언급했다.[78] 직원들에게 두루 인기가 없었던 사무적인 복합건물은 유연성을 발휘하도록 설계되었다. 이 사옥은 유리 파티션을 두어 최소 비용으로 공간을 나눌 수 있도록 했는데, 이것은 노동자들을 즉시 또는 단기간 수용할 수 있다는 것을 의미했다.[79]

BBC 저널리즘을 개편하고 나서 버트는 재원과 관리 문제에 주의를 돌렸다. 그는 BBC를 '세계에서 가장 잘 관리되는 공공부문의 조직'으로 바꾸겠다고 천명했다.[80] 1990년 한 해 동안 버트는 'BBC 개혁의 실질적인 동인이 창출되는 곳'인 텔레비전 자원 조사(Television Resources Review)를 총괄했다.[81] '조사'는 BBC 제작의 축소를 기대하고 이루어진 경비 절감을 연습하는 곳이었다. 피콕이 권고한 독립제작 쿼터가 도입됨에 따라 BBC의 제작물량은 그만큼 축소되어야 했다. 버트는 BBC '기구'를 조사하기 위해 쿠퍼스 앤 라이브랜드(Coopers & Lybrand)의 선임 경제전문가가 구성한 회계사들의 팀을 비롯해 '일단의 사람들'을 소집했다.[82]

버트는 이 그룹의 조사 결과에 "불쾌했고 또 놀랐다"라고 말한다. 이 그룹은 버트에게 내부 시장 제도의 도입이라는 '과격한' 안을 제시했다. 이 제안의 이유는 "끝없는 낭비를 낳고 있는 중앙 통제 경제를 일소하려는 것"이었다고 버트는 밝혔다.[83] 이 새로운 계획은 당시 국민건강서비스(NHS)에서 추진하고 있던 '내부 시장'과 구별하기 위해 '프로듀서 선택제(Producer Choice)'라고 불렸다. 시턴에 따르면, 이 용어는 "홍보와 관련해 경종이 울리고 그에 따라 브레인스토밍 회의를 하고" 난 뒤에 정해졌다.[84]

1991년 7월, 프로듀서 선택제는 경영위원회의 승인을 받았다.[85] 경영위원회는 한 주 뒤에 버트를 체클랜드의 후임으로 정했다. 이 임명은 BBC 상층부의 급진적인 개혁가 무리가 마지막 난관을 돌파했다는 것을 상징했다. 버트는 "나는 BBC의 권력 구조와 기득권을 최초로 타도하려는 목적으로 허시가 주도한 일격을 통해 권력을 갖게 되었다"라고 회고했다.[86]

프로듀서 선택제는 BBC를 재정상 자주적인 단위들로 재편해 개별 단위가 서비스를 사고 팔 수 있게 하는 것으로, 민간부문과 가격을 직접 비교할 수 있는 거래 시스템을 만들어 개별 단위들이 각각의 재원을 마련하도록 했다. BBC는 개별적인 '단위들(units)'로 분리되어야 했는데, 일부 단위는 프로그램 제작에 참여했고, 다른 단위는 제작 자원

을 판매했다. 후자는 '리소스 비즈니스 유닛(Resource Business Units)'
이라 명명했고, 전자는 '프로덕션 비즈니스 유닛(Production Business
Units)'이라 명명했다. 이 시스템에 중요한 것은 이들 개별적인 유닛이
재정상 자주적이어야 하고 '수지가 맞아떨어져야 한다'는 것이었다.
한 BBC 문서에는 "이것은 개별 관리자들이 예산 안에서 지출을 관리
하는 것보다 일을 더 많이 해야 한다는 것을 의미한다. 그들은 이제
'지출을 감당할 수 있도록 수입을 올려야' 한다"라고 적혀 있었다.[87]

　중요한 것은 리소스 비즈니스 유닛이 외부 사업자들과 경쟁한다는
것이었다. 유닛들은 가격을 놓고 경쟁하지만 그들의 서비스를 외부에
제공하는 것은 허용되지 않았다. 예외적으로 '남은 능력'으로 비용을
충당하는 것만 인정되었다.[88] 프로덕션 유닛들은 수지를 맞춰야 했지
만 외부 사업자들로부터 서비스를 구입하도록 허용되었고, 더욱이 장
려되었다. 이것은 BBC로 하여금 처음으로 일반기업과 함께 비용에 기
초한 경쟁을 하게 만들었다. 주장된 바로는, 프로듀서 선택제는 '날카
로운 비즈니스적 강점'을 만들어내고 '프로그램 제작에서 가장 효율적
이고 비용 효과가 큰 방법을 찾도록' 직원들을 고무할 것이었다.[89]

　이런 야심찬 계획을 실현하기 위해서는 방대한 관료체제를 새로이
구축할 필요가 있었다. 텔레비전, 지역, 네트워크 라디오, 뉴스·시사,
교육, 재정 등의 부문마다 프로듀서 선택제 '실행 그룹(Implementation
Groups)'이 구성되었고 각 그룹에는 컨설턴트가 한 명씩 배치되었
다.[90] 새로 예산과 기획 시스템이 개발되었고 계약으로 보증하는 입찰
과 가격 조정을 위해 '상업상 규칙'이 제정되었다. BBC 내에서 모든
것의 가치는 계량화되어야 했다. '원가가 완전히 산정된 상태에서' 시
스템이 작동되기 위해서는 내부 거래를 위한 가격 시스템을 개발하는

것뿐만 아니라, 프로듀서 선택제의 책임자 마이클 스타크스(Michael Starks)가 지적한 대로, '프로덕션 리소스 부문과 프로그램 제작자 양자 모두에게 간접비, 자본금 등을 매기는 것'도 필요했다.[91] 자산 기재 사항은 자본의 할당을 위해서 점검되었고 프로듀서 선택제 추진단(Producer Choice Steering Group)은 외부의 부동산 전문가들을 영입해 부동산 그룹(Property Group)을 구성했다.[92] 여기서 BBC의 모든 부동산을 파악해 시장가격으로 평가했고, 그 결과를 토대로 비즈니스 유닛들이 부담해야 하는 비용이 산정되었다. 이것은 새 시스템이 '모든 이용자에게 자신들이 이용하고 있는 공간의 사용료를 부과할 수 있게' 하기 위함이었다고 스타크스는 설명했다. 사용료는 '공간의 규모와 해당 부동산의 시장 가격으로 결정'될 것이었다.[93]

프로듀서 선택제는 1993년 4월 1일부터 시행되었다. 준비 기간 동안에 버트는 '훈련과 교정을 위한 많은 프로그램'을 마련했다.[94] 세미나와 훈련 기간은 'BBC 구매자들과 BBC 판매자들이 서로 맺게 될 새로운 관계에 적응할 수 있도록' 설계되었다. 이 관계가 '그 조직의 장래 기풍'을 형성하게 될 것이었다.[95] 스타크스는 '훈련 수요 목록'을 개발하고 '문화변화 프로그램'을 기획하라는 과제를 받았다.[96] BBC 경영진은 런던정경대학 주관으로 '시장 생활(Living in the Market)'이라는 워크숍을 엶으로써 '프로세스를 촉진'하기로 결정했다.[97] '훈련 수요 분석'에 따르면, '프로듀서 선택제가 함축하고 있는 변화에 대한 이해와 유대감'을 강화할 필요가 있었으며, 보다 의욕적으로는 '고위 관리자들이 옹호자가 될 수 있게 지원하고 채비하게' 만들 필요가 있었다.

문화변화 프로그램은 전략적으로 목표를 설정했다. 전 직원의 6%만이 하루나 이틀짜리 훈련코스에 참여했는데 훈련인원이 적정 수준에 이를 때까지 이 훈련을 '단계적으로 해'나가려 했다.[98] 전체적인 계획은, 관료제의 구속에서 벗어나는 것을 강조하면서, 기존의 경영관리 시스템을 통해 실행되었다. 새로운 체제에 협력할 관리자를 찾는 일이 우선적인 과제였다. 개별적인 BBC 부서의 실행 그룹마다 제시된 비즈니스 유닛의 책임자를 찾기 위해 한 달의 기간이 주어졌다.[99] 경영 지원 — 또는 준법 감시 — 은 보상 또는 인센티브 제도를 통해 격려되었다. 이런 제도에서는 의사-시장(quasi-market) 인센티브가 '비즈니스 유닛'의 구조와 관행을 형성하듯이 개인의 행동을 형성할 것으로 기대되었다.

프로듀서 선택제 실행 그룹은 '보상과 인센티브'를 위한 '철학과 구조'를 개발해야 하는 책임을 졌다.[100] 또한 '기존의 급여 및 상여 체제가 프로듀서 선택제하에서 보상과 인센티브를 부여하는 데 활용되도록' 권고했다. 이것은 '역할의 전반적인 이행 정도를 반영해 지급되는 급여'뿐만 아니라 '구분된 목표들의 성취를 표창하는 여러 상여금의 총액'까지 포함하는 것이었다.[101] 이런 권고사항들을 따르는 '개인 및 팀 성과에 대한 금전적 보상' 시스템이 개발되었고 이 시스템은 '기본급과 인센티브 평가를 거쳐 운용'되었다.[102]

프로듀서 선택제 시스템은 1993년 4월에 발효되었고, 버트가 의기양양하게 선언했듯이 '역사상 처음으로 BBC는 거래 기관이 되었고 계획경제에 종지부를 찍게 되었다'. 노동의 비정규화가 새로운 관료체제의 핵심이었다. BBC는 일생 동안의 직업 안정성을 상징했던 곳이었지만 버트 체제하에서는, 완곡하게 표현하자면, '유연한 노동 시장' 쪽으로 옮겨갔다. 점차 위태로워지는 고용 조건은 개별 노동자에게 부정적인 영향을 주었을 뿐만 아니라 BBC가 구현한다고 믿고 있던 공공 서비스 정신까지 쇠퇴시켰다. 버트에 의해 낭비와 비효율의 원인으로 비난받는 '요람에서 무덤까지의 안정성 기대'가[103] BBC에 대한 충성심과 공영방송에 헌신하려는 의지를 불러일으키고 창의성을 북돋았으며, 프로그램 제작에서 위험을 감수하게 했다. 이 모든 것이 버트 체제에서 위협받는 것으로 보였다.[104] BBC의 상업화에 대해서는 반대가 심했다. BBC 지도부가 공영방송의 중요성을 계속 강조했지만 직원들은 '가격이 만사가 된 듯한 시스템'에서는 '공공서비스 정신의 역할과 위상'이 분명하지 않다고 생각했다.[105]

버트의 개혁에서 이것은 통렬한 역설이었다. 특히 자유와 권한이양을 그토록 강하게 강조했다는 점에서 그렇다. 사실 개혁은 경영 및 편집 권한의 강화와 집중이라는 결과를 낳았다. 버트의 리더십은 매우 권위주의적이었다. 전 동지이자 당시 텔레비전 중역이던 마이클 그레이드(Michael Grade)는 버트의 BBC가 '엄격한 규율'의 일터가 되었고 직원들이 '공개적으로 발언하는 것을 두려워하는' 곳이 되었다고 책망했다. 한 전직 BBC 프로듀서는 버트가 "스스로 독재자가 되었고 자신의 밑에 있는 사람들의 자신감을 약화시켰다"라고 말했다.[106] 그런 주장들은 프로듀서 선택제 평가단(Producer Choice Evaluation Study)에 제출된 증거들에 의해 지지되었다. 평가단의 한 사람은 '거의 협의 없는 독단적인 결정'과 '공포에 의한 지배'라고 언급했다.[107]

게다가 효율을 매우 강조했음에도 프로듀서 선택제로 인해 행정절차가 줄어들기보다는 더 늘었다. 왜냐하면 프로듀서 선택제가 새롭고 복잡한 여러 절차를 요구했기 때문이다. 버트도 인정했듯이, 새로운 절차로 인해 '금융부문에서 외부의 숙련된 인력을 대거 유입'해야 했다.[108] 비평가들은 새로운 체제하에서 "창의적인 직원들은 변호사, 회

계사, 비즈니스 업무 간부, 정책 관료 등의 무리에 치였다"라고 평가했다. [109]

1993년 7월, BBC 재원·기술 부문의 국장 로드니 베이커-베이츠 (Rodney Baker-Bates)는 "프로듀서 선택제하의 생활은 서류 과부하, 번거로운 절차, 쓸데없는 거래, 그리고 과도한 복잡성으로 규정된다"라고 우려를 표명했다. [110] 평가단도 비슷하게 "많은 사람들이 작업부하(보고, 행정, 협상, 계약 등 포함)가 늘었다고 토로하고 있다"라고 지적했다. [111] 또 다른 문서는 "서류 작업이 증가하고 관리가 불가능할 정도까지 거래량이 엄청나게 증가했다는 데 이견이 없다"라고 지적했다. [112]

사납고 거센 버트의 BBC 통제주의는 보수와 진보를 가리지 않고 언론 전반에서 비판받았다. 보수적인 유머작가 쿠엔틴 레츠(Quentin Letts) ― 그는 '영국을 망친 50명의 인물'에서 버트를 여섯째로 꼽았다 ― 버트가 '시스템과 절차, 권력 도표, 책임 경로에 사로잡혀' 있었고 'BBC를 통계에 의존하는 바벨탑으로 바꿨다'고 통렬히 비난했다. [113] 레츠에게는 버트 체제에서 관료주의가 늘어났다는 사실(버트 재임 동안 '간접비'가 60% 이상 증가했다고 그는 지적한다)은 버트가 결코 '자유시장 합리화의 주체'가 아님을, 버트는 사실 '국가의 거석기념물 제작자'임을 최종적으로 입증하는 것이었다. [114] 이 주장은, 그럼에도 불구하고, 신자유주의를 통해 '형식주의적인 절차를 줄이고' 원가절감과 효율증대를 실현하겠다는 약속을 대체로 이행했다고 추정하고 있다. 그러나 실제로는 이러한 약속은 이행되지 않았으며 오히려 정반대의 결과를 낳았다. [115] 시장이든 유사시장이든, 재정담당 관료들은 늘어나는 경향이 있는데, 신자유주의의 미사여구 너머를 간파한다면 그 이유를 어렵지 않게 알 수 있다. 시장을 만드는 일은 규제감독과 회계감사, 또는 내부 감시와 보고 등 어떤 형태이든 책임과 통제의 메커니즘뿐만 아니라 복잡한 계산상의 과정까지 필요로 한다. 이 점에서 버트주의의 아이러니는 그야말로 신자유주의 혁명의 아이러니를 재현했다. 프로듀서 선택제는 효율성을 가져오지 않았다. 그러나 프로듀서 선택제는 공공서비스 정신을 손상시켰고 사무적인 풍조를 퍼지게 했으며 BBC의 여러 작업을 민간 부문과 통합했다. 또한 체클랜드 사장 시절에 시작된 신자유주의화 과정을 확대하고 또 가속했다. 버트의 급진적인 개혁 프로그램이 시작되기 전에 BBC는 이미 독립제작 쿼터를 '수용'했고 '부수적인 지원 서비스'를 외주했다. 마이클 스타크스는 프로듀서 선택제가 "이들 발전을 더 촉진했고 …… 1980년대 말 시작된 더 발전된 과정들을 진척시켰다"라고 지적했다.[116] 그것은 25%의 독립제작 쿼터와 함께 BBC를 자본주의 시장에 통합하는 결과를 낳았다.

이로 인해 프로그램 제작과 의뢰의 전체 과정은 민간 부문과 밀접하게 엮이게 되었다. 민간부문은 프로그램과 자원을 BBC에 판매하기 위해 BBC 인력을 유치했다. 그 사이 BBC는 수신료 수입의 감소분을 벌충하기 위해 상업 활동을 강화했다. 수신료 수입은 이제 프로듀서 선택제로 인해 BBC의 리소스 비즈니스 유닛과 경쟁하게 된 개인 임대주들, 음식 조달·청소·경비·그 밖의 서비스를 제공하는 회사들, BBC 프로그램의 4분의 1을 납품하는 독립 프로듀서들, 그리고 여타의 민간부문 사업자들에게 흘러갔다.[117] 이런 자유시장경제로의 전환은 1996년에 버트가 실행한 구조개편으로 더 강화되었다. 매킨지(McKinsey)의 권고를 따라 BBC는 BBC 프로덕션(BBC Production)과 BBC 브로드캐스트(BBC Broadcast)로 나뉘었다. 전자는 민간부문과 경쟁하며 후자에게 프로그램을 공급했다. 돈과 인력이 민간부문에 들어가고 나오듯이 민간부문의 상업적인 분위기와 작업 관행도 BBC에 스며들면서 BBC 의 조직구조와 작업문화에 영향을 미쳤다. 인류학자 조지나 본은 이것을 'BBC 전역에 이식된 기업가주의(entrepreneurialism)라는 새로운 문화'라고 표현했다. 본은 버트 시기의 개혁들이 '새로운 가치 체계를 형성'했고 BBC는 '시장에 열중하게 되었다'라고 결론지었다.[118] 이들 개혁은 단지 역사적인 것에 그치지 않는다. 그 개혁들의 영향력은 버트의 후임 그레그 다이크의 지휘 아래 다소 줄어들었지만[119] 오늘날 BBC 의 조직을 구성하는 기초가 되었다. 버트는 BBC 직원들의 깊은 회의 감에도 불구하고 프로듀서 선택제가 "BBC의 문화를 근본적으로 바꿨고, 앞으로도 계속 바꿀 것이다"라고 말한다.[120]

제6장

공영방송과 권력

마거릿 대처가 압승하며 집권한 1979년 총선이 있기 몇 주 전에 런던증권거래소 이사장 니콜라스 구디슨(Nicholas Goodison)이 BBC 뉴스·시사 프로그램 회의에 특별 연사로 초대되었다. 1976년에 거래소 이사장에 임명된 구디슨은 전형적인 자본주의자였다. 그는 잉글랜드의 사립학교 출신으로 케임브리지대학교에서 고전학을 전공하고 조부가 설립한 증권회사에 입사했다. 그는 회원들의 지적 역량으로 이름난 애시니엄 클럽(Athenaeum Club)의 회원이기도 했다.

구디슨은 런던증권거래소의 역사를 설명하는 모두 발언으로 부드럽게 회의를 시작했다. 그는 정부 차입과 '자유 경제(free economy)'의 건강성이 매우 중요하다고 역설했다. 그는 한 나라의 성패가 무역과 산업에 좌우되고 거기서 성공하지 못하면 공적 서비스를 제공하는 것이 불가능하다고 말했다. 공공생활에 대한 자금 공급의 중요성을 강조하면서 구디슨은 '오랜 반비즈니스 정서'를 언급했으며 영국의 비즈니스 환경에 대한 우려를 표명했다. 그는 정부 차입을 줄이고 민간 투자를 활성화하기 위해 세율을 낮추고 인센티브 제도를 도입하는 것이 필요하다고 주장했다. 그는 영국의 장기적인 비즈니스 전망을 낙관했다. 그날 회의의 의사록에 따르면 그는 다음과 같이 말했다.

> 그는 …… 법인형 국가에 대한 반발을 감지했다. 그렇지만 높은 수준의 이익이 더 많은 일자리를 창출한다는 것, 국가가 현재 그 자원을 최대한 효율적으로 이용하지 못하고 있다는 것을 국민들이 이해하는 데는 오랜 시간, 아마도 15년 정도 걸릴 것이다.[1]

구디슨은 BBC 고위 임원들의 환심을 사려고 했다. 그 즈음 그는 런던 시내에서 BBC 사장 이안 트레소언, 경영위원 로이 풀러(Roy Fuller)와 저녁 자리를 가졌다. 시인이었던 풀러는 나중에 이 모임에 대해 경영위원회에 보고하면서 구디슨이 '그의 시'에 관심 있다며 접근했고, 자신은 거래소 이사장인 구디슨을 BBC 오찬에 초대했다고 밝혔다. 그 사이 사장은 구디슨에 대한 풀러의 '좋은 의견'에 동의하면서 구디슨이 '가구, 시계, 기압계, 도금 제품'에 관심을 갖고 있다고 알려주었다.[2]

구디슨은 문화와 음식에 조예가 깊은 사람이었지만 이런 것으로 알려지기보다는 1986년에 있었던 런던증권거래소의 제도적·구조적 개편에서 핵심적인 역할을 한 것으로 유명하다. '빅뱅'으로 알려진 구조 개편은 거래소의 기술적 인프라를 현대화하고, 최소 중개수수료 제도를 폐지하고, 거래소를 새로운 기관들, 특히 유력한 미국의 투자은행들에 개방하는 것을 포함했다.

빅뱅은 경쟁을 도입함으로써 시대에 뒤진 기득권에 대항했던 대처

식의 공격 — 섬같이 고립되고 엘리트주의적인 세계, 즉 사립학교 출신의 엘리트에 의해 지배되는 런던금융가의 '닫힌 체제'를 흔든 공격 — 으로 추정되기도 한다. 그렇지만 현실은 다소 다르다. 니콜라스 경 스스로도 "기자들이 말하거나 책에서 주장하는 모든 것이 빅뱅의 진짜 원인은 아니다"라고 언급했다.[3] 구조개편이 분명 런던금융가의 문화와 제도를 바꿨지만 '현대화'는 런던금융가의 이익을 위해 전후 규제체제의 구속에서 벗어나 런던을 세계 자본의 중심으로 재건하길 바라는 구디슨과 같은 사람들을 통해 추진되었다. 변화는 1970년대 중반에 시작되었지만 가장 중요한 단계는 빅뱅으로 가는 길을 놓은 조치이자 1979년 시행된 조치로, 대처 정부의 거래소에 대한 규제 철폐였다.[4]

1986년 단행된 런던증권거래소 개편은 대처 시대의 다른 극적인 사건들, 그리고 좀 더 미묘한 사회변화의 과정들과 함께 BBC의 경제 보도를 알아볼 수 없을 정도로 바꿔놓았다. 변화의 긴 과정은 복잡했고, 논란이 일었고, 평탄치 않았다. 그러나 전반적인 방향은 명확했다. BBC에서는 산업 보도가 줄고 비즈니스와 경제 보도가 두드러지게 늘었다. BBC 프로그램에서 노동자의 이익과 관점이 하찮게 취급된 것은 오래되었지만 우리가 통상 '경제'로 일컫는 것 — 생산, 소비, 그리고 투자와 관련 있는 업무 전체의 추상 개념 — 이 점점 더 비즈니스의 관점에서 보도되었다. 비즈니스는 사회의 작은 부문이지만 신자유주의 시대에 전례 없는 큰 힘을 갖게 되었다.

비즈니스 뉴스는 전통적으로 BBC의 경제 전문기자와 산업/노동 전문기자의 공동 책임이었다. 전자가 거시경제 정책과 지표에 관해 보도했던 것에 비해, 후자는 명목상 비즈니스와 산업을 담당했지만 실제로는 대체로 현행의, 그리고 잠재적인 노동쟁의를 다루었다. 이 형태는

1980년대까지 계속되었다. 나중에 BBC의 보도와 경영에서 주요 인사가 된 마크 다마저는 다음과 같이 회고했다.

내가 기자로 일한 지 얼마 안 되었을 때 경제/산업 보도는 정부와 노조 간의 관계에 좌우되었고 노동쟁의에 관한 것이 대부분이었다. 그래서 파업 및 파업 전의 과정에 초점을 맞춘 보도가 매우 많았다.[5]

산업/노동 전문기자들은 결국 사라졌지만 1970년대 내내, 그리고 1980년대 초까지 방송 뉴스에서뿐만 아니라 신문 뉴스에서도 이들은 매우 중요한 역할을 담당했다. BBC의 산업/노동 전문기자 대부분은 전직 신문기자였다. 그들의 지위는 노조 활동에 관한 지식 및 노조와 관계를 맺은 정도에 달려 있었다. 노조는 당시 상당한 파괴력을 갖고 있었고 노동당을 통해 정치적 영향력도 행사할 수 있었다. BBC에서 산업/노동 전문기자는 비즈니스에 관한 보도도 일부 담당했다. 노동 전문기자 존 프라이어(John Fryer)는 "노사 양측의 연결을 유지하기 위해 우리는 비상한 노력을 기울였다"라고 회고했다. 그는 ≪선데이 타임스≫의 에디터로 있다가 1982년 산업 전문기자로 BBC에 들어왔다. 프라이어는 보도가 "노조 관련 사안들에 지나치게 무게를 두었고 …… 우리는 사실상 파업 전문기자였다"라고 말했다.[6]

이런 보도 패턴 ─ 유행하는 '뉴스 가치'를 반영하고 그에 따라 인적·물적 자원을 할당하는 ─ 은 노조의 이익과 관점을 편애하지 않았다. 오히려 이런 보도의 구조를 공유한 신문들은 노조에 적극 반대했다. 더욱이 BBC 프로그램은 좀처럼 노동자의 관점을 다루지 않았고, 노동자와 노조의 쟁의 행위에 초점을 맞추는 경우에도 주로 사주와 경영진의 시각을 반영했다.

노동분쟁에 대한 그릇된 설명이 광범위하게 유포되고 영국의 상대
적으로 낮은 경제적 성과의 책임을 노조 탓으로 돌리는 보도가 많아지
자 1970년대에는 BBC 보도에 대해 비판이 꽤 제기되었다. 이런 비판
은 노동당 정부가 구성한 애넌 위원회(Annan Committee)에 반영되었
다. 애넌 위원회는 1977년의 보고서에서 BBC 뉴스 프로그램에 조직
적인 반노조 성향이 나타났다고 언급했다. 이에 따라 BBC는 비즈니스
와 산업 보도에 대해 자원 배정을 늘렸고 기자들을 새로 충원했다. '산
업 및 상업 관련 뉴스 보도'에 대한 애넌 위원회의 권고안은 BBC가 노
동쟁의를 대변한 데 초점을 두는 대신 노동쟁의가 '보다 근본적인 단
점'이라고 묘사한 것, 즉 '산업이나 상업의 다른 측면이나 노동의 세계
를 전반적으로 부적절하게 보도한 것'에 중점을 두었다.[7] BBC와 ITV
의 비즈니스와 산업 보도가 '칙칙하고 상상력 없이' 서술되었다고 평
가한 애넌 위원회는 방송사들이 '산업의 모든 수준에서 활기차고 경쟁
적인 삶 …… 그리고 산업을 원활히 기능하게 하는 매력적인 사회 구
조와 제조 과정'을 잘 보여줄 것을 권고했다.[8] 이 의견은 BBC의 산업/
비즈니스 사무 관련 자문단이 취한 입장과 일치한다. 이 자문단은 애
넌 위원회에 대응해 구성되었고 위원회의 승인을 받았다.

비록 애넌 위원회는 방송이 비즈니스와 산업 세계를 불충분하게 대
변한다고 평가했지만, 몇몇 예외가 있었다. BBC 제2텔레비전의 〈머니
프로그램(The Money Programme)〉은 칭찬을 받았다. 이 프로그램은
1966년에 처음 방송되었는데 의무적으로 편성해야 하는 종교 프로그
램보다 상대적으로 덜 지루한 덕분에 1970년대와 1980년대 내내 상대
적으로 높은 시청률을 올렸다. 칭찬을 받은 또 다른 프로그램은 제4라

디오의 〈파이낸셜 월드 투나잇(The Financial World Tonight)〉이었다. 제작에 참여했던 피터 데이(Peter Day)는 이 프로그램이 "BBC가 예전에는 관심을 기울이지 않았던 것들, 즉 증권, 주가, 기업 보도 같은 것들을 취재했다"라고 회고한다.[9] 전직 사회자 톰 매독스(Tom Maddocks)는 이 프로그램을 "신문의 런던금융가 페이지를 라디오에 옮겨온 것과 같다"라고 묘사한다.[10] 〈월드 투나잇(The World Tonight)〉[11]의 부주간 빈센트 더글비(Vincent Duggleby)에 의해 1971년에 만들어진 이 프로그램은 불황을 겪고 있는 산업계의 요구에, 그리고 경제적으로 불안한 환경에서 분출된 '비즈니스와 금융 관련 보도를 늘리라는 요구'에 부응했다고 매독스는 설명한다.[12] 피터 데이는 "런던 금융가가 점점 중요해지기 때문에 비즈니스가 정말로 흥미로운 주제라는 사실을 BBC가 처음으로 알게 되었다"라고 말한다.[13] 〈파이낸셜 월드 투나잇〉이 편성되고 나서 3년 뒤에 BBC 라디오 부문에 금융담당 부서가 생겼다. 이 부서는 월드 서비스에 증권거래소 소식을 보도하기 위해 기존에 로이터(Reuters)와 익스체인지 텔레그래프(Exchange Telegraph)에 지불하던 자금을 지원받았다. 1978년 이 부서에 합류한 에드 미첼(Ed Mitchell)은 다음과 같이 회고한다.

비즈니스와 금융 뉴스 ― 유가, 파운드화 위기, 재정 스캔들, 기업 인수 입찰 등등 ― 가 점점 더 헤드라인 뉴스가 되어가고 있었다. 이런 흐름에 맞춰 BBC는 금융 유닛을 설치했다. 이 부서는 경제 '전문가들'로 구성된 작은 팀으로, BBC의 다른 부서들에 금융 관련 뉴스와 조언을 제공했다. 이미 〈머니박스(Money Box)〉와 〈파이낸셜 월드 투나잇〉 같은 전문 프로그램들이 있었지만 이 부서는 누구라도 필요하면 가져다 쓸

수 있는 도매형 뉴스를 만들었다.[14]

금융 유닛과 비슷한 사례로 주간지 ≪시티 프레스(The City Press)≫ 의 스태프가 BBC에 제공한 뉴스 서비스를 들 수 있다. 이들은 런던시 중심인 길드홀의 스튜디오에서 〈PM〉(BBC 제4라디오의 1시간짜리 뉴스·시사 프로그램)의 한 부분(5분 길이의 정규 프로그램)을 제작했다.[15] 금융담당 부서의 주된 생산품은 월드 서비스로 방송되는 10분짜리 프로그램이었다. 이 프로그램은 국제 상품거래자를 위해 '주요 주식과 채권, 통화, 그리고 상품 시장의 동향 요약'을 소개했다. 이밖에도 〈6시 뉴스(Six O'Clock News)〉에 정기적으로 금융 기사를 제공했다.[16] 작은 규모로 시작된 금융 유닛은 1980년대 초부터 중반까지 점차 확대되었다. 빈센트 더글비가 프로그램의 제작을 총괄하고 미첼은 뉴스 부분을 책임졌다. 미첼은 1980년대 초반에 "뉴스 프로그램에서 비즈니스와 금융 기사가 갈수록 톱뉴스가 되자 텔레비전으로 매일 점심시간에 방송할 3분짜리 비즈니스 프로그램을 금융 유닛에서 만들어달라는 요청을 받았다"라고 말했다.[17] 1984년, 부주간 2명과 선임 프로듀서 2명이 이 프로그램의 제작을 맡았고 다음해 프로듀서 2명이 더 충원되었다.[18] 이것은 BBC가 비즈니스 부문을 통합하고 확장하는 긴 과정의 일부였다. 한편 BBC에서 노동 전문기자들의 영역은 줄어들기 시작했다. 노동 전문기자 마틴 애드니(Martin Adeney)는 1982년 BBC 텔레비전에서 산업 부문 첫 에디터가 되었다. 그는 다음과 같이 회고한다.

BBC 텔레비전 뉴스의 당시 에디터 피터 운(Peter Woon)이 내게 BBC의 산업 부문 첫 에디터를 맡으라고 했다. 경제, 비즈니스, 산업, 노동을 통합된 방식으로 담당하는, 전문기자 3명으로 구성된 팀이었다. 우리는 비즈니스를 활성화하고자 비즈니스 자체에 대해 이야기했는데 언제나 성공을 거둔 것은 아니었다.[19]

비즈니스 프로그램 편성도 확대되었다. 1983년 2월, BBC 라디오는 〈인 비즈니스(In Business)〉 방송을 시작했다. 이 프로그램의 오랜 사회자 피터 데이는 "첫 시리즈는 BBC 경영위원들이 'BBC와의 만남(Meet the BBC)'이라는 모임에서 난처해진 뒤에 제4라디오의 발주로 만들어졌다. 경영위원들은 그 회합으로 런던 금융가보다 비즈니스 부문에서 할 일이 더 많다는 것을 인식하게 되었다"라고 말했다.[20] 그해 있었던 또 하나의 중요한 사건은 〈머니 프로그램〉의 프로듀서 윌 허턴(Will Hutton)을 〈뉴스나이트〉의 경제 에디터로 임명한 것이다. 허턴은 당시에는 이것을 중요한 발전으로 여겼다고 기억한다. "1982년에 〈뉴스나이트〉에 경제 에디터를 둔다는 것은 정말로 큰 발전이었다. 그것은 혁신이자 길을 트는 것이었다."[21] 허턴은 1977년에 처음으로 BBC에 들어왔는데 그에 앞서 7년간 런던의 주식 중개회사 필립스 앤 드루(Phillips and Drew)에서 일했다. 필립스 앤 드루는 나중에 UBS에 통합되었는데 당시 폴 닐스(Paul Neils)를 고용하고 있었다. 전 BBC 경영위원 리처드 테이트(Richard Tait)에 따르면 폴 닐스는 '최초의 텔레비전 경제 전문가'였다.[22]

BBC의 보도는 이미 여러 측면에서 바뀌었지만 대처 시대의 격변으로 더 많이 변화해야 했다. 1980년대 동안 BBC 비즈니스 저널리즘에 영향을 미친 중요한 사건들이 일어났다. 1984~1985년에 있었던 광부들의 파업이 그중 하나였다. 파업이 있고 나서 노동조합의 영향력과 산업/노동 보도는 지속적으로 쇠퇴했다. 1년에 걸친 파업 보도를 내부적으로 검토하고 난 뒤 BBC는 이 분규에 대해 '방송 역사상 어떤 노동쟁의보다 많이 보도했다'라고 평가했다.[23] 보도한 양은 엄청났지만, BBC 보도의 성향은 이전 10년의 주요 산업 분규의 보도와 유사했다. 파업 노동자들에 대해 매우 적대적이던 신문 보도와 비교하면 BBC 보도가 좀 더 균형적인 그림을 제시했다고 할 수 있다. 그러나 BBC 보도는 보수당 정부와 석탄공사(National Coal Board)의 관점에 대해 압도적으로 호의적이었다.

파업에 대한 BBC 텔레비전 뉴스의 보도는 비판을 많이 받았는데 특히 1984년 6월 18일에 있었던 사건에 대한 보도가 그랬다. 이날 경찰은 요크셔 남부 오그리브(Orgreave)의 코크스 공장에서 열린 대규모 피케팅을 폭력적으로 진압했다. 다음날 뉴스·시사 프로그램 회의에서 부사장 앨런 프로서로는 오그리브 사건에 대한 BBC의 저녁 뉴스 보도가 '전적으로 공정했다고 할 수 없다'는 느낌을 가졌다고 말했다. 텔레비전 뉴스 책임자 피터 운은 보도에서 '약간의 불균형'이 있었을 수 있다고 인정했지만 'BBC가 편향적이라는 전국광산노동자조합(National Union of Mineworkers: NUM)의 의견을 뒷받침'하기에 충분하진 않다고 주장했다. 뉴스·시사 에디터들은 '어떻게 법률위반자와 경찰 사이에서 중립적인 보도가 가능할지'에 관해, 그리고 '광부들이 비난받아야 하는 정도를 BBC의 보도가 보여줘야 한다면' 어느 정도일지에 관해 논의를 계속했다.[24]

회의에서 논의되지 않았던 것은 BBC의 텔레비전 뉴스 방송에서 그날 일어난 사건들의 순서를 바꾸는 바람에 광부들이 경찰을 도발한 것으로 비쳐졌다는 사실이었다. 이것은 몇 달이 지난 뒤에 프로서로가

뉴스·시사 회의에서 '실제로는 경찰이 먼저 움직였는데 BBC가 기록
필름의 순서를 뒤바꿔서 데모대가 돌을 던지고 난 다음에 경찰이 곤봉
으로 공격한 것처럼 보이게 했다는 한 광부의 이상한 주장'을 언급하
면서 주목받았다. BBC는 1991년에야 사건의 순서가 뒤바뀌었다고 인
정했다. 그럼에도 이것은 '뉴스를 한데 합치려 서두르는 과정'에서 '실
수로' 벌어진 일이라고 주장했다.[25]

   그런 왜곡이 보수당 정부의 요청으로 이루어졌다는 주장이 제기되
었다. 파업 기간 동안 ≪데일리 미러≫의 산업 에디터였던 제프리 굿
맨(Geoffrey Goodman)은 2009년에 출간된 『영국의 저널리즘 평가
(British Journalism Review)』에서 "정부 최고위층은 텔레비전 카메라맨
들이 광부들과 경찰 간의 싸움을 촬영할 경우 경찰의 진압 장면 말고
광부들의 폭력에 초점을 맞추도록 BBC에 구체적인 지침을 내렸다"라
고 기록했다.[26] 그는 이름을 밝히진 않았지만 '신원이 확실한 취재원'
에 의해 확인된 내용이라고 주장했다. 지금까지 이 주장을 뒷받침하는
어떤 증거도 나타나지 않았다. 그러나 진실이 무엇이든 동시대의 학문
적 연구는 텔레비전 보도가 피켓 라인의 폭력에 초점을 맞추고 파업에
대한 광부들의 관점을 하찮게 취급하는 경향이 있다는 비판을 지지한
다. 이런 보도에 사람들이 어떻게 반응하는지를 조사한 연구의 결과,
사람들은 계층에 상관없이 정도는 달랐지만 보도가 폭력에 초점을 맞
춘다는 사실을 의심했다. 그러나 보도 내용이 파업에 대한 인식에 여
전히 큰 영향을 준다는 것을 발견했는데, 이것은 광부들에게 호의적인
사람들과 보도에 회의적인 사람들에게서도 그랬다. 사람들 대다수가
피켓 시위는 대체로 폭력적이라고 믿었고, 미디어는 이런 믿음의 출처
로 인용되었다.[27]

라디오는 일반적으로 파업을 부드럽게 보도했다고 평가된다. 라디오 보도에 대한 자체 검토에서 BBC는 라디오 뉴스의 노동 전문기자 니콜라스 존스(Nicholas Jones)가 "줄거리의 중심적이고 민감한 측면을 확실히 장악했다"라면서 칭찬했다.[28] 존스는 그 보도로 인더스트리얼 소사이어티(Industrial Society)로부터 올해의 기자로 선정되었다. 전 동료는 이렇게 회고한다.

나는 그가 지칠 줄 모르고 매일 나와서는 우리가 인정하는 방송 기사를 내놓던 것을 기억한다. 하루도 거르지 않고 말이다. 나는 그가 그렇게 일을 잘 해냈기 때문에 마지막에 보도국 직원들이 감사의 표시로 각자의 호주머니에서 돈을 모아 그에게 특별한 상을 주었다고 생각한다.[29]

그럼에도 존스 자신은 파업에 관한 자신의 보도를 돌아보면서 자신이 뜻하지 않게 보수당 정부의 정치적 방침을 지지했다고 털어놓았다.

나는 노동조합의 투쟁성을 분쇄하기 위해서는 광산 노동자들을 패배시켜야 한다는 대처식의 이야기 전개가 불가피하다는 논리에 내가 꼼짝없이 빠졌음을 인정해야 한다. …… 나는 방송사들이 나처럼 용감하게 분쟁의 양측을 대변하기 위해 노력했다고 주장하곤 했지만 우리는 강력한 내러티브의 틀 안에서 일해야 했다. 그 내러티브는 다음과 같은 것이다: 국가는 비경제적인 석탄 광산을 계속 지원할 여유가 없고 그렇게 하는 것은 그들의 공동체에 파괴적일 수 있다. 탄광 입구에 투표소가 있었던 적이 없으며, 피켓 라인에서 광부들이 행사한 폭력은 법의 지배에 대한 도전이자 민주적인 정부를 위협하는 것이기 때문에 파업 그 자체가

민주주의를 부정하는 것이다.[30]

파업이 끝날 무렵에 존스는 다음과 같이 인정했다.

> 보도의 균형은 거의 완전히 경영진으로 기울었다. …… 일터로 돌아
> 오고 있는 '새로운 얼굴들'에게 관심이 집중되었다. 신문들에게 이들은
> 영웅이었다. 경찰 라인 뒤에서 촬영된 텔레비전 영상은 그들이 데모대
> 를 뒤로하고 탄갱으로 가는 버스에 오르는 장면이었다.[31]

1986~1987년 와핑(Wapping) 쟁의에서 ─ 이 기간 동안 대처 정부와 머
독의 신문들, 그리고 경찰은 다시 연합해 노동조합을 반대했다 ─ 인쇄 노동
자들이 패배한 것은 광산에서와 같은 이해를 가진 사람들에게 또 하나
의 승리였다.[32] 와핑 쟁의를 계기로 미디어 산업에서 노동조합이 미치
는 영향력은 급격히 줄어들었다. 반대로 대형 미디어 기업들은 전반적
으로 힘이 증가했는데, 특히 뉴스인터내셔널(News International)이 그
러했다.

두 파업의 결과, 노동운동은 기세가 꺾였고 정치력이 약화되었다.
이것은 BBC에서 저널리즘 관행에 변화를 가져왔다. 존 프라이어는 다
음과 같이 회고한다.

> 파업의 관점에서 보도하는 일은 서서히 줄어들었다. …… 나는 광부
> 들의 파업보다 훨씬 많은 것을 생각한다. 와핑 쟁의는 매우 많은 것을 바
> 꿨다. 우리에게는 줄어드는 구역을 담당하고 있는 두 사람이 있었다.[33]

노동조합의 힘이 줄어들면서 금융계의 힘은 눈에 띄게 늘었고 런던 금융가의 이해가 정책 입안에서 늘 중요하게 고려되었다. 에드워드 히스(Edward Heath) 수상 시절에 규제완화 로비를 성공적으로 펼쳤고 대처 정부의 초기에는 외환관리의 즉시 폐지라는 결과를 얻어냈던 런던 시 – 잉글랜드 은행 – 재무성 연합(City-Bank-Treasury nexus)이 런던 금융시장의 구조개편을 감독했다.[34] 빅뱅을 준비하면서, 잉글랜드 은행(영국의 중앙은행)과 BBC는 서로 자사의 직원들을 6개월씩 파견하기로 정했다. 이에 따라 BBC는 금융 유닛의 책임자 에드 미첼을 잉글랜드 은행에 파견했다(은행에서 BBC로 파견된 사람은 없었다). 미첼은 다음과 같이 기록했다.

> 1980년대 중반, 런던 금융가는 구조와 규제 측면에서 큰 변화를 앞두고 있었다. BBC 경영위원장과 잉글랜드 은행장은 오찬 회동을 가진 자리에서, 아마도 브랜디와 시가를 즐기면서, 두 기관이 서로 잘 알고 지내면 아주 좋을 것이라고 했을 것이다.[35]

미첼은 규제철폐가 발효된 당일인 1986년 10월 27일에 잉글랜드 은행에 도착했다. 은행에서 지낸 시간을 말하면서 미첼은 영국의 기업과 국가의 권력구조의 중심에 있다는 것이 얼마나 감동적인지 감추려 하지 않았다.

> 그때 은행에 있을 수 있다는 것은 아주 매혹적이었다. 리-펨버턴(Leigh-Pemberton) 은행장실이 있는 복도 한 켠에 나만의 사무실을 배정받았다. 화장실에는 외투를 걸 수 있는 내 전용 옷걸이가 있고, 수건에

는 내 이름이 수놓여 있으며, 구두를 닦을 수 있는 장치가 마련되어 있다.

합의된 내용은, 보도만 하지 않는다면 나는 누구든 만날 수 있고, 어디든 갈 수 있고, 어떤 회의든 참석할 수 있다는 것이었다. 기자에게는 전례 없는 일이었다.

나는 원자재, 귀금속, 주권, 돈 등 시장을 규제하는 은행의 모든 위원회에 초대받았다. …… 금융 전문기자로서 은행 딜러들이 시장에 개입하는 것을 지켜보는 것은 맥박이 빨라지는 일이었다. …… 나는 '북스(Books)'로 알려진 성역 — 화려하게 장식된 법정처럼 큰 방에서 은행장과 고위 간부들이 참석하는 오전 11시 회의 — 에도 초대받았다. 나는 은행 금고로 내려가 수억 파운드의 금괴를 응시할 수도 있었다.[36]

BBC 라디오의 금융 뉴스 에디터가 잉글랜드 은행에서 금괴를 응시하느라 바쁜 동안 사회적으로 중요한 여러 변화가 일어나고 있었다. 이런 변화는 빅뱅과 함께 BBC의 경제 및 비즈니스 보도를 근본적으로 바꿨다. 빅뱅을 실행할 무렵 대처 정부는 이미 케이블 앤 와이어리스(Cable & Wireless), 브리티시 텔레콤(British Telecom), 브리티시 에어로스페이스(British Aerospace), 브리티시 가스(British Gas)를 민영화했다. 브리티시 가스는 역사상 가장 많은 신주를 발행했고, 이를 '텔 시드(Tell Sid)' 캠페인을 통해 홍보했다. 1987년 6월, 보수당의 재선과 함께 민영화 프로그램은 신속히 이어졌다. 보수당 정부가 대중 자본주의라는 새로운 시대의 도래를 알리고 영국을 주주 민주주의 체제로 전환하기 위해서는 민영화가 매우 중요했다.

닉 존스(Nick Jones)는 BBC 보도국에 일종의 '부력'이 있었다고 기억한다. "나라가 움직이고 있다는 느낌이 들었고 우리는 이 느낌을 반영하길 원했다."[37] 이와 유사하게 피터 데이는 이를 '자각'이라고 표현한다. "민영화 같은 것들이 기업을 밀어붙이고 경제 뉴스를 두드러지게 만들었다."[38] 또 다른 BBC 비즈니스 기자에 따르면, "런던 금융가의 빅뱅이 있고 난 뒤 주식 가격과 경제 뉴스, 그와 같은 것들에 대한 관심이 대폭 늘었다. 그래서 그것은 확대되는 분야였다".[39]

1980년대 말에 금융 보도가 '급증'한 것은 존 버트의 BBC 부임과 같은 시기에 이루어졌다. 에드 미첼은 "정장을 갖춰 입은 사람들이 왔다"라고 기술한다. "회계사, 관리, 그리고 버트주의(Birtism)의 시대가 시작되고 있었다."[40] 전직 BBC 기자 리처드 퀘스트(Richard Quest)는 이것이 당시 일어나고 있던 광범위한 변화보다 더 중요했다고 본다. "큰 변화는 대처나 빅뱅이 아니라 존 버트와 함께 시작되었다. …… 버트와 이안 하그리브스(Ian Hargreaves)가 부임한 뒤부터 모든 것이 바뀌었다."[41] 우리가 앞서 살펴보았듯이 버트는 BBC의 조직적 구조와 문화를 근본적으로 개조하려 한 열성적인 신자유주의자다. 그가 부사장으로 임명된 뒤 비즈니스 저널리즘은 우선순위가 훨씬 높아졌다. 전직 BBC 비즈니스 기자는 "그것은 흥미진진했다"라고 회고한다. "부분적으로 비즈니스 저널리즘 부문이 계속 커졌고 외부에서 사람들이 충원되었기 때문이다. 이로써 템스 텔레비전(Thames TV), 로이터 같은 데에서 온 사람들에게서 비롯된 약간 다른 문화를 갖게 되었다고 나는 생각한다."[42]

버트의 대리인 이안 하그리브스(그는 ≪파이낸셜 타임스≫에서 충원되었다)는 케이즈노브(Cazenove) 증권사의 수석 경제전문가 데이비드 제프리스(David Jeffreys)를 BBC의 첫 경제·비즈니스 에디터로 임명했다.[43] BBC에서 '에디터'라는 직함은 보통 특정한 프로그램에 관련한 역할을 의미하는 것이었지만 당시 마련된 것은 보도 관련 4개 고위직 중의 한 자리로, 재임자는 관리상의 감독을 하기보다는 저널리즘의 기조를 정함으로써 편집 위계상 아랫사람들에게 '리더십'을 발휘할 것이 요구된다.[44]

존 프라이어는 "에디터들이 전에는 가본 적 없는 높은 층으로 들려 올라갔다. 우리는 그런 에디터들을 가져본 적이 한 번도 없었다"라고 말한다.[45] 이렇게 여러 고위 직책을 새로 마련한 것은 광범위한 조직 합리화 및 편집통제권 집중화 작업의 일환이었다. 1989년 '존 버트의 깊은 관심 아래' 보도국에 경제 유닛이 새로 설치되었다.[46] 그 경제 유닛은 비즈니스, 경제, 노동(교통도 포함)을 담당하는 모든 텔레비전 기자와 금융 유닛의 제작진, BBC 라디오의 경제 에디터, 노동 전문기자, 산업·비즈니스 전문기자, 미국의 금융시장을 담당하는 뉴욕 주재 비즈니스 전문기자를 통합한 부서였다.[47] 1992년 경제 유닛은 뉴스 에디터 1명, 수석 프로듀서 1명, 경제 에디터 1명, 조직책 1명, 금융 전문기자 1명, 경제 전문기자 5명, 비즈니스 전문기자 1명, 비즈니스·산업 전문기자 2명, 리포터 4명, 비즈니스 일반기자 6명, 교통 전문기자 2명, 노사관계 전문기자 1명으로 구성되었다.

1988년 1월 BBC에 들어온 대니얼 제프리스(Daniel Jeffreys)는 뉴욕 특파원으로 가기 전에 비교적 짧은 기간 근무했다.[48] 취리히의 유러피언 비즈니스 채널(European Business Channel)에서 한동안 일했던 전 〈뉴스나이트〉 경제 에디터 윌 허턴은 1989년 말에 '지목되어' 제프리스의 뒤를 이었다. 허턴은 〈뉴스나이트〉에서 케인스 학설의 지지자로서 대처주의를 비판해 유명해졌다. 그는 자신을 '버트 부임의 피해자'라고 말한다.

나는 민영화에 회의적이었다. 나는 주택 가격 판매에 회의적이었고 공영 주택에 회의적이었다. 나는 산업공동화를 우려했다. 나는 비즈니스 부문의 금융화 — 그것이 눈앞의 일만 생각하는 태도를 조장할까 봐 — 를 걱정했다. 이러한 것들이 내가 〈뉴스나이트〉에서 일하며 다룬 것들이다. …… "윌의 재능이 카메라 앞에서보다 카메라 뒤에서 덜 명확하게 펼쳐진다면 훨씬 좋았을 것이다"라고 말하는 것처럼 보인다. 핵심은 대처의 [1987년] 총선 승리 뒤에 BBC의 유력자들이 어떤 생각을 하고 있느냐는 것이다. 내가 유러피언 비즈니스 채널을 설립하러 가는 것은 부분적으로는 떠밀려서다. …… 나는 BBC에서 내가 할 수 있는 것을 했다. 우려했던 부분들이 점점 문제가 되고 있었다.[49]

뜻밖은 아니지만 그가 떠나게 된 상황을 생각해보면, 허턴은 새로운 경제·비즈니스 에디터로 임명받지 못했다. 그 자리는 버트의 오랜 친구 피터 제이에게 돌아갔다. 피터 제이는 1970년대 동안 《타임스》의 경제 에디터로 지내면서 많은 사람들에게 통화주의를 알리는 데 기여했다. 그는 존 버트의 지적 멘토였고 그래서 버트를 신자유주의 운동의 궤도로 이끌었다. 그의 양친은 영향력 있는 노동당 정치인이었고 그의 첫 결혼 배우자는 노동당 대표 제임스 캘러핸의 딸이었다. 캘러핸은 그를 주미대사로 임명했다(제이는 미국에서 CIA 및 FBI 간부들과 정기적으로 테니스를 쳤다).[50] 제이는 "지출을 늘려서는 불황을 타개할 수 없다"라고 한 캘러핸의 유명한 1976년 연설을 작성했다. 그는 이 연설에 '사회주의자가 앞으로 나갈 길은 …… 기업가로서 성공할 수 있도록 노동의 역할을 바꾸는 것이다'라는 부분과 '케인스주의는 더 이상 미래가 없다'라는 문장을 포함했다가 나중에 삭제했다.[51]

제이는 1990년 1월 1일에 공식적으로 BBC에서 새로운 직무를 시작했다. 그는 상급자임에도 불구하고 첫 해에 연봉 7만 파운드의 프리랜서로 계약했다. 이는 상근직이 아니며 '수입의 손실'은 외부 기고나 강연으로 보전할 수 있다는 양해하에 이루어진 계약이었다.[52] 여기에는 주요한 금융기관으로부터 받는 상당한 액수의 돈이 포함되었다. 1992년에 그는 바클레이즈 은행이 주최한 만찬 자리에서 연사로 초대되어 4000파운드의 강연료와 여행경비를 받았다. 1999년에 투자은행 리먼 브라더스(Lehman Brothers)는 그를 컨트리클럽의 만찬 연사로 초청해 20분 강연료로 2000파운드를 지불했는데, 리먼 브라더스 측은 액수가 적다며 미안해했다.[53] 제이는 자신의 일이 "BBC 텔레비전과 라디오의 뉴스·시사 프로그램에서 경제와 비즈니스에 관해 보도하는 것"이라고 상기한다.[54] 그렇지만 그의 보도는 별로 인정받지 못했다. 그는 지적으로 아주 우수했지만 커뮤니케이션 쪽으로는 재능이 부족했고 엘리트 의식이 매우 강했다. 그가 ≪타임스≫의 보조 에디터에게 한 말은 아주 유명하다. 그는 자신이 쓴 칼럼에 대해 "당신 같은 사람들이 읽으라고 쓴 게 아니다"라면서 그 칼럼은 "세 사람, 즉 재무성에 있는 두 사람과 잉글랜드 은행에 있는 한 사람을 위해 쓴 글"이라고 말했다.[55]

　BBC에서 제이는 정부의 장관이나 주요 은행의 대표를 초대해서 이삼십 명의 경제 유닛 구성원들에게 연설하도록 하는 특별 오찬 모임을 정기적으로 가짐으로써 고위 커넥션을 형성하려 노력했다.[56] 이런 비공개 모임은 여전히 계속되고 있다. 2014년 9월 BBC 비즈니스·경제센터의 당시 에디터는 2주 간격으로 열리는 이 모임에 대해 언급했다. BBC 엘리트들과 '정치권 사람들'이 참석하는 이런 모임은 "우리의 이해를 넓히고 우리가 담당하는 보도와 관련된 언어와 그 밖의 여러 것을 형성하는 데 도움이 된다"라고 설명되었다.

> 사람들은 비공개로 와서는 자신들이 직면하고 있는 문제에 대해 이
> 야기하고 우리가 질문하도록 한다. …… 우리는 우리의 공통된 이익이
> 무엇일지 계산해낸다. 우리가 보도하기를 원하는 어떤 것을 그들이 발
> 전시킬 수도 있다. 보도의 관점이 무엇이든 간에 …… 그것은 매우 유
> 용한 방법이다. …… 그것은 언제든 방송 출연으로 이어진다고 말할 수
> 있다.[57]

제이의 동료들 대부분은 제이의 엘리트주의로 인해 소외감을 느꼈
고 제이가 자신들과 가깝지 않다고 생각했다. 로리 셀런-존스(Rory
Cellan-Jones)는 제이를 '명예 교수 같은' 사람으로 기억한다. 제이의
"현실적인 영향력은 자신과 같은 이미지를 가진 사람들을 뽑으려 할
때만 나타났다"라고 말한다.[58] 제이는 자신의 이미지와 비슷한 에반
데이비스(Evan Davies)를 채용했다. 데이비스는 나중에 제이를 이어
경제 에디터가 되었다. 데이비스는 1993년에 라디오 경제 전문기자로
BBC에 들어왔다. 앞서 그는 재정연구소의 경제 전문가로 여러 차례
출연하면서 미디어 경험을 쌓았다. 그는 영향력 있는 싱크탱크인 재정
연구소에 근무하던 중에 '인두세' 관련 작업을 위해 대처 정부에 파견
되었다.[59] 데이비스는 제이를 '멘토'로 생각하며, 제이의 1970년대 경
제 방송이 "나를 고무해 경제를 공부하게 했다"라고 말한다.[60] 제이가
편집에 미치는 영향력은 데이비스 같은 간부 기자들의 수준에서만 관
찰될 수 있었다. 데이비스가 보기에 제이는 "BBC의 경제 전문기자에
게 요구되는 어려운 조건을 갖추었고 그런 기자라면 모름지기 경제학

을 매우 깊이 있게 공부했어야 한다고 그는 믿었다. ……경제학은 매우 중요하다. ……거기에는 적의가 포함되지 않았다. ……가치 체계는 '설명할 책임이 있는' 저널리즘이었다".[61]

경제 뉴스는 1990년대에 훨씬 더 중요해졌다. 그 기간 경제 뉴스는 일상적인 보도, 그리고 성장, 실업, 인플레이션과 같은 거시경제 지표들에 대한 분석과 연계되었고 정통적인 경제 이론에 충실한 (피터 제이와 에반 데이비스 같은) 사람들에 의해 주도되었다. BBC 보도는 주로 정부 부처들과 잉글랜드 은행에서 내놓는 정례적인 통계에 기초했지만 때때로 주택대출전문 금융회사나 소매협회 같은 민간 부문 자료도 참고했다. 비즈니스 뉴스에서는 주로 주식회사들의 연차 또는 분기 성과, 상품 출시, 인수 합병, 새로운 조달 계약 등등이 주제였고 지금도 여전하다. 1998년 에어론 데이비스(Aeron Davis)와의 면담에서, 전직 BBC 산업 에디터 마틴 애드니는 비즈니스 뉴스의 '85% 내지 90%가 공식적인 발표나 사건에 의존'하고 독립적인 취재는 매우 적은 편이라고 밝혔다.[62] 1990년대에 확립된 틀을 형성하고 엘리트 지향의 경제뉴스에서 의제를 정하는 데 핵심적인 역할을 한 것은 경제 유닛에서 만드는 뉴스일지였다. 2012년 당시 BBC의 경제부장 휴 핌(Hugh Pym)은 아직도 그렇다고 확인해주었다. "우리는 일지 중심으로 움직인다. 우리는 고용지표, 월별 인플레이션, 분기별 국내총생산(GDP)을 중시한다."[63] 로리 셀런-존스는 1990년대의 보도를 '매우 복고적이며' '그다지 야심적이지 않았다'고 평가한다.[64] '단조로운 보도'는 '설명할 책임을 지닌' 가치 체계라는 전문가 중심의 성향과 함께 이데올로기 굴레에서 자유로운 1990년대의 엘리트 의견에 잘 맞았다. 그렇지만 생산물은 미디어 전반적으로 점차 유행하고 있던 피터 제이의 비즈니스 보도에 관한 회의론 또한 반영했다. 제이는 경제학이 공영방송사가 채택하기에 좀 더 적합한 관점이라고 믿었다. 그것은 비즈니스는 경제의 한 부분에 지나지 않지만 경제학은 '국민의 경제적인 생활'을 대변하기 때문이었다. 그렇지만 이런 시각이 '널리 퍼지지는 않았다'. 제이에 따르면 당시 뉴스·시사 국장 토니 홀은 그것을 '고도의 전략적 문제'로 간주했다. 홀은 자신의 마음속에서 '비즈니스'라고 부르는 무언가를 BBC가 발전시켜야 한다고 보았다.[65]

대중적인 비즈니스 프로그램은 피터 제이가 선호하는 고매하고 분석적인 접근과 뚜렷한 차이가 있었다. 이런 프로그램은 BBC의 다른 여러 파트에서 — 진부한 표현으로 하면 '영지(barony)'에서 — 개발되었다. BBC 라디오의 본원지인 BBC 본부 건물에서 '비즈니스 프로그램 사람들'은, 〈투데이〉, 〈PM〉, 〈6시 뉴스〉와 같은 라디오 뉴스와 시사 프로그램에 기여하는, 에반 데이비스 같은 전문기자들과 분리되어 일했다. 또 다른 영향력 있는 그룹이 폴 깁스(Paul Gibbs)라고 불리는 '영주(baron)' 휘하의 텔레비전 센터에서 작업했다. 깁스는 유러피언 비즈니스 채널에서 일하다가 토니 홀에 의해 임용되었는데, 유러피언 비즈니스 채널에서는 홀의 절친 윌 허턴과 함께 일했다. 깁스가 2013년 회상한 바에 따르면, 존 버트는 "분명 비즈니스 쇼를 원했고 그로부터 잘했다는 격려 메시지도 받았다. 그는 비즈니스 쇼를 좋아했다. 그는 모든 비즈니스 프로그램을 좋아했다". 깁스는 홀로부터 '경제학에 대해 너무 많이 다루지 말 것, 미시적인 것에 집중할 것'이라고 쓴 편지를 받았다. 깁스는 이것이 '기업가 정신과 투자와 일'에 관한 프로그램을 지향하라는 뜻이었다고 말했다.

결국 내가 이야기를 하게 되었다. 당시 그것은 비즈니스를 위한 풍부한 자원의 보고였다. 나는 비즈니스가 적절하게 이야기되고 있지 못하다고 생각했다. 그래서 우리는 〈아침 비즈니스(Business Breakfast)〉 프로그램을 만들었다. 우리는 런던 금융가에서 일하는 사람들이 아침에 출근하면서 브리핑 받길 원한다는 것을 알았다. …… 우리는 특집기사도 많이 갖고 있었다. 그중 많은 것이 그날 뉴스에 실렸다. 내 말은 그 특집기사들이 여러 다른 뉴스 프로그램에서 기사로 선택되었다는 것이다.[66]

깁스의 '비즈니스 프로그램' 유닛은 1990년에 만들어졌는데, 처음에는 에디터 1명, 부에디터 1명, 책임 프로듀서 2명, 리포터 2명으로 구성되었다. 이 팀은 〈머니 박스〉나 〈머니 프로그램〉[67]같이 자리를 잡은 프로그램뿐만 아니라 〈아침 비즈니스〉와 〈워킹 런치(Working Lunch)〉 같은 신규 프로그램도 감독했다. 〈아침 비즈니스〉는 〈BBC 아침 뉴스(BBC Breakfast News)〉의 꼭지 프로그램으로 1989년에 첫 방송되었다가 1993년에 한 시간짜리 단독 프로그램이 되었다. BBC의 다른 부문들로부터 쇄도하는 비즈니스 콘텐츠의 요청에 맞추느라 깁스의 '제국'은 1990년대 내내 확대되었다. 지금 CNN과 경쟁하는 월드 뉴스(World News)로부터 특히 많은 요청이 들어왔다.[68] 깁스에 따르면, 1994년에 시작한 〈워킹 런치〉가 '진짜 대중을 상대로 한' 프로그램으로, 붙임성 있는 에이드리언 칠리스(Adrian Chiles)를 인기 있는 사회자로 만들었다. 이 프로그램이 풍기는 분위기와 이 프로그램에서 상상하는 시청자는 대처주의가 주장하는 주주 민주주의와 잘 어울렸다. 전직 BBC 책임 에디터는 다음과 같이 회고한다.

나는 〈워킹 런치〉 프로그램이 두 가지 목적에서 만들어졌다고 생각한다. 하나는 얼마나 돈을 적게 들이면서 프로그램을 만들 수 있는지 보여주려 했다는 것이다. …… 또한 그 프로그램은 주주 민주주의 같은 것을 보여주었다. …… 이는 사람들이 12시 반에 〈워킹 런치〉를 보려고 BBC2에 채널을 맞추게 되었다는 의미가 있었다. 집에 도착한 교대근무자들, 또는 은퇴한 사람들이 텔레비전을 켜고 자신들의 주식 포트폴리오가 어떻게 되어가고 있는지 보려 했다는 것이다.[69]

이 시기에 이루어진 다른 발전들도 마찬가지로 BBC에서 전통적이었던 예의 바른 옥스브리지 분위기를 버렸다. 제5라디오 라이브(Radio 5 Live)는 이 점에서 중요했다. 1994년 시작된 이 채널은 "편성 시간을 채울 프로그램이 많이 필요했는데 다수의 프로그램이 금융 및 비즈니스 뉴스를 포함했다".[70] 제5라디오는 젊은 리포터들에게 비즈니스에 관한 전문지식을 나타낼 기회를 많이 제공했다. 이 채널은 또한 그간 비즈니스 프로그램에서 개발되어온 좀 더 대중적인 스타일을 발현할 수 있는 출구로도 활용되었다.

BBC 편성에서 비즈니스가 점차 중요해지면서 비즈니스 가치가 일반화되고 신고전주의경제학이 뉴스 보도를 지배하게 되었다. 그동안 노동조합은 일반 보도에서 사실상 사라졌다. 1978년부터 1988년까지 BBC 노동 전문기자였던 닉 존스는 1991년에 다음과 같이 개탄했다.

노동 전문기자들도 한때 대다수의 뉴스 조직에서 서열상 윗자리를 차지했던 적이 있다. 지금 그들은 스트라이프 셔츠를 입은 금융 분석가들로 대체되고 있고, 종종 텔레비전에 나와서 의견을 내지만 그 내용은 문제되지 않고 통과된다. 노조 관련 사안들은 새로운 세대의 비즈니스 리포터에게 별 영향을 주지 않는다. 주요한 산업상 변화로 일자리가 상당히 감소하는 경우에도 그 영향을 증권회사와 은행, 그리고 금융사들에 의해 고용된 전문가들과 자문역들이 평가한다.[71]

비즈니스와 경제 부문 기자들이 보통 노조를 자신들의 영역으로 간주하지 않는 것처럼 BBC 내에서 노동 부문도 그렇다. 한편 노동·산업 전문기자들은 자신들의 기능과 전문지식을 프로그램 에디터들이 별로 필요로 하지 않는다는 사실을 알게 되었다. 노동 기자의 쇠퇴는 1993년에 리처드 퀘스트가 "전과가 있는 많은 전문기자들"이라고 칭한 사람들에 대한 관리 방침과 함께 강화되었다.[72] 또 다른 전직 비즈니스 기자는 다음과 같이 말한다.

일종의 '피의 숙청'이 있었다. 어느 날 아침 우리 모두 참석했는데, 도미닉 해로드(Dominick Harrod)는 거기 없었고 피터 스미스(Peter Smith)도 없었다. …… 그들은 가버렸다. 우리는 거기 앉아서 생각했다. '도미닉은 어디로 갔을까? 또 피터는?' 그들은 해고되었다. 그리곤 크리스 크레이머(Chris Kramer)가 TV에서 옮겨왔다. 그는 텔레비전 뉴스 책임자였고 나중에 CNN으로 갔다. 그에 관한 이야기가 떠도는데 그가 방송본부 건물 밖에 있는 자신의 리무진 엔진을 계속 켜둔다는 것이다. 그가 11시 55분에 나타났을 때 우리는 모두 12시 뉴스 프로그램 및 그 비슷한 프로그램을 준비하느라 바빴다. 그는 안쪽으로 걸어 들어왔는데 우리가 계속 일해야 한다는 것을 알지 못하고 있는 것 같았다. 그는 "자, 발표할 것이 있습니다. 여러분들도 알고 있다시피 우리는 몇 가지를 바꿨습니다. 도미닉과 피터는 떠났습니다. 우리는 생산품의 필요조건을 확실히 맞추지 못했고 그래서 바꾼 것입니다. 질문 있습니까?" …… 샘 자파(Sam Jaffa)가 "우리가 어떤 면에서 생산품의 필요조건을 맞추지 못했나요?"라고 물었다. 그러자 크리스 크레이머는 "좋지 않은 질문입니다, 샘. 또 다른 질문이 없나요?"라고 말했다. 이상하게도 더 이상 질문이 없었고 그는 다시 가버렸다. …… 그것은 그들에게 중대한 분기점이었다. …… 그러나 나는 그것이 아마도 BBC 전반적으로 일어나고 있는 일일 거라고 생각한다.[73]

'전과가 있는 많은 전문기자들'의 이런 갑작스러운 퇴장은, 광부들의 파업과 민영화, 빅뱅, 그리고 1987년 존 버트의 부사장 부임으로 거슬러 올라갈 수 있는, 뉴스 가치의 변화를 강화했다. BBC 비즈니스와 경제 보도에 제도화되어온 사회민주적인 패러다임은 바뀌었다. 리처드 테이트는 "뉴스 스토리가 전개되는 방식이 변화했다. 노조는 이렇게 말하고 경영진은 저렇게 말하는 식에서 여러 가지 사항을 고려하는 식으로 바뀌었다"라고 말했다.[74] 또 한 명의 면담자는 이렇게 말했다. "전에는 우리가 노동과 비즈니스를 두 개의 영역으로 생각했을지도 모른다. …… 그것은 이제 비즈니스와 경제가 되었다."[75]

버트 시대의 막바지에 토니 홀은 경제와 비즈니스 프로그램을 담당하는 새로운 사일로인 비즈니스·경제 센터를 구축하기 위해 여러 다양한 영지를 통합하는 작업을 감독했다. 대니얼 도드(Daniel Dodd)가 BBC 비즈니스 저널리즘의 새로운 허브를 책임지게 되었다.[76] 그는 앞서 뉴스 부문을 버트의 '현대적이며, 기술적으로 선진화된, 그리고 보도에 특화해 건립한' 뉴스 센터로 이전하는 작업을 맡았다.[77] 새로운 계획은 버트 시대의 합리화 취지와 많은 점에서 닮았다. 이전에 (상대적으로) 자율적이었던 유닛들을 한 공간에 두고 한 조직 구조 속에 통합하는 것이었다.

새 비즈니스·경제 센터는 비즈니스 기사를 뉴스 에디터들에게 팔려고 내놓았을 뿐만 아니라 비즈니스 보도를 위한 특별한 시간대를 할당받기도 했다.[78] 여기에는 제4라디오의 명망 있는 프로그램 〈투데이〉의 오전 6시 15분부터 30분까지의 시간대, 제5라디오의 〈웨이크 업 투 머니(Wake Up to Money)〉, 뉴스24(News24)와 BBC 월드, 그리고 월드 서비스의 비즈니스 시간대가 포함된다. 전직 BBC 뉴스 분석가 스티븐 콜터(Stephen Coulter)는 다음과 같이 말한다.

> 그들이 한 일은 비즈니스 프로그램을 위해 한 시간짜리 슬롯을 갖기보다는 5분이나 10분짜리 슬롯을 가지는 것이었다. 예를 들면 아침 뉴스에 비즈니스 보도 꼭지를 두었다. 또 6시나 9시, 아니면 지금처럼 10시 메인 뉴스 프로그램에 적당한 비즈니스 섹션을 두려고 했다. 이는 아침 6시의 일종의 게토에서 비즈니스 보도를 끄집어내고 이를 통해 비즈니스 보도를 조금 더 주류로 만들려는 착상이었다.[79]

그런 슬롯들이 꼭 프로그램 에디터의 뜻에 반해 설정되었다고는 할 수 없다. 2000년대 〈투데이〉 프로그램에 정기적으로 출연했던 마틴 그레그(Martin Greig)는 다음과 같이 말했다.

> 당시 프로그램 에디터 케빈 마시는 새로운 비즈니스 어젠다에 매우 적극적이었다. 그는 "나는 〈투데이〉 프로그램에서 비즈니스 관련 내용을 확대하길 원한다"라고 말했다. 당시 우리는 아침 6시 15분에 6~7분

짜리 꼭지를 두고 있었고 8시 30분에 또 다른 꼭지를 두고 있었다. 케빈은 매우 분명하게 "그건 아니다. 나는 6시 15분 슬롯을 확대하길 원한다. 나는 비즈니스만 다루는 슬롯을 원한다. 그래서 〈투데이〉 프로그램에서 비즈니스 뉴스를 듣고 싶어 하는 사람들이 6시 15분에 그 뉴스를 들을 수 있다는 것을 알게 하고 싶다"라고 말했다. 비즈니스 슬롯은 15분 꼭지로 확대되었다. 케빈은 7시 20분에도 특별한 슬롯을 두었다. 그는 기업의 최고책임자와 비즈니스계의 거물들로부터 이야기를 듣고자 했다. 그래서 그는 별도의 슬롯을 만들어 그들을 라디오에 끌어들이고자 노력했다. 그리고 그것이 바로 아침 7시 슬롯이었다. …… 내용은 회사일 수도 있고, 증권거래소에 내는 기업 공시일 수도 있고, 성과일 수 있고, 무엇이든 될 수 있었다. 우리는 7시 20분 슬롯을 그들이 출연해서 "우리 회사는 10억 파운드의 순이익을 올렸습니다"라는 등의 이야기를 하는 플랫폼으로 활용했다.[80]

BBC에 비즈니스·경제 센터를 설치되고 나서 얼마 안 되어 존 버트의 후임으로 백만장자 사업가 그레그 다이크가 사장으로 부임했다. 그는 런던 위켄드 텔레비전에서 버트와 함께 일했고 그의 후임으로 프로그램 국장을 지냈다. 다이크는 1990년대 초에 BBC의 내부시장 체제를 옹호했다. 그는 당시 민간 방송부문의 여러 회사에서 임원으로 활동했으며, BBC 사장으로 임명되었을 때는 피어슨 텔레비전(Pearson Television)의 최고책임자이자 채널 파이브(Channel 5)의 이사장이었다.[81] 그는 이런 민간 부문의 관점을 갖고 BBC에 부임했다. 비즈니스에 대한 그의 열의는 BBC에서 기존의 경영진과 폭넓게 공유되었던 것 같다. 마크 다마저가 적었듯이, 고위 경영진은 'BBC가 그간 비즈니스를 진지하게 다루지 않았고 부유한 세대의 문제점과 부유한 세대의 중요성에 대해 지적으로 공감하지도 않았다'라고 간주했다.[82] 다이크는 버트의 '젊은 사자들' 중의 한 사람인 다마저에게 BBC의 비즈니스 보도를 점검토록 했다.[83] "나는 와튼 비즈니스 스쿨에서 6주간 경영 교육을 받고 크게 변하지 않은 사람으로 돌아왔다"라고 다마저는 회고한다. "그러나 그레그는 내게 비즈니스 저널리즘을 살펴보고 조금 바꾸라고 요구했다." 다마저는 "영국 기업에서 주된 이슈가 무엇인지에 대한 공감이 너무 적고 토론의 지적 수준이 너무 얕았다"라고 결론지었다.[84] 피터 제이와 에반 데이비스의 존재로 대변되듯이 BBC의 현존하는 경제 보도는 강력하다고 인식되고 있었던 반면 비즈니스 보도는 비즈니스 프로그램과는 대조적으로 부족하다는 평가를 받았다. 비판은 세 가지로 요약할 수 있다. 에반 데이비스가 보기에 첫째로 BBC의 비즈니스 보도가 고용주 입장보다는 소비자 입장에서 많이 다루어졌다는 것이다.[85] 둘째로 기업 뉴스가 관련 기업의 동기나 주주의 이익에 대해 충분한 관심을 주지 않고 투자 또는 투자회수가 종업원에게 미치는 영향에 너무 초점을 맞추었다는 것이다. 다마저는 2000년 7월 ≪선데이 비즈니스(Sunday Business)≫와 인터뷰하면서 기업이 고용에 미치는 영향을 BBC가 다루어야 하지만 "기업과 주주들에게 영향력을 미치는 세력들을 이해하기 위한 노력을 반드시 기울여야 한다"라고 강조했다. "우리는 기업들이 수익을 거둘 자격이 있다는 사실을 결코 잊어서는 안 된다." 셋째로 BBC는 기업의 인수·합병에 적정한 관심을 갖지 않았다. 이것은 시청자에게는 별 영향을 미치지 않지만 기업의 세계에서는 거대한 사건이다.[86] 다이크는 다음과 같이 말한다.

나는 거기에 있는 많은 사람들과 농담을 하곤 했다. "이봐요, 당신들은 지금이 1968년인 것처럼 보도하고 있소. 비즈니스가 나쁘고, 이익이 나쁘고, 비영리는 좋다고 말이오." 나는 늘 그들이 이익을 소비자에게서 도둑질하는 것으로 본다고 농담했다. 만일 당신이 비즈니스계에서 일했다면 당신은 정반대로 알았을 것이다.[87]

전직 고위 에디터는 BBC가 "주주들의 중요성을 제대로 반영하지 못했고 …… 광범위한 주주들의 의사를 반영하지 못했다"라고 주장한다. 다이크 사장 체제에서 BBC는 '글로벌화의 가치'를 반영하려고 노력했고 '비즈니스계에서 어떤 일들이 일어나고 있는지 잘 설명'했다. 이것은 '비즈니스의 중요성에 대한 국민들의 인식을 고양한 것'을 포함했다.[88] 에반 데이비스는 "그레그 다이크 체제에서 비즈니스가 정당한 지위를 얻었다"라고 생각한다. 그는 당시의 분위기를 이렇게 기억한다.

우리가 비즈니스에 대해 적대적이어서는 안 되며, 우리는 비즈니스를 설명할 필요가 있다는 느낌이 들었다. 우리는 친비즈니스와 반비즈니스 토론에서 어느 한 편을 들어서는 안 되며, 다만 거기 있으면서 비즈니스를 설명하고 해석해야 한다. 그러나 무엇보다도 중요한 것은 우리가 거기에 비즈니스와 함께 있다는 것이다. 내 말은 우리가 비즈니스를 무시하기보다는 비즈니스에 대해 보도한다는 것이다. 비즈니스가 매우 중요하고 또 점점 더 중요해지고 있기 때문이다. 그래서 우리는 취재할 필요가 있고 또 취재한 내용을 잘 보도하고 잘 설명할 필요가 있다. 우리는 그렇게 할 사람들이 더 많이 필요하며 그것을 보도할 뉴스 프로그램 공

간이 더 많이 필요하다.[89]

2000년 11월 6일, 다이크는 영국산업연맹의 연례 회의에서 연설을 했다. "오늘 아침 저는 여러분들을 설득하려고 여기에 왔습니다. 제가 사장으로 있는 동안 BBC는 비즈니스를 그 어느 때보다 진지하게 다룰 것입니다."[90] 그는 특별히 〈워킹 런치〉를 '혁신적인' 프로그램이라며 칭찬했다. 그러나 그는 주류의 뉴스와 시사 프로그램은 '진정한 비즈니스 어젠다'[91]를 무시해왔거나 이를 이해하는 데 실패해왔으며 '수익을 내는 것은 쉬우며 수익은 자동적으로 소비자의 이익에 배치된다'고 자주 추정해왔다고 주장했다.[92] 다이크는 때때로 "우리는 그것을 구식의 산업 관계 이야기로 다루었다. 우리는 심지어 은퇴한 레드 로보 (Red Robbo)(노동조합주의자 _옮긴이)에게도 의견을 물었다"라고 말하기도 했다.[93] BBC의 비즈니스 저널리즘에 일련의 변화를 예고하면서 그는 "BBC에서 비즈니스가 중심적인 위치를 차지하도록 하겠다"라고 말했다.[94] 그는 BBC의 온라인 비즈니스 보도를 담당하는 편집팀의 인원을 배로 늘리고, BBC 뉴스 24의 비즈니스 관련 뉴스도 확충하며, 〈워킹 런치〉의 편성시간을 한 시간으로 확대하고, 〈뉴스나이트〉에 비즈니스 전문기자를 두겠다고 말했다.[95] 다이크의 연설에서는 우파 비즈니스 기자 제프 랜들을 비즈니스 에디터라는 새로운 자리에 임명한 것이 헤드라인을 장식했다.

랜들의 배경은 우파 신문이었다. 그는 대학에서 경제학을 전공했고 금융 저널리스트가 되기 전 짧은 기간 강의를 하기도 했다. 그는 빅뱅 시기에 ≪선데이 텔레그래프(Sunday Telegraph)≫의 런던 금융가 전문기자였고 1988년에 ≪선데이 타임스≫에 입사했다. 그 신문에서 비즈니스 저널리즘과 관련된 여러 직책을 거친 후에 그는 1994년에 런던 금융·비즈니스 에디터 겸 타임스 신문사의 이사가 되었다. BBC의 비즈니스 에디터로 임명받았을 당시 그는 ≪선데이 비즈니스≫의 에디터였다. 이 신문을 사들인 백만장자 바클레이 형제[96]는 랜들을 기용했고 나중에 텔레그래프 그룹과 ≪스펙테이터(Spectator)≫도 인수했다. 보도에 따르면 랜들은 2000년 5월 ≪선데이 비즈니스≫에 기고한 매우 비판적인 기사 덕분에 BBC 비즈니스 에디터가 되었다. 그 기사에서 그는 이렇게 불평했다.

> 제4라디오의 뉴스 프로그램에서 비즈니스는 거의 다루어지지 않는다. 잔인한 다국적기업이 노동자들을 해고한다거나 배부른 경영진이 엄청난 급여를 받고 있다는 식의 이야기가 아니라면 말이다. 마치 BBC의 재정을 뒷받침하는 세금의 원천인 이 나라의 경영자 계층은 존재하지 않는 것처럼 보인다.
> BBC의 새 사장 그레그 다이크는 비즈니스로 재산을 모았다. 그가 부를 창조하는 자유 기업에 대한 BBC의 일상화된 편견을 살펴보고 그에 대해 뭔가를 해야 할 때가 되었다.[97]

랜들은 다이크가 자신에게 전화해서 "당신은 방관자로서 트집을 잡거나 불평을 하는 사람들 중 하나로 남을 수도 있고 여기로 와서 그것에 관해 뭔가를 할 수도 있습니다. 그렇게 할 배짱이 있습니까?"라고 말했다고 했다.[98]

BBC를 기탄없이 비판했던 랜들을 기용한 것은 도발적이었으며, 새 사장이 친비즈니스 어젠다를 실행에 옮기려는 의지를 상징했다. 제프

랜들이 임명되면서 피터 제이의 영역은 경제와 비즈니스에서 경제만
으로 줄어들었다. 몇 달이 지나고 나서 제이는 은퇴를 발표했다. 제이
가 퇴임한 것은 랜들과 취재 부문 부책임자 빈 레이(Vin Ray)가 BBC의
비즈니스 및 경제 저널리즘에 대해 6주간 조사한 다음에 일어난 일이
었다. 조사 결과는 일련의 계획들과 함께 발표되었다. 여기에는 비즈
니스와 경제 부문에 새로 20개의 자리를 마련하는 것과 비즈니스·경
제 센터에 200만 파운드를 투자하는 것 등이 포함되었다.[99]

제이의 퇴임은 그가 BBC와의 계약을 2000년 1월 갱신했을 때 이미
예견되었다. 그는 연봉으로 16만 파운드를 받기로 했는데 그것은 9년
전에 그가 BBC에 합류할 때에 비해 2배가 넘는 액수였다. 그는 경제
에디터로 2년 더 일해달라는 요청과, 둘째 해에 BBC가 후임자를 찾는
것을 도와달라는 요청을 받았다.[100] 제이는 당시 〈뉴스나이트〉의 경
제 에디터 에반 데이비스를 추천했다. 2001년 12월, 리처드 샘브룩은
제이에게 보낸 편지에서 "에반에게 그 자리를 맡기는 것에 당신이 동
의하길 바랍니다. 당신의 유산이 안전한 손에 맡겨지게 되는 겁니다"
라고 썼다.[101] 데이비스는 제이보다 텔레비전의 영향력을 훨씬 더 강
력하게 표출시켰고 이런 방향에 에디터들은 호의적이었다. 그는 2002
년 9월에 제이에게 보낸 이메일에서 "이제 〈10시 뉴스〉 사람들이 저를
신뢰하고 있고 제가 진행하는 일을 거의 방해하지 않고 있습니다"라고
언급했다.[102]

한편 제프 랜들은 2001년 3월에 보도된 바로는 25만 파운드의 연봉
을 받기로 하고 'BBC에서 사고방식의 변화'를 감독할 계획서를 갖고
부임했다.[103] "나는 거기서 소동을 일으키려고 했다. 비즈니스를 뉴스
어젠다에 끌어올리기 위해서 내 평판이 떨어지는 것에 괘념하지 않았

다." 랜들은 나중에 "내가 착수했을 때 그레그 다이크가 '여기 관습을 따르지 마시오. 변화의 동인이 되시오'라고 주의를 주었다"라고 회고했다.[104] 2014년에 BBC에서 문화를 어떻게 바꿨느냐는 질문을 받고 그레그 다이크는 농담 반 진담 반으로 대답했다. "제프 랜들처럼 좀 악한 같지만 비상한 능력을 소유한 사람이 있으면 된다. 그가 강하게 주장했다."[105] 랜들 아래서 일한 BBC 기자들의 경험은 다양했다. 일부는 자신들은 보도에서 여전히 자유를 누렸다고 강조한다. 다른 사람들은 그의 간섭이 심했다고 말한다. 한 비즈니스 기자는 그가 "기조를 정했으며, 만약 제프 랜들이 하라는 것을 하지 않으면 관리 시스템을 통해 부정적인 영향력이 밀려들었다"라고 말한다.[106] 또 다른 기자는 다음과 같이 이야기한다.

> 랜들은 우리 아침 회의에 와서는 비즈니스에 적대적인 것에 대해 열변을 토하고 우리 모두가 좀 더 비즈니스 친화적이 될 필요가 있다고 말하곤 했다. …… [이전에는] 누구도 편집권을 물려준 적이 없었다. 제프 랜들이 오고 나서 처음 그런 일이 일어났다. 제프 랜들은 편집권을 매우 거칠게 행사했다. …… 그는 이렇게 말하곤 했다. "나는 다른 사람이 이걸 말하는 것을 원치 않는다. 이것과 관련해 비즈니스에 적대적인 것도 원치 않는다. 영국가스회사의 성과를 단지 소비자에게 좋지 않은 뉴스로 표현하는 것도 바라지 않는다."[107]

이렇게 말한 기자는 랜들의 부임으로 비즈니스 친화적 어젠다를 채택하기가 편해졌다는 것을 인정했다. 그것은 그의 존재가 비즈니스 보도의 위상을 높였고 그런 보도의 기회가 훨씬 많아졌기 때문이다. 그는 '사장의 축복 속에 부임'했고[108] '가장 중요한 뉴스 출구의 사절'로서 활동했을 뿐만 아니라 'BBC 내에서 "이것이 우리가 집중해야 할 것"이라고 버티며 말할 수 있는 사람'이었다.[109] 또 다른 BBC 기자는 "거물들을 데려오는 이유는 BBC의 다른 부분들에서 일하는 관리자들에게 그들이 주의를 기울여야 한다고 말하기 위해서였다"라고 말한다.[110] 로리 셀런-존스는 다음과 같이 말한다.

> 나는 우리가 일반적으로 어떤 충격을 받을지 두려워했다고 생각한다. …… 그가 우리의 평판을 높였기 때문에 우리는 그를 좋게 생각했다. 그는 "〈9시 뉴스〉에 이걸 실어야 한다"라고 말할 수 있는 능력을 갖고 있었다. 그러면 몇 년간 그런 기사를 실은 적이 없는 사람들이 "예, 알겠습니다"라고 말하며 곧 실행했다.[111]

존 프라이어는 2000년대에는 편집문화가 명백히 변화했다고 생각한다. 그러나 그는 제프 랜들을 변화의 동인이라기보다는 상징으로 이해해야 한다고 강조한다. "제프는 거기에 앉아서 자신의 견해를 우리에게 강요하지 않았다. 왜냐하면 그건 BBC에서 일하는 방식이 아니기 때문이다. 프로그램 에디터들이 프로그램에 담을 것을 결정한다."[112] 이것은 물론 맞는 말이다. 그러나 에디터들은 BBC 위계의 상층부에 결정을 맡기기도 한다. 다이크는 BBC를 이렇게 말한다.

> BBC는 놀라울 정도로 하향식의 조직이다. 당신이 사장이고 "나는 이런 것을 더 원한다"라고 말하면 실제로 당신은 그것을 더 많이 얻을 수 있다. 그들은 당신을 무시하지 않는다. 보도국 사람들은 우리가 비즈니

스에 관심이 있다는 것과 내가 비즈니스에 관심이 있다는 것을 알고 있었다.[113]

가장 중요한 변화는 BBC의 문지기인 에디터 차원에서 일어났다. 태도에 변화가 있었느냐는 질문에 한 고위 인사는 "2001년에 에디터들이 사실을 직시하게 되었는가? 맞다, 그랬다"라고 대답했다.[114] 점차적으로 새로운 뉴스 어젠다가 깊이 뿌리박히게 되었고, 이 어젠다는 세계적인 금융 위기가 발생했던 2008년 즈음에 특별히 각인되었다. 2008년 9월, 리먼 브라더스가 파산하기 며칠 전에 랜들의 비즈니스 에디터 후임자 로버트 페스턴은 ≪가디언≫에 다음과 같이 말했다.

　BBC에 왔을 때 나는 BBC가 매우 중요한 이야기들에 충분한 무게를 두지 않는다고 생각했고 그런 이야기들을 방송하는 것이 어려웠다. …… 그러나 이제 평온한 날이면 BBC의 본능적인 반응이 비즈니스·경제 부서의 톱뉴스에 의지한다. 이것은 2~3년 전에는 생각할 수 없는 일이다.[115]

놀랍게도 BBC가 비즈니스에 적대적이라고 주장하는 목소리들은 당시에도 여전히 있었다. 2006년에 BBC 경영위원회(2007년에 BBC 트러스트로 바뀌었다)는 신자유주의 경제학자 앨런 버드를 독립적인 위원회의 의장으로 임명했다. 이 위원회의 과제는 'BBC가 비즈니스 세계를 공정하고 균형 잡힌 시각으로 다루고 있는지 검토하고 BBC가 사회에 미치는 영향을 평가하는 것'이었다.[116]

당시 BBC 경영위원 리처드 테이트에 따르면, 검토를 하게 된 이유들 중 하나는 'BBC가 여전히 비즈니스에 대해 매우 적대적이라는 인식' 때문이었다.[117] 버드 보고서는 "의심할 바 없이 BBC는 비즈니스를 하나의 장르로 진지하게 다루고 있다. 보도의 양과 보도를 위해 사용하는 자원 모두의 측면에서 그러하다"라고 결론지었다.[118] 위원회가 의뢰한 내용분석의 결과를 보면 BBC의 저녁 뉴스는 ITN과 비교할 때 비즈니스 보도에 할애한 방송시간이 거의 두 배였다. 한편 BBC 뉴스 24(BBC News 24) 채널은 스카이 뉴스(Sky News) 채널과 비교해 같은 저녁 방송에서 거의 다섯 배의 시간을 비즈니스 보도에 할애했다.[119] 내용분석을 주관했던 연구자는 BBC의 '비즈니스 뉴스 제작에 가용할 수 있는 자원'을 경쟁사와 비교하면서 "방송 비즈니스 보도에 관한 한 방 안에 500파운드 무게의 고릴라가 한 마리만 있다"라고 말했다.[120] 이것은 지난 20여 년에 걸쳐 BBC 비즈니스 보도가 이례적으로 성장한 결과였다. 1980년대 초중반에 BBC TV의 산업 에디터는 3명의 전문기자로 구성되는 팀을 이끌었다. 라디오의 경우에는 금융 유닛을 이루는 6명 남짓한 전문가들이 한 팀이었다. 2007년경 BBC는 "기자들과 지원 스태프를 합해 160명에 이르는 구성원들이 평일에 11시간의 비즈니스 프로그램을 만들어 24시간, 3개 매체를 통해 방송한다"라고 자랑할 수 있게 되었다.[121]

버드 보고서는 BBC의 보도에 대해 몇 가지 익숙한 비판을 제기했다. BBC가 때때로 '부지불식간에 편파적이고 균형 잡히지 않은' 보도를 하고 있다는 것과 이것이 주로 '상업적인 세계에 대한 이해 부족'과 '전문 지식의 결여 및 주류 프로그램 에디터들 중 일부의 관심 부족'에 기인한다는 것이었다. 이 보고서는 BBC가 '소비자 관점을 채택'함으로써 '직간접적인 주주들'의 관점을 하찮게 취급하고 있고 "많은 비즈니스 보도가 '비양심적인' 기업주들과 그들에게 '착취당하는' 고객들 간의 싸움으로 보이고 있다"라고 주장했다.[122] 그렇지만 중요하게도 위원회는 BBC 프로그램에서 노동자들의 관점이 상당한 정도로 하찮게 취급되어왔다고 기꺼이 인정했다. 이것을 다룬 보고서의 내용은 상세히 인용할 가치가 있다.

3-1. 영국에서는 약 2900만 명의 사람들이 생계를 위해 일하고 있고 그들은 깨어 있는 시간의 상당 부분을 일터에서 보내고 있다. 하지만 이처럼 중요한 영국 생활의 부분이 BBC의 비즈니스 보도에는 거의 반영되지 않고 있다. 앞서 지적한 대로 시청자들은 소비자로서는 대접을 받고 있다. 그러나 그들은 노동자로서는 제대로 대우받지 못하고 있다.

3-2. 영국의 노동조합은 약 650만 명의 사람들을 대표하고 노동자의 권리에 영향을 미치는 다양한 문제를 다룬다. 그런데 노조 사람들은 우리에게 노조의 시각이 BBC에 의해 자주 편협하게 규정되고 있으며 고용 관련 분규가 있을 때만 노조의 시각을 다루고 있다고 말했다. 운수·일반 노동조합은 증거 서류를 통해 노동 관련 문제에 대한 관심이 부족하다고 생각한다고 지적했다.

　[……]

3-4. 노동조합들은 동일 임금, 작업장 안전/직업 위생, 기회 균등 등과 같은 중요한 문제들에 관한 기사들이 상대적으로 적다고 믿고 있다. 그들은 고용과 관련된 광범위한 문제들이나 사회에서 노동자의 역할 등과 관련해 자신들의 의견을 알아보려 하지 않는다고 생각한다. 그들은 소비자의 권리에 관한 프로그램은 있지만 노동자의 권리에 관한 프로그램은 없다고 지적한다. 요약하면 BBC에서 노동의 세계는 중요하게 다루어지지 않는다. 그리고 설령 다룬다 해도 노동자 없이 전개된다.

3-5. 우리 스스로의 시청 경험에 따르면 노조와 종업원의 관점이 결여된 경우가 있었다. 그것은 현대 사회에서 이 문제들의 중요성이 BBC 기자들에 의해 널리 인식되지 못하기 때문일 수 있다. 우리는 이것이 부분적으로는 입회인들이 표현하듯 지식과 관심의 결여에서 비롯되었다고 생각한다.

3-6. 우리는 현재 BBC에 노동문제 전문기자가 한 명뿐이며 그 기자가 매우 경험이 많고 박식한데도 좀처럼 텔레비전에 나오지 않는다는 점에 주목한다.[123]

버드 보고서에는 이렇게 여러 주장이 섞여 있다. 반비즈니스 성향의 증거를 찾아내진 못했지만 이 보고서는 BBC에서 지배적인 소비자 지상주의의 관점이 사주와 노동자 양쪽의 관점을 가렸다고 주장했다. 이것은 BBC가 보도에서 비즈니스의 관점을 진작하기 위해 동원한 많은 자원을 고려하면 전혀 그럴듯하지 않다. 좀 더 납득이 가는 결론은 BBC 비즈니스 보도가 신자유주의에 적응하기 위한 전략적 수단으로 강력한 소비자 지상주의를 채택했을 수도 있다는 것이다. 그것은 비즈니스 업계에 동조하는 보도를 하던 관행과 자주 갈등을 빚었고 그와 동시에 시청자를 노동자나 시민으로 인식하지 못하도록 했다.

버드 보고서의 또 다른 흥미로운 점은 비즈니스 보도에 대한 대중의 관심을 측정한 것이었다. 비록 '비즈니스 뉴스에 관심이 있는 사람들을 대상으로 한 조사'였지만 비즈니스 뉴스에 대한 관심도는 10점 만점에 5.5점으로 정치(6), 환경(7), 시사(7.6) 등 다른 주제들과 비교해 낮았다. 비즈니스 뉴스에 가장 관심이 많은 사람들은 '사회적 계층 AB'의 중년 남성이었고, 관심이 적다고 말한 그룹은 젊은이들(18~24세),

여성(26%가 무관심 응답), 그리고 C1C2(25%가 무관심 응답)였다[신문잡지 구독자 조사(NRS)에서는 소득에 따라 사회적 등급을 A, B, C1, C2, D, E로 나눔 _옮긴이].[124] 환언하면 비즈니스 보도에 대한 관심은 여타 분야의 보도와 비교해 낮았고, 특권을 많이 가진 계층에서 높았다.

같은 해, 오프콤은 '개인적으로 어떤 유형의 뉴스에 관심이 있는가?'라고 물은 조사의 결과를 발표했다. 15개 유형의 뉴스 가운데 '유명인사의 행동'에 대한 관심이 제일 낮았고, '도시, 비즈니스와 금융 이슈들'이 끝에서 둘째였다.[125] 조사 결과는 BBC의 고위 에디터들과 비즈니스 기자들에게 퍼져 있는 선입견을 교정할 수 있기에 중요하다. 그들은 비즈니스 뉴스를 늘리는 것이 비즈니스에 대한 대중의 관심과 열의에 조응하는 것이라 믿고 있었다. 2014년에 경제·비즈니스 센터의 책임자 존 질카(Jon Zilkha)는 BBC 에디터들에게 비즈니스 기사를 실으라고 설득하는 것은 "열린 문을 미는 것"과도 같은데 왜냐하면 "금융, 경제, 비즈니스와 관련된 것이라면 시청자가 각각의 프로그램이 무엇이든 매우 관심 있다는 것을 알게 될 것"이기 때문이라고 말했다.[126]

그러나 우리가 앞서 본 대로 '열린 문'은 비즈니스 보도에 대해 대중이 관심을 가진 결과가 아니라 대처 시대부터 BBC가 겪어온 기관의 변화라는 긴 과정의 소산이었다. 또 상당 부분은 BBC의 신자유주의적 리더십이 친비즈니스적 이니셔티브를 명시적으로 주도한 결과였다.

다른 요인들도 언급할 필요가 있다. 블레어 체제에서 노동당이 신자유주의 노선을 채택한 것은 BBC의 이런 변화를 구조적인 측면에서 정당화하는 데 중요했다. 그레그 다이크와 전 골드만삭스 파트너 개빈 데이비스의 공동 리더십 아래 BBC는 명백하게 비즈니스 친화적으로 바뀌었다. 두 사람은 허턴 보고서 사태가 일어나기 전까지 신노동당과 매우 밀접했다. 이런 변화와 관련해 BBC는 영국의 공공생활과 폭넓게 연계를 강화했다. BBC가 포함된 미디어와 문화 산업이 점차 상업화되고 거대해진 다국적 기업들에 의해 지배되고 있는 것은 분명하다. 또한 공익사업의 민영화, 공공서비스의 신자유주의식 변화가 진행되고 있으며, 영국의 정치경제는 임금 기반의 성장 모델에서 자산과 부채 가격 인플레이션에 기초한 모델로 변환되고 있다.

이 가운데 어떤 것도 대중의 환영을 받지 못했다. 만약 얼마간의 지지를 받았다면 그것은 사회의 일부 부유한 계층, 즉 신자유주의 프로젝트를 통해 물질적으로 혜택을 받는 사람들로부터였다. 질카가 언급한, BBC 시청자들이 금융과 경제, 그리고 비즈니스에 대해 '매우 높은 관심'을 갖게 된 것으로 돌아가자면, 이들 이슈에 대한 대중의 관심은 2007년 이후부터 급격히 증가했다. 그것은 대중이 BBC가 가진 비즈니스 가치를 갑작스레 받아들였기 때문이 아니라 금융 시장의 미래와 연계되어온 자신들의 미래가 갑자기 불안하다고 느꼈기 때문이다. 이 시점에서 '국민의 경제적 삶'이 점점 더 기업 엘리트의 관점에서 다루어짐에 따라 경제와 비즈니스 보도는 속절없이 합체되었다. BBC의 보도에서 노동자들의 관심과 관점은 오랫동안 하찮게 취급되었던 반면, 비즈니스의 관심과 관점은 BBC 기자들의 업무 방식과 직업적 이념 속에 점점 더 깊이 뿌리박히게 되었다.

'비즈니스'는 어떤 뚜렷한(그리고 강력한) 사회경제적 집단, 또는 사회적으로 특별한 유형의 어떤 조직을 가리키는 용어가 아닌, 점차 경제생활의 모든 국면을 포함하는 포괄적인 용어가 되었다. 이것은 2008년 금융 붕괴 사태로 초래된 이상한 아이러니 중 하나다. 그것은 경제적 이슈에 대한 비정통적인 접근방식을 말하는 것일 수 있지만 BBC에서는 대체로 신자유주의와 대기업의 영향력을 강화하는 것으로 나타났다. BBC 트러스트의 의뢰로 이루어진 내용분석의 결과를 보면 2007년에 비즈니스 대표자들은 노동 대표자들보다 매체에 5배 이상 노출되었고, 2012년에는 거의 12배 정도 더 노출되었다.[127] 이 조사를 담당했던 연구자들 중 한 사람인 마이크 베리(Mike Berry)는 BBC 제4라디오의 뉴스·시사 프로그램 〈투데이〉의 내용분석도 수행했다. 그 결과 2008년 금융위기를 겪는 6주 동안 금융 서비스 대표자들의 출연이 가장 많아 전체 '취재원 출연'의 35.1%를 차지했다. 한편 노조의 출연은 0.4%에 그쳤다.[128]

베리는 2009년 BBC 〈10시 뉴스〉에서 진행한 재정적자 토론에 대해서도 조사했는데, BBC 프로그램에서 엘리트 및 친비즈니스 취재원의 지배 현상이 유사하게 나타나고 있다고 지적했다. 정치인들과 재정연구소가 가장 두드러진 취재원이었고, 잉글랜드 은행과 런던 금융가의 분석가들이 관련 보도의 4분의 1 정도로 그 뒤를 이었다. 그다음으로는 국제통화기금(IMF), 경제협력개발기구(OECD), 영국산업연맹 같은 비즈니스 친화적인 기관들이었다. 베리는 그런 기관들이 다른 취재원들은 하지 않는 방식으로 '가끔 보도를 체계화하는 뉴스의 고리로서 작동했고', 그들의 관점은 기자들에 의해 반영되어 정책이 논의되는 경계를 정한다고 지적한다.[129]

베리의 연구에서 가장 강력한 대안의 목소리는 노동재단에서 나왔다. 이 재단은 전직 BBC 기자 윌 허턴이 수년째 대표를 맡고 있었다. 허턴은 앞서 살펴보았듯이 〈뉴스나이트〉에서 케인스 학설의 지지자로서 대처주의를 비판해 유명해졌다. 그러나 허턴의 지속적인 유명세는 BBC 보도의 경향을 강력하게 예시한다. 허턴은 자신이 엘리트로서

지닌 자격에 대해 솔직하다. "내가 진보좌파로 보이겠지만 …… 나는
잉글랜드 은행과 재무성에 평생을 함께한 친구들이 있고 영국 기업들
의 상층부에도 친구들이 많다. 휴가를 같이 가는 진짜 친구들 말이다.
1980년대에도 그랬고 지금은 더 그렇다."[130]

결론

민주주의, 그리고 방송의 미래

"텔레비전이나 라디오, 또는 온라인에서 보도할 때 개인적인 견해나 편향을 남기는 것이 내 일이다." BBC의 닉 로빈슨은 2015년 총선을 앞두고 이렇게 말했다. "나는 민주주의와 대안들 사이에서 공정할 필요가 없다."[1] 이것은 다소 솔직하지 못한 발언이었다. 왜냐하면 로빈슨이 매도하는 반정치적인 정서 및 운동을 이끌어낸 것은 바로 정치경제 시스템의 비민주적인 성향이기 때문이다.

총선이 보수당에 가져다준 놀랄 만한 표의 격차는 이런 발언들의 맥락을 어느 정도 약화시켰다. 정치비평가들은 선거운동을 망친 헌법적 불확실성, 그리고 정치인들과 허울뿐인 정치를 보면서 많은 사람들이 가졌던 우려와 소외감, 그리고 냉소의 감정들은 이내 잊어버렸다. 정치인들에 대한 깊은 불신, 그리고 정치로부터의 이탈은 대처 시대 이후 영국에서 일반적인 특성이 되었고, 정치인들 사이에서뿐만 아니라 BBC를 포함한 보다 폭넓은 체제의 차원에서 점증하는 불안의 원인이

되어왔다. 2006년 옥스퍼드대학교에서 열린 강연회에서 닉 로빈슨은 정치인들과 저널리스트들 ― 그는 이들을 싸우기 좋아하는 부부에 비유했다 ― 이 문제를 공유한다고 주장했다. "정치에 대한 냉소주의와 무관심은 정치에 나쁜 만큼이나 저널리스트들에게도 나쁘다"라고 그는 말했다.[2]

그 문제는 2008년 금융위기와 2009년 의원 경비 스캔들에 의해 악화되었다. 보수당원들은 금융위기를 국가 재정의 잘못된 관리에서 비롯된 것으로 그리는 데 대체로 성공했다. 2009년 일어난 스캔들은 그 자체가 정치인들과 대중 사이에 격차가 증대한다는 징후였다. 로빈슨이 지적한 대로 국회의원들은 원내대표와 의회 관리들로부터 자신들의 봉급이 다른 엘리트들과 비슷한 수준이 되게끔 경비 시스템을 활용하도록 독려 받았다. 이 스캔들은 얄궂게도 대중이 '정치 계급' 스스로 보수를 후하게 지급하는 것을 어떻게 생각하는지에 대한 관심에서 비롯되었다.

2015년에 이르는 몇 년 동안 '냉소주의와 무관심'은 좌우익의 반정치적 동원과 함께 노여움과 불만으로 발전했다. 곧 진압되었지만 과격한 학생운동도 나타났다. UK 언컷(UK Uncut)(2010년 10월 공공서비스를 삭감하는 데 반대하며 시위한 저항 그룹들의 네트워크 _옮긴이)과 오큐파이(Occupy)(사회경제적 불평등과 진정한 민주주의의 결여에 반대하는 국제적인 진보적·사회정치적 운동 _옮긴이) 같은 집단들은 권력을 얻으려고 하지 않으면서 주류의 정치적 컨센서스에 성공적으로 이의를 제기했고, 공식적인 정치 ― BBC의 견지에서는 더 ― 에서는 영국독립당(UKIP)(EU의 유럽통화 통합에 회의적인 우파 정당 _옮긴이)과 녹색당, 그리고 스코틀랜드 국민당(SNP)과 같이 이전에는 보잘것없던 정당들이 전통적인 정당들의 지배에 도전했다. 돌이켜보면 이런 움직임들은 모두 총선 다음에 제러미 코빈(Jeremy Corbyn)이 노동당 대표로 대두할 것을 예시했다. 닉 로빈슨에게 반체제 인사들과 반대자들, 대중주의자들, 선동가들 — 특히 정치적 행동의 효과적인 수단으로 투표를 거부하는 사람들 — 은 부패한 정치경제적 체제를 반대하는 사람들이 아니라 민주주의 그 자체를 반대하는 사람들이었다.

로빈슨의 언급들은 그가 일컬은 대로 러셀 브랜드(Russell Brand)에 대한 자신의 '불만'에서 직접적으로 기원했다. 코미디언이자 희극 배우인 러셀 브랜드는 반자본주의 운동가가 되었다. 그는 BBC〈뉴스나이트〉인터뷰에서 자신은 한 번도 투표한 적이 없고 앞으로도 하지 않을 것이라고 선언해 유명해졌다. 그는 '냉담' 때문이 아니라 '절대적인 무관심, 그리고 정치 계급의 거짓말과 배반, 기만으로 인한 피로와 탈진' 때문이라는 것을 강조했다. 선거 제도에 대한 브랜드의 가차 없는 공격은 나중에 2015년 총선 기간 동안 에드 밀리밴드(Ed Miliband)에 대한 섣부른 지지와 함께 중단되었다. 그보다 앞서 선거과정을 너무나 공개적으로 부정한 것도 많은 사람들 — 특히 닉 로빈슨 — 의 분노를 샀다. 영국에서 '전통적 민주주의'의 균열에 관한 프로그램을 제작 중이던 닉 로빈슨은 새로운 급진적 반정치 운동의 대표로서 브랜드를 인터뷰하고자 했다. 브랜드가 확실히 거절했을 때 로빈슨은 분개하며 "고상한 척하는 멍청이"라고 그를 매도했다. 로빈슨은 《라디오 타임스》에서 그 사건을 회고하면서 공산주의와 전체주의의 기억들을 상기시켰다. 그는 스스로를 '변명하지 않는 선거 신봉자'라고 말하며 투표권 행사에 관한 브랜드의 견해를 비판했다.[3]

로빈슨의 발언들이 단지 절망적으로 위축된 정치 분석의 또 다른 사례인 것만은 아니었다. 그 발언들은 BBC의 기본적인 정치적 성향에 대한 전형적인 진술이기도 했다. 즉, 민주주의에 대한 충성 선언이 아니라 영국의 정치제도에 대한 충성 선언이었다.

존 리스는 BBC의 민주주의적 잠재력을 높이 평가했다. 그는 '방송 범위의 확대'가 '보다 지성적이고 계몽된 유권자들'을 의미한다고 주장했다. 그는 BBC가 '민주주의를 위한 통합자'로서 봉사할 수 있다고 생각했다.4 통합이라는 말에는 깊은 뜻이 있다. BBC는 이전에 공민권을 빼앗긴 그룹들이 공식적인 정계에 통합되던 때에 설립되었다. 한편 엘리트들 ― 기존의 사회적·정치적 질서에 미칠 영향을 걱정하는 ― 은 이 과정을 관리하려고 시도했다. 방송 매체는 이 점에서 굉장한 잠재력을 가지고 있다고 생각되었다. 리스는 라디오가 '대중민주주의에서 정치적 과정의 필수적인 부분으로서, 정보에 근거하고 조리 정연한 여론'의 형성을 도울 수 있을 것이라고 생각했다.5 힐다 매시선도 이와 비슷한 생각을 피력했다. 그녀는 MI5 관리 출신으로 BBC의 토론 프로그램 부문의 첫 책임자였다. 그녀는 1933년에 방송이 "궁극적으로 설득 예술이며", "현대 국가가 작동하도록 도울 수 있다"라고 기술했다.6 진보적인 미디어 학자들은 자주 방송의 민주화 기능, 아니 잠재력을 강조해왔다. 예를 들어 스캐널과 데이비드 카디프(David Cardiff)는 라디오를 "보다 통일된, 그리고 평등한 사회를 만들도록 돕는 전례 없는 수단"이라고 묘사했다.

　　방송이 갖고 있는 근본적으로 민주적인 추진력 ― 리스가 잘 알고 있던 ― 은 라디오가 열어놓은 공공생활의 전 스펙트럼에 모든 사람이 접근할 수 있다는 데 있다. 방송은 모든 사람에게 공통된 접근권이라는 원

칙을 통해 공공생활을 평등하게 했다.[7]

그렇지만 이 주장과 관련해 피할 수 없는 문제가 하나 있다. 공영방송은 보편적인 시청자를 만들어낸다는 점에서 분명 '평등주의적'이지만, 매우 억압적인 사회에서 똑같은 커뮤니케이션 테크놀로지를 이용하는 것에 대해서도 마찬가지로 말할 수 있을 것이다. 어떤 의미에서든 민주적이라는 것은 매체가 정치와 문화에 대한 보편적인 접근을 확실하게 보장해야 할 뿐만 아니라 정치적·문화적 생활에 기여하고 또 논쟁할 수 있는 보편적인 기회 또한 보장해야 한다. 그러나 스캐널이 인정하듯, 방송은 '적절한 소통의 기초가 되는 상호작용'의 기회들을 제공하지 못했고 BBC의 생산물은 '정치인, 사업가, 관계당국, 전문가, 미디어 리포터와 비평가', 그리고 드물게 '뉴스 가치가 있는 의견들'을 가진 사람들에 의해 지배되어왔다.[8]

방송의 민주적 잠재력을 고려하면서 리스의 민주주의에 대한 개인적인 태도를 살펴보는 것은 의미가 있다. 1933년 5월, BBC의 초대 사장은 맨체스터대학교의 청중에게 자신의 생각을 이렇게 말했다. "어떤 사람은 다른 사람 못지않게 좋은 민주주의자일 수도 있지만 철학, 역사, 또는 경험에 비추어 민주적 과정을 거부할 수도 있습니다."[9] 2년 뒤에도 그는 비슷한 발언을 했다. 그는 '민주적이지 않은 방법만이 가능한 상황에서 민주적이지 않은 방법을 통해 고귀한 민주적 목적'을 추구했다는 점에서 무솔리니를 높이 평가했다.[10] 파시스트에 대한 그의 호감은 거기서 끝나지 않았다. 당시의 다른 많은 영국의 엘리트들처럼 리스는 히틀러에 대한 존경을 감추지 않았다. 그의 딸 마리스타 리시먼(Marista Leishman)에 따르면, 리스는 사실상 BBC에서 축출되었는데 자신의 소명이 독재였다고 생각했다.[11] 리스의 발언들은 그에게 '민주주의'는 하나의 과정, 또는 공동의 의사결정을 위한 행정체제가 아니라 당시 대중사회라고 불리던 것과 같은 뜻이었음을 보여준다.

리스는 보다 실질적인 의미에서 민주주의를 위한 시간을 거의 갖지 못했다. 악명 높은 권위주의자였던 그는 대중이 방송에 참여해야 한다거나 많은 영향을 미쳐야 한다는 기대 또는 의욕이 없었다. 그는 대중적인 기호를 무척이나 깔보았고, 시청자들을 BBC의 산물을 단지 수동적으로 수신하는 사람들로 생각했다. 그는 한 번은 "BBC 정관과 절차 어디에도 선거 과정이 없다"라고 말했고, 이것을 '의회로부터 나온 다른 공적 기관들'을 위한 하나의 모델로 여겼다. 그는 '권위와 책임이 부여된 기관'은 어디라도 이와 같이 '전제적'이어야 한다고 생각했다.[12] 리스는 당시 민주주의자가 전혀 아니었고 그 시대의 대다수 사람들처럼 방송이 계급 갈등을 해결하는 데 중요한 역할을 할 수 있다고 보는 국가주의자였다. 이것이 아마도 그가 파시즘의 목표들에 놀랍도록 호의적이 된 이유일 것이다. 파시스트들과 다른 극단적 국가주의자들이 산업사회와 현대화에 대한 명백한 반대에 폭력과 억압으로 대응했던 것에 비해, 리스는 중간계급 문화에 대한 호소와 '정관(constitution)', 그리고 민족과 제국의 상징과 제도로써 같은 목표를 실현할 수 있길 바랐다.

리스는 자신의 책 『영국 전역의 방송(Broadcast over Britain)』에서 BBC를 통해 "제국의 중심인 국회의사당 위에 있는 시계에서 나는 소리를 땅 끝에 있는 오두막에서 듣는다"라고 썼다. 그는 라디오가 '국민을 한 사람으로 만들 수 있는' 능력을 지니고 있다고 썼다.[13] 스캐널과 카디프는 리스에게 생기를 준 빅토리아 시대의 공공서비스 이상이 "사회의 권력 균형에 아무런 변화를 가져오지 못했고, 하층계급에 대한 중간계급의 지배를 유지했으며", 매튜 아놀드(Matthew Arnold)(1822~1888, 영국의 시인, 문화비평가 _옮긴이)의 문화 개념에 맞춰 "노동계급을 기존의 사회적·정치적 질서에 통합하고, 그럼으로써 아래로부터의 저항의 위협을 막았다"라고 지적했다.[14] 방송도 같은 길을 걸을 것처럼 보였다. 리스는 방송이 '특히 국가적 의례 및 행사를 실황 중계함으로써 사회적 통합을 증진할 수 있는 강력한 수단'임을 증명할 수 있을 것이라 믿었다고 스캐널은 지적했다.[15]

이것은 그 후 내내 BBC의 보수주의라는 지속적인 특성이 되었다. 1977년에 방송의 미래 위원회는 BBC를 '국가에서 가장 중요한 문화기관'으로 간주했고 BBC 경영위원장 마이클 스완이 위원회에 제출한 증거를 만족스러운 듯이 언급했다.

> BBC가 해야 할 일 가운데 많은 부분이 사실 사회적 유대를 다양하게 강화하는 것이었다. 왕실 행사, 예배, 스포츠 중계 등은 모두 국가에 대한 소속감, 그 축하행사에 참여한다는 느낌, 그리고 그것이 상징하는 바를 수용한다는 느낌을 강화했다.[16]

그러나 국가가 상징하는 것이 무엇인지는 과거만큼 명확하지 않았다. 1960년대의 격변들은 1970년대에 정치적·경제적 위기 속에서 늘어났다. 위기에 처한 사회적·민주적 상황에 구속되는 한편 자유주의적 반공주의로 인해 그 방향성이 정해진 BBC는, 닉 로빈슨이 2015년에 그랬던 것처럼, 영국의 민주주의적 특성에 호소했다. 1973년, 위기가 매우 심각했던 때에 BBC의 뉴스·시사 에디터는 BBC의 자문위원회에 공사의 "뉴스 제작진은 자신들을 공정하다고 말하지만 그렇지 않습니다. 그들은 의회 민주주의를 적극 지지합니다"라고 말했다.[17] 나중에 찰스 커랜 사장은 ≪청취자(The Listener)≫에 기고한 글에서 이런 말들을 만족스러운 듯이 인용했다. 그는 그것들을 "소중히 여긴다"라고 표현했다.

그런 호소는 당시에 매우 흔했다. 예를 들어 '우리는 뉴스와 시사를 어떻게 방송해야 할 것인가?'라는 제목을 단 BBC의 1975년 내부 논의 문서는 이에 대해 전형적으로 서술하고 있다. "물론 BBC는 전적으로 의회 민주주의를 지지하고 유지할 필요성을 인정한다."[18] 또 다른 문서에는 "이 나라에서 발전된 의회 민주주의는 유지하고 보존해야 할 국민적 지혜의 작품이다"라고 기술되었고, 이것을 '뉴스의 공급자'로서 BBC의 '주요한 법적인 역할'과 연계시켰다.[19] 또 하나의 문서는 "책임 있는 저널리즘은 의회 제도를 통해 사회가 해악을 스스로 고칠 것이라는 믿음에 달려 있다"라고 기술했다.[20]

영국의 민주주의적 특성에 대한 거의 감상적인 이러한 찬사는 지금보다는 그때 좀 더 그럴듯했다. 많은 사회세력과 역사적 요인 ─ 그러한 요인 중 중요한 것으로는 노동자 계급의 조직과 선동, 전면전, 자본주의 위기와 소비에트 공산주의의 위협 등이 있다 ─ 은 북반구의 선진화된 자본주의 사회들에서 그랬던 것처럼 비교적 단기간에 영국에서 좀 더 민주적이고 평등한 사회를 형성하는 것과 같은 방식으로 집중되었다. 30년 뒤에 신자유주의는 영국 사회를 완전히 바꾸어놓았고, 공식발표 등에서 주장했던 것과 달리 문화와 공공생활을 민주화하기는커녕 사회적·민주적 상태를 악화시켰으며, 권력이 금융 및 기업 엘리트들에게 더 집중되도록 했다.[21] 우리가 살펴본 바와 같이 BBC도 다른 사회기관들과 마찬가지로 차츰 제도적 변화의 과정을 겪었다. 변화들은 광범위하게 이루어진 사회의 변화들을 반영했다. 권한은 보다 더 집중되었고 전문적인 의사결정은 보다 더 사유시장화되었으며 노동 조건은 보다 더 불안정해졌다. 한편 대부분의 사람은 자신들의 결정권이 신자유주의적 관료제에 의해 줄어든 것을 알게 되었다. 주로 옥스브리지 출신의 엘리트가 의사결정 권한을 보유했고 상층부에 있는 간부들의 급여는 급등했다. 정부로부터의 독립이라는 지속적인 문제와 관련해 BBC는 여전히 불안정한 상태로 지내고 있다. 그 정당성을 놓고 장기적으로는 시청자들의 신뢰와 애정에 의지하지만, 단기적으로는 '돈의 지출권'을 쥐고 있고 BBC의 존폐를 좌우할 법적 권한을 가진 정치 엘리트들에 의존하고 있다. 이것은 BBC의 '체제'와의 연대가 BBC의 공공서비스에 대한 헌신과 적당히 조화를 이룰 수 있던 사민주의 시절, BBC로서는 매우 어려운 균형 잡기였다. 그러나 정치인들과 그들이 대변하는 계급 이익이 정치적으로, 경제적으로, 그리고 사회적으로 그들을 대변한다고 주장하는 사람들로부터 점점 더 멀어짐에 따라 BBC는 불가피하게 영국의 다른 힘 있는 기관들을 삼켜버린 정당성 위기와 같은 것에 직면할 것이다.

BBC의 전 역사를 통해 BBC와 관련된 핵심 문제는 강력한 이해관계자들이 그 기관의 문화와 생산물에 영향을 미치는 정도가 얼마만큼 되느냐 하는 것이었다. 스캐널과 카디프가 지적하듯이 초기의 BBC는 '기관 존속의 기초로서의 이윤 동기를 거부'했다. 1930년대 동안 정치인들과 국가공무원들의 압력은 '보수적인 전국지의 잘 조율된 캠페인'과 함께 이 매체의 민주적 잠재력을 사실상 억누를 수 있었다.[22] BBC

가 방송의 '황금시대'에 BBC 독립성의 성격과 범위에 대해 어떤 의견을 가졌었든, 또는 BBC가 독립성과 공정성 약속을 얼마만큼 지켰든 간에 지금의 BBC가 1930년대의 BBC — 영국이 지금만큼 불평등했던 시절 — 보다 영국사회를 지배하는 강력한 이해관계자들로부터 더 자유롭다고 할 수 없다. 현재의 BBC는 늘 그래왔듯이 단지 체제의 일부에 불과한 것이 아니다. BBC는 신자유주의적인, 그리고 비즈니스 지배적인 체제의 일부이며 영국의 포스트 민주주의적 환경에서 중요한 기관이다. 신자유주의의 국가에 묶이고 정치 엘리트와 기업 미디어에 있는 자신들의 동지들에 의해 교수척장분지형(잉글랜드에서 국가반역죄에 적용되었던 극형 _ 옮긴이)을 당할 위험에 직면했던 BBC는 기업 – 국가 엘리트의 필요와 조화되지 않는 공익의 개념을 말로 표현하는 것은 물론이고 법적으로 저항하는 것도 불가능해 보인다. 오늘날 좌파에 속한 많은 사람들은 BBC의 모든 결함에도 불구하고 여전히 BBC를 지지하고 있다. BBC가 사적 이익과 기업의 프로파간다에 의해 지배되는 '산업'에서 신뢰할 수 있는 뉴스의 원천으로 남아 있는 것이다. 아마도 그런 이유에서 BBC가 널리 옹호되고 있을 것이다. 대대적인 민영화를 단행하는 것, 또는 모든 방송사가 공정성을 유지하도록 하는 요건을 제거하는 것은 문제를 악화시킬 수 있었다. 그러나 BBC는 30년 동안 방어적인 입장을 취했고, 사정은 천천히 악화되었다.

공공서비스에 기초한 BBC의 개혁은 가능했을까? BBC의 긴 역사는 BBC의 '관리'가 효과적으로 점검되도록 할 수 있는 몇 가지 확실한 방법이 있다는 것을 보여준다. BBC는 영속하는 법적 기반 위에 세워져야 했다. 고위직 임명과 재정에 대한 정치적 통제는 폐지되고 공적 책무성을 좀 더 민주적으로 수행하게 하는 시스템으로 대체되어야 했다.

신입사원 채용은 계층과 인종, 성별, 지역, 기타 등등의 면에서 시청자들을 보다 충실히 대변할 수 있도록 이루어져야 했다. 보도는 영국의 커뮤니케이션 인프라, 미디어 기업, 그리고 훨씬 더 광범위한 차원의 커뮤니케이션 산업과 분리되어 실행되어야 했다. 편집 기준은 유지하되 집중된 편집통제는 해체되어야 했다. BBC는 댄 하인드(Dan Hind)가 주장한 '공중 외주(public commissioning)' 모델처럼 편집권을 민주화하는 방법을 개발할 필요가 있다.[23]

그와 같은 근본적인 개혁 프로그램은 BBC의 구조와 문화를 근본적으로 바꾸고, BBC를 국가와 기업 부문에서 떼어내며, 그것을 '시민 사회' 영역에 확고하게 놓는 것을 의미할 것이다. 바꾸어 말하면 그것은 BBC를 자신이 항상 주장해온 독립적이고 민주적인 기관으로 바꾸는 것을 뜻한다. 그런 변화가 일어난다면 BBC는 영국 사회를 민주화할 뿐만 아니라 그 문화도 풍부하게 할 수 있는 잠재력을 갖게 될 것이다. 우리 시대의 가장 큰 오류들 중 하나가 불안정성과 창의성을 연관시키고, 기업가주의와 혁신을 연계하는 것이다. 이 점에서 버트의 BBC는 중요한 사례 연구였다. 실제로 자본은 어떤 것도 창조하지 않았다. 자본은 단지 사람들의 창의성과 전문성에 투자했고, 그들의 활동을 이윤을 내는 쪽으로 이끌었다. 놀랄 것도 없이 자본주의 원칙에 기초를 둔 기관들은, BBC가 1990년대에 그런 것처럼, 인구가 많지 않은 지역에서 문화 생산이 집중되게 하고 있고, 문화적 작업이 의존하는 창의적 자유를 제한하고 있다. 그 소산은 지켜보기가 우울하다.

이 책의 주안점은 방송의 정치학이었는데, 그 정치적 한계는 대부분 테크놀로지 자체에 있었다. 값비싼 장비를 이용하는 '한 방향으로만 제한된' 커뮤니케이션 시스템인 라디오, 그리고 특히 텔레비전은 항상

과도하게 제작을 바탕으로 했다. 그래서 1970년대에 미디어 개혁을 위한 프로젝트들은 집중 배제와 상호주의를 강조했고 '접근권 개방' 실험들을 시작했다. 이것은 방송 시스템을 개방하려는 시도들이었고, 채널 4의 출범과 다른 여러 조치로 어느 정도는 제도화되었다.

당시 신자유주의자들은 유사한, 아마도 훨씬 더 효과적인, 소비자 주권이라는 개념에 근거한 방송 시스템의 개방을 지지한 것으로 보였고, 또 테크놀로지도 그들의 편인 것처럼 보였다. 피터 제이는 1981년 맥태가트(MacTaggart) 강좌에서 '주파수 희소성' ─ 방송의 공적 규제와 BBC 설립을 위한 본래의 논리적 근거 ─ 이 소멸될 것이고 이와 함께 "정부가 전자적 출판에 개입할 기술적인 근거도 없어질 것이다"라고 주장했다. 제이는 지금 우리로 하여금 무엇을 언제 볼 것인지 선택할 수 있도록 하는, 당시 부상하고 있던 테크놀로지의 잠재력을 물론 알고 있었다. 제이가 예견했던 것과 거의 같게, 시간이 지나면 인터넷은 방송이라는 오래된 시스템을 쓸모없게 만들 것이다.

그러나 신자유주의자들은 새로운 테크놀로지의 모든 의미를 내다보지는 못했다. 지난 수십 년 동안 커뮤니케이션 테크놀로지의 급속한 변화로 인한 실질적인 영향은 기업들이 문화적 생산품, 특히 저널리즘으로 돈을 벌기가 갈수록 어려워진다는 것이다. 이런 문화 상품은 이제 별도의 비용을 들이지 않고도 복제될 수 있고 또 재분배될 수도 있게 되었다. 기업들은 유료서비스를 도입해 접속을 제한하고 지적재산권을 보호하는 입법으로 대응했다. 문화 영역에서 피콕 위원회에 의해 주장된 구독료 서비스 형태는 정착된 것으로 보인다. 그러나 이런 서비스가 민주적 사회를 위해 불가결한 것으로 널리 인식되는 저널리즘을 유지할 수 있을지는 의문스럽다. 얄궂게도, 우리는 이제 저널리즘 및 문화 생산의 가장 효율적인 시스템으로 인해 제작 시점에 공개적으로 자금을 지원받고 무료로 모든 사람에게 이를 전달할 수 있는 단계에 도달했다. BBC의 웹사이트와 아이플레이어(iPlayer) 둘 모두 BBC 역사에서 굉장한 성공이었으며, 각별히 웹사이트는 그 인기 때문에 민간 부문으로부터 공격을 받아왔다. 그런 성공들은 강하고 독립적이고 공적으로 재원을 조달하는 BBC가 탈방송 미래에 할 수 있는 일종의 역할을 암시한다. 그런 역할은 급진적인 미디어 개혁이 민주적인 협의를 할 수 있는 기회들을 어젠다의 마지막이었던 1970년대보다 훨씬 더 확실하게 부여한다. 우리는 그런 근본적인 개혁 프로그램이 기술적인 면에서 즉시 가능한, 그러나 지금 당장은 정치적으로 상상할 수 없는, 특별한 시점에 도달했다.

감사의 말

최종적으로 이 책에 이르게 된 긴 과정은 8년 전 내가 사회학 박사학위를 위한 연구에 착수하면서 시작되었다. 이 책은 그 논문에 기초한 것이기에, 거기서 표했던 감사를 되풀이할 필요가 있다. 우선 친구이자 동료인 데이비드 밀러(David Miller)에게 감사의 뜻을 표한다. 그는 나의 박사학위 지도교수로서 이루 말할 수 없이 귀중한 지원과 격려를 해주었고 수년간 나의 사회학적 상상력을 발전시키는 데 크게 기여했다. 캐버샴(Caversham)에 있는 BBC 기록보관소(BBC Written Archives)의 트리시 헤이즈(Trish Hayes)도 큰 도움이 되었다. 내 연구의 과정에서 인터뷰에 응해준 사람들에게 고맙다는 인사를 전하고 싶다. 그들은 이 책을 위한 소재를 제공했을 뿐만 아니라 내 생각을 발전시키는 데 도움을 준 사려 깊은 의견들과 분석을 제시했다.

마크 홀링스워스는 박사학위를 위한 조사의 처음 몇 년간 흥미롭고 융통성 있는 작업을 제공해주었고(그 작업이 없었다면 연구를 끝마칠 수 없었을지도 모른다), 나중에는 정치적 심사에 관한 유용한 자료를 제공했다. 존 쿡(John Cook), 스티븐 도릴(Stephen Dorril), 토니 하컵(Tony Harcup), 데이비드 멀론(David Malone), 데이비드 매퀸, 이안 싱클레어

등을 포함해 여러 사람들이 이 책을 위해 자료를 제공하거나 전후 맥락을 알려주었다. 친구 제이미 스턴 위너(Jamie Stern Weiner)와 이 책에 주안점과 명확성을 부여해준 베르소(Verso)의 편집자 레오 홀리스(Leo Hollis)에게도 감사의 인사를 전한다.

수년 동안 사랑과 지원을 아끼지 않은 부모님께 특별히 감사드린다. 그들은 내가 빚진 큰 은혜에 대한 보답을 전혀 기대하지 않으셨다. 나도 결코 그럴 수 없으리라는 것을 안다. 마지막으로 아내 캐리(Carrie)에게 감사를 전하고자 한다. 그녀는 BBC와 신자유주의에 관한 장광설과 독백을 누구보다도 많이 견뎌야 했으며, 그녀와 보내야 할 시간에 논문을 쓰고 그런 뒤에는 이 책을 쓰던 나를 참아주었다. 그녀의 사랑과 지원은 한없이 소중했다. 그래서 나는 이 책을 그녀에게, 그리고 토비(Toby)에게 바친다.

미주

머리말

1   BBC Media Centre, 'BBC's combined global audience revealed at 308 million', 21 May 2015, bbc.co.uk.

2   BBC, BBC Audience Information Data Tables(document 1), April-June 2015, bbc.co.uk.

3   BBC Media Centre, 'BBC's combined global audience revealed at 308 million'. 그다음으로 대중적인 정보원은 ITN과 스카이(Sky)인데 시청자 수에서 BBC에 훨씬 못 미친다. 한편 영국에서 가장 많은 독자를 확보하고 신문은 ≪데일리 메일(Daily Mail)≫인데 그 비율은 6분의 1보다 낮다. Ofcom, *News consumption in the UK: research report*, 15 December 2015, Stakeholders.ofcom.org.uk.

4   Ofcom, News consumption in the UK: research report.

5   Owen Jones, *The Establishment: And how they get away with it*, London: Penguin 2015, 118.

6   Georgina Born, *Uncertain Vision: Birt, Dyke and the Reinvention of the BBC*, London: Random House, 2004, 178.

7   Michael Svennevig, *BBC Coverage of Business in the UK: A Content Analysis of Business News Coverage*, Leeds: Institute of Communication Studies, University of Leeds, 2007, 29.

8   David McQueen, 'BBC's Panorama, war coverage and the "Westminster consensus"', *Westminster Papers in Culture and Communication* 5:3, 2008, 47~68.

9   Asa Briggs, *History of Broadcasting in the United Kingdom: Volume I: The Birth of Broadcasting*, London: Oxford University Press, 1961, 123.

10 Charles Curran, 'Broadcasting and society', speech, Edinburgh Broadcasting Conference, 23 March 1971.

11 Hugh Greene, *The Third Floor Front: A View of Broadcasting in the Sixties*, London: Bodley Head, 1969, 125.

12 James Curran and Jean Seaton, *Power Without Responsibility: The Press and Broadcasting in Britain*, 5th edition, London and New York: Routledge, 1997, 363.

13 Stuart Hood, *On Television*, London: Pluto Press, 1987, 49.

14 *Report of the Committee on the Future of Broadcasting*, London: HM Stationery Office, 1977, 14.

15 제임스 커랜(James Curran)은 "중급 지식인(middle-brow)', 옥스브리지, 남성 엘리트에 대한 불만의 분위기'와 '친밀하고, 현실에 안주하는, 잘난 척하는 방송 기득권층'을 회고했다. 그는 BBC 지도부가 1960년대 이후 영국 사회와 유리되었음을 보여주는 사례로 다음의 일화를 이야기했다. "언제였는지는 잘 모르겠지만 멋진 남자 앨러스데어 밀른(Alasdair Milne)과 저녁식사를 했던 것을 나는 기억한다. 그때가 1980년대 초였을 것이다. …… 내가 그를 골드스미스대학교로 초대했다. 만찬 파티에서 내가 예의 없이 행동했기 때문에 나

는 책임감 같은 것을 느꼈다. 물론 나의 학생들도 예의 없이 굴었다. 그 장소는 사람들로 꽉 찼었다. 질문시간이 되어서 내가 "질문 있는 사람 없나요?"라고 말했다. 질문은 30분 가까이 계속되었다. "BBC에는 왜 옥스브리지 출신들만 있는 건가요?" "왜 직원들은 모두 백인인가요?" "왜 남자직원들만 있나요?" "당신들이 어떻게 국민을 대변한다고 주장할 수 있나요?" 마지막에 나는 뒤쪽에 서 있던 정장차림의 남자에게 몸을 돌리며 '마침내 그가 뭔가 다른 것에 대해 질문할 것이다'라고 생각했다. …… 앨러스데어 밀른은 황제의 근위대처럼 고위 임원들을 동반했다. 그것은 마치 워크숍 같았고, 그들은 우파 정부에 대해 방송의 독립을 지키는 것을 칭찬하는 사람들의 승인 아래 일광욕을 하러 가는 듯했다. 그들은 자신들이 앞으로 받게 될 이런 식의 응대에 대해 전혀 모르고 있었다"(Interview with James Curran, 2 March 2011).

16 BBC Written Archives Centre, News and Current Affairs Minutes, 13 March 1979.

17 최근 수십 년간 하원의 전직 변호사 비율은 감소해왔지만, 기업가, 전문 정치인 다음으로 여전히 높은 직업적 배경을 차지한다. House of Commons Library, 'Social background of MPs', 14 December 2010, researchbriefings.files.parliament.uk.

18 John Birt, *The Harder Path: The Autobiography*, London: Time Warner, 2002, 254.

19 같은 글, 283.

제1장. 권력의 그늘

1 John Reith, 'Forsan', *Parliamentary Affairs* 17:1 1963, 25.

2 같은 글, 29.

3 John Reith, Charles Stuart(ed), *The Reith Diaries*, London: Collins, 1975, 97.

4 Ian McIntyre, *The Expense of Glory*, London: Harper-Collins, 1994, 146.

5 Reith, 'Forsan', 23~30.

6 Phillip M. Taylor, *British propaganda in the 20th century: Selling Democracy*, Edinburgh: Edinburgh University Press, 1999, 92.

7 J. C. C. Davidson, Letter to Edward Wood, Lord Irwin(later Lord Halifax), 1926.

8 같은 글.

9 Asa Briggs, *The History of Broadcasting in the United Kingdom, Volume I: The Birth of Broadcasting*, Oxford University Press, 1961, 363.

10 Christopher Farman, *The General Strike 1926*, London: Granada, 1972, 125.

11 Davidson, Letter to Edward Wood.

12 Briggs, *The History of Broadcasting in the United Kingdom*.

13 Andrew Marr, *The Making of Modern Britain: From Queen Victoria to VE Day*, London: Pan Books, 2010, 275.

14 Reith, 'Forsan', 29.

15 McIntyre, *The Expense of Glory*, 146.

16 John Reith, Letter to the senior staff of the BBC, 15 May 1926; Briggs, *The History of Broadcasting in the United Kingdom*, 364~366.

17 John Reith, *Into the Wind*, London: Hodder and Stoughton, 1949, 113.

18 같은 글.

19 John Reith, 'Forsan', 23~30.

20 John Reith, Letter to the senior staff of the BBC, *The History of Broadcasting in the United Kingdom* in Briggs, 368.

21 National Archives, HO 45/12431 *General Strike, 1926: Report of Deputy Chief Civil Commissioner*, 24 June 1926, 9.

22 Reith, *Into the Wind*, 109~110.

23 Peter Putnis, 'British government control of Reuters during World War I', Media History 14:2, August 2008, 141~165; Reith, *Into the Wind*, 109~110.

24 Peter Eckersley, *The Power Behind the Microphone*, London: Jonathan Cape, 1941, 157.

25 리스의 딸 마리스타 리시먼은 아버지의 전기를 쓰면서 매킨타이어의 글을 인용했다. Marista Leishman, *Reith of the BBC: My Father*, Edinburgh: St Andrew Press, 2008, 66; McIntyre, The Expense of Glory, 146.

26 Briggs, *The History of Broadcasting in the United Kingdom*, 360.

27 James Curran and Jean Seaton, *Power Without Responsibility: Press, Broadcasting and the Internet in Britain*, 7th edition, Abingdon and New York: Routledge, 2010, 113.

28 National Archives, HO 45/12431. *General Strike, 1926: Report of Deputy Chief Civil Commissioner*, 24 June 1926, 1.

29 Michael Tracey, *BBC and the reporting of the General Strike*. Introduction to the microfilm edition. Microform Academic Publisher, 2003, 15.

30 BBC Written Archives Caversham, R24/325, undated. Paddy Scannell and David Cardiff, *A Social History of Broadcasting: Volume One 1922-1939, Serving the Nation*, Oxford: Basil Blackwell, 1991, 87~88.

31 Curran and Seaton, *Power Without Responsibility*, 227; Anthony McNicholas and Jean Seaton, 'The BBC and the British State: a Curious Example of the Advantages of an Unwritten Constitution', RIPE: Re-Visionary Interpretations of the Public Enterprise, 2006, Ripeat.org.

32 Briggs, *The History of Broadcasting in the United Kingdom*, 236.

33 Ralph Miliband, *The State in Capitalist Society: The Analysis of the Western System of Power*, London: Quartet, 1973, 46; 50; 47; 209~110.

34 Tom Burns, *The BBC: Public Institution and Private World*, London and Basingstoke: MacMillan, 1977, 195; 192.

35 Georgina Born, *Uncertain Vision: Birt, Dyke and the Reinvention of the BBC*, London: Random House, 2004, 33.

36 Hugh Greene, 'The World Image of BBC', Financial Times, 24 August 1964, 2.

37 Schlesinger, *Putting 'Reality' Together*, London: Methuen, 1987, 167~168.

38 Andrew Boyle, *Only the Wind Will Listen: Reith of the BBC*, London: Hutchinson, 1972, 238.

39 Ralph Miliband, *Capitalist Democracy in Britain*, Oxford University Press, 1982, 81.

40 John Birt and Peter Jay, 'Why television news is in danger of becoming an anti-social

force', *The Times*, 3 September 1976, 6.

41 Meirion Jones, 'The BBC, Savile and investigations', Open Democracy, 22 January 2016, Opendemocracy.net.

42 John Naughton, 'Diary', *London Review of Books* 14:24, 17 December 1992, 21.

43 Ian Trethowan, 'Broadcasting and Politics', speech given to the Guild of British Newspaper Editors at Coventry by Director-General of the British Broadcasting Corporation, 22 October 1977.

44 'BBC Charter renewal: Key issues for the 2015 Parliament', Parliament.uk.

45 Stuart Hood, 'News from Nowhere?', *International Socialism* 68, 1995, Maxists.org.

46 Interview with Michael Bett, 23 June 2011.

47 'BBC to fund provision of free television licences for over 75s', press release, Department for Culture, Media & Sport and HM Treasury, 6 July 2015.

48 Jane Martinson, 'Former BBC chief attacks secret government licence fee deal', *Guardian*, 23 December 2014.

49 Jon Stone, 'The BBC is worryingly close to becoming an arm of the Government, says its own former chair', *Independent*, 6 July 2015.

50 Jane Martinson and John Plunkett, 'BBC to take on £750m cost of subsidy for over 75s in licence fee deal', *Guardian*, 6 July 2015.

51 Born, *Uncertain Vision*, 33.

52 제2차 세계대전 이후 수십 년간 경영위원회도 그 구성에 사회의 변동을 반영해왔다. 그렇지만 영국 역사상 가장 평등했던 시기인 1960년대와 1970년대에도 가난한 집안 출신 경영위원들은 여전히 적었다. 반면 정상급 사립학교 출신(전체 인구의 0.2%만 수학)의 경영위원들은 23%였다(제1, 2차 세계대전 사이에는 41%였다가 급격히 감소). 사립학교 교육을 받은 경영위원들의 비율은 60%였다(전간기 대비 약간 증가). Harold Perkin, 'The recruitment of elites in British society since 1800[, *Journal of Social History* 12:2, 1978, 222~234.

53 Social Mobility and Child Poverty Commission, *Elitist Britain?*, London, 2014, 12~15, 40, 71~72.

54 BBC Annual Report and Accounts 2014/15, 110, downloads.bbc.co.uk/annualreport/pdf/2014-14/bbc-annualreport-201415.pdf.

55 Nicholas Hellen and Robin Henry, 'Cash keeps rolling in for BBC's six-figure big shots', *Sunday Times*, 2 March 2014.

56 'About the BBC, News Group, Senior Managers' Salary Bands', downloads.bbc.co.uk/aboutthebbc/insidethebbc/managementstructure/seniormanagement/sm_salaries/sm_salaries_news_2015.pdf.

57 The Sutton Trust, *The Educational Backgrounds of Leading Journalists*, London: Sutton Trust, 2006.

58 Schlesinger, *Putting 'Reality' Together*, 162, 180.

59 Stuart Hood, *A Survey of Television*, London: Heinemann, 1967, 50.

60 David Hendy, *Life on Air: A History of Radio Four*, Oxford: Oxford University Press.

61 Burns, *The BBC*, 195.

62 Krishan Kumar, 'Holding the Middle Ground: The BBC, the Public and the Professional Broadcaster', *Sociology* 9:1, 1975, 67.

63 Schlesinger, *Putting 'Reality' Together*, 137, 195~196.

64 Burns, *The BBC*, 195.

65 BBC Written Archives Centre, T62/97/1 News and Current Affairs Policy Coverage General 1968-1976, Meeting minutes, 30 January 1970.

66 National Archives, PREM 161516 BBC, 'Financing the BBC-TV licence fee increases'. 앨딩턴 경(Lord Aldington)이 주관하고 해럴드 윌슨(Harold Wilson), 마이클 스완 경(Sir Michael Swann), 휴 웰던, BBC 텔레비전의 영향력 있는 인사들, 미국의 신보수주의자 노먼 포드호레츠(Norman Podhoretz) 등이 참석한 만찬의 기록. Norman Podhoretz, 'On the death of a friend' *The Times*, 22 March 1986, 8.

67 BBC Written Archives Centre, R78/1, 826/1, 'M. Swann(1973)'. 해럴드 윌슨과 3월 20일 가진 점심에 관한 경영위원장의 3월 21일 기록. Freedman, *Television Policies of the Labour Party*, London: Frank Cass, 2003, 84~85.

제2장. BBC와 정보기관: 만족스러운 관계

1 *Radio Times*, 26 April 1935, 52.

2 National Archives, KV2/1385, Letter from Vernon Kell to Chief Constable Mayor Stanley Clarke, 27 October 1933.

3 *Radio Times*, 15 March 1935, 58.

4 Peter Stanford, C *Day-Lewis: A Life*, London: Continuum, 2007, 142.

5 National Archives, KV2/1385, MI5's 'Summary of contents' of letter from Cecil Day-Lewis to F. N. Roy, 3 may 1935.

6 *The Diaries of Captain Malcolm Duncan Kennedy, 1917-1946*(Thursday 1st November 1934), sheffield.ac.uk/library/libdocs/kennedy_diaries.pdf.

7 National Archives, KV4/121, Note by B. re liaison with Col. Dawnay of the BBC, 20 December 1933.

8 National Archives, KV4/121, Copy of note handed to D. S. S. for D. M. O. & I., 6 July 1934.

9 National Archives, KV4/121, Note by B. re liaison with Col. Dawnay of the BBC, 20 December 1933.

10 Paddy Scannnell and David Cardiff, *A Social History of Broadcasting: Volume One, 1922-1939*, Oxford: Basil Blackwell, 1991, 290.

11 Richard Overy and Peter Pagnamenta, *All Our Working Lives*, London: British Broadcasting Corporation, 1984, 216.

12 'Undelivered broadcast speech', *The Times*, 6 March 1934, 11.

13 National Archives, KV4/121, note re. interview with Col. Dawnay, 14 March 1934.

14 같은 글.

15 National Archives, KV4/121, note re. I further interview, 23 March 1934.

16 National Archives, KV4/121, to Col. Dawnay, forwarding report, 16 October 1934.

17 National Archives, KV4/121, note to D. S. S. re. discussion with Col. Dawnay, 24 October 1934.

18 National Archives, KV4/121, note re. interview with Col. Dawnay, 14 March 1934.

19 National Archives, KV4/121, Extract form Admiralty file GW. 8334/1934, 16 October 1934.

20 'General Post at BBC', *Guardian*, 31 May 1935, 11.

21 Hilda Matheson, 'Changes at the BBC', *Observer*, 14 July 1935, 8.

22 National Archives, Arrangements made by DSS with Admiral Carpendale, 3 April 1935.

23 National Archives, KV4/121, note re. discussion with Col. Dawnay and Capt. Graves, 3 April 1935.

24 'Controller Of BBC Programmes Mr. Cecil Graves' New Post', *The Times*, 31 May 1935, 16.

25 National Archives, KV4/121, note re. discussion with Col. Dawnay and Capt. Graves, 23 August 1935.

26 같은 글.

27 MI5는 일정 기간, 즉 제2차 세계대전 기간 동안 BBC 프로그램에 나오는 사람들 — '배우들, 연사들 등' — 을 조사하곤 했다. 그러나 조사는 곧 중단되었고 BBC가 원고를 검열하고 기고자를 감독하도록 하는 '특별한 조치들'이 마련되었다. *James Smith, British Writers and MI5 Surveillance, 1930-1960*, Cambridge: Cambridge University Press, 2012, 91~92.

28 'Formalities: The Way Ahead', R. I. Stonham to Director of Personnel, 31 January 1983. Released by the BBC under the Freedom of Information Act.

29 'Vetting of BBC Staff', memo for Director of Personnel, 7 March 1985. Released by the BBC under the Freedom of Information Act. 전복 지위의 사람들과 달리 접근 지위의 사람들은 정치적 조사뿐만 아니라 범죄 기록도 조사받았다. 1974년 8월까지 '절차' 조사를 받는 모든 사람은 범죄기록 검사를 포함해 동일한 절차를 거쳐야 했다. 분리된 절차의 개발과 '접근 목록' 자체는 범죄기록국(Criminal Records Office)이 1972년에 비밀정보 접근 권한을 가진 직원들에 한해 범죄기록 검사를 실시하겠다는 결정에서 유래했다. Discussion Paper for meeting on 18 May 1983 between Box 500/BBC representatives, 18 May 1983. Released by the BBC under the Freedom of Information Act.

30 'Vetting of BBC Staff' memo.

31 Discussion paper for meeting on 18 May 1983 between Box 500/BBC representatives, 18 May 1983. Released by the BBC under the Freedom of Information Act.

32 Report of a meeting held in Broadcasting House between representatives of the BBC and the Security Service on 18 May 1983 on 'Vetting for the British Broadcasting Corporation'. Released by the BBC under the Freedom of Information Act.

33 Christopher Andrew, *The Defence of the Realm: The Authorized History of MI5*, London: Allen Lane, 2009, 591.

34 'Formalities: The Way Ahead', Annex B, R. I. Stonham to Director of Personnel, 31 January 1983. Released by the BBC under the Freedom of Information Act.

35 Discussion paper for meeting on 18 May 1983 between Box 500/BBC representatives.

36 프리랜서 조사는 처음에는 2년 주기였으나 특무 사무소 인원이 감소된 1980년 6월 이래로 4년 주기로 바뀌었다. 'Formalities: The Way Ahead'.

37 'Counter-subversion post review', 5 January 1984. Released by the BBC under the Freedom of Information Act.

38 'Vetting for the British Broadcasting Corporation'.

39 'Formalities: The Way Ahead'.

40 같은 글.

41 'Vetting of BBC staff' memo.

42 'Formalities: The Way Ahead'.

43 'History of Vetting', R. I. Stonham to Director of Personnel, 7 February 1984. Released by the BBC under the Freedom of Information Act.

44 Jean Seaton, *Pinkoes and Traitors: The BBC and the nation, 1974-1987*, Kindle edition, London: Profile, 2015.

45 'Formalities: Historical 1950-82', BBC News Formalities, Box 500, 21 March 1979, R154/9/1, quoted in Seaton, *Pinkoes and Traitors*.

46 Discussion paper for meeting on 18 May 1983 between Box 500/BBC representatives.

47 'Formalities: Historical 1950-82', BBC News Formalities, Record of a meeting between J. H. Arketll DSA and Sir Roger Hollis, Box 500, 30 July 1959, R154/9/1, quoted in Seaton, *Pinkoes and Traitors*.

48 Andrew, *Defence of the Realm*.

49 같은 글, 397.

50 'Formalities: The Way Ahead'.

51 Discussion paper for meeting on 18 May 1983 between Box 500/BBC representatives.

52 'Formalities: The Way Ahead'.

53 같은 글.

54 'Counter-subversion post review', Notes on Chairman/Vice Chairman Views, 12 April 1985. Released by the BBC under the Freedom of Information Act.

55 Notes of a meeting held in Broadcasting House, London on 18 May 1983 to discuss vetting on BBC staff.

56 Discussion paper for meeting on 18 May 1983 between Box 500/BBC representatives.

57 Notes of a meeting held in Broadcasting House, London on 18 May 1983 to discuss vetting on BBC staff.

58 Released by the BBC under the Freedom of Information Act.

59 'Vetting of BBC Staff' memo.

60 'Counter-subversion post review', 5 January 1984. Released by the BBC under the Freedom of Information Act.

61 'Formalities: Defensive Brief', R. I. Stonham to Director of Personnel, 9 March 1983. Released by the BBC under the Freedom of Information Act.

62 Memo from Director of Administration, John Arkell, to Mr Berry, 1 March 1968, and attached brief on BBC Recruitment. Released by the BBC under the Freedom of

Information Act.

63 David Leigh and Paul Lashmar, 'Revealed: How MI5 vets BBC staff', *Observer*, 18 August 1985, 1.

64 David Leigh, 'Secret spookery still under wraps', *British Journalism Review* 2:2, 2010, 39.

65 Leigh and Lahmar, 'Revealed: How MI5 vets BBC staff'.

66 'Newspaper Claims MI5 Security Service Has Veto Power Over BBC hiring', Associated Press, 18 August 1985.

67 Ronnie Stonham to R. A. Harrington, 21 October 1985. Released by the BBC under the Freedom of Information Act; R. I. Stonham to R. A. Harrington, BBC Security Vetting (Draft), no date. Released by the BBC under the Freedom of Information Act.

68 Draft letter from Christopher Martin to Judge Mason QC, 17 August 1988, and 'Appointment of Vetting Ombudsman/Monitor Terms of Reference', 26 May 1988. Released by the BBC under the Freedom of Information Act.

69 'Appointment of Vetting Ombudsman/Monitor Terms of Reference',

70 Notes of a meeting held in Broadcasting House, London on 18 May 1983 to discuss vetting on BBC staff.

71 Leigh, 'Secret spookery still under wraps'.

72 'Formalities: The Way Ahead'.

73 Chris Hasings, 'Revealed: how the BBC used MI5 to vet thousands of staff', *Daily Telegraph*, 2 July 2006.

74 'Formalities: Defensive Brief'.

75 Andrew, *The Defence of the Realm*, 397.

76 'History of Vetting'.

77 Discussion paper for meeting on 18 May 1983 between Box 500/BBC representatives.

78 Andrew, *The Defence of the Realm*, Kindle edition.

79 'Vetting: Current Position', A Paper by C. A. to D. Pers, 7 October 1985. Released by the BBC under the Freedom of Information Act.

80 Notes on a meeting on 19 November 1985 with Ronnie Stonham and Joan Reader. Released by the BBC under the Freedom of Information Act.

81 Joan Reader to P.O.Box 500, 29 October. Released by the BBC under the Freedom of Information Act.

82 David Witherow to Ronnie Stonham, Bulgarian Section, 24 October 1985. Released by the BBC under the Freedom of Information Act.

83 Hugh Greene, *The Third Floor Front: A View of Broadcasting in the Sixties,* London: Bodley Head, 1969, 123.

84 Stephen Dorril, *MI6: Inside the Covert World of Her Majesty's Secret Intelligence Service,* New York: Simon & Schuster, 2000, 624.

85 Scott Lucas, 'COLD WAR: The British Ministry of Propaganda', *Independent*, 26 February 1995.

86   Director of Operations, Secret, Director No.16, 'Propaganda Policy and Organisation', cited in Leon Comber, *Malaya's Secret Police 1945-60: The Role of the Special Branch in the Malayan Emergency*, Singapore: Institute of Southeast Asian Studies, 2008, 158.

87   Paul Lashmar and James Oliver, *Britain's Secret Propaganda War*, Stroud: Sutton Publishing, 1998, 58.

88   Simon M. W. Collier, 'Countering Communist and Nasserite Propaganda: the Foreign Office Information Research Department in the Middle East and Africa, 1954-1963', PhD thesis, University of Hertforshire, 2013, 167.

89   Alban Webb, 'Auntie Goes to War Again', *Media History* 12:2, 2006, 127.

90   Lashmar and Oliver, *Britain's Secret Propaganda War*, 62.

91   같은 글, 61.

92   Webb, 'Auntie Goes to War Again'.

93   Lashmar and Oliver, *Britain's Secret Propaganda War*, 58~59; John Jenks, *British Propaganda and News Media in the Cold War*, Edinburgh: Edinburgh University Press, 2006, 83.

94   Collier, 'Countering Communist and Nasserite Propaganda', 211.

95   WAC, R34/399, 'News Items from the FO', Memorandum from DES to NENE, 1 April 1947, quoted in Webb, 'Auntie Goes to War Again', 124.

96   Collier, 'Countering Communist and Nasserite Propaganda', 13, 38, 245.

97   Mark Leonard, Catherine Stead and Conrad Smewing, *Public Diplomacy*, The Foreign Policy Press, 2014, 34.

98   Frank Gardner, *Blood and Sand*, 10th anniversary edition, London: Bantam Press, 2014, 292~293.

99   Alan Travis, 'Revealed: Britain's secret propaganda war against al-Qaida', *Guardian*, 26 August 2008.

100   Oliver Luft, 'Al-Qaida row: BBC admits security correspondent met anti-terror officials', *Guardian*, 28 August 2008.

101   Emma Briant, *Propaganda and Counter-terrorism: Strategies for Global Change*, Manchester: Manchester University Press, 2014, 113.

102   BBC, BBC Monitoring Scheme, March 2013, downloads. bbc.co.uk/bbctrust/assets/files/pdf/regulatory_framework/protocol/2013/bbc_monitoring_scheme.pdf.

103   House of Commons Foreign Affairs Committee, *The future of the BBC World Service: Ninth Report of Session 2013-14*, HC 1045, HMSO, para.19.

104   Rahesj Mirchandani and Abdullahi Tasiu Abubakar, *Britain's International Broadcasting*, Los Angeles: Figueroa Press, 2014, 17.

105   HM Government, *National Security strategy and Strategic Defence and Security Review 2015: A Secure and Prosperous United Kingdom*, Cm 9161, November 2015, HMSO, paras.5.17 and 1.3.

106   BBC Press release, 'Statement on newly announced Government funding of the World Service', 23 November 2015, bbc.co.uk.

제3장. 전쟁과 평화

1   Kamal Ahmed, 'MI6 chief briefed BBC over Iraq arms fears', *Observer*, 6 July 2003.

2   Kenneth Bloomfield, *The BBC at the Watershed*, Liverpool: Liverpool University Press, 2008, 140~141.

3   Greg Dyke, *Inside Story*, London: HarperCollins, 2004.

4   'BBC statements in full', BBC News Online, 29 January 2004, bbc.co.uk.

5   *The Pollard Review*, 18 December 2012, para. 65, 60, downloads.bbc.co.uk/bbctrust/assets/pdf/our_work/pollard_review/pollard_review.pdf.

6   The Pollard Review Transcripts, Stephen Mitchell(Part 1), 19 November 2012, 26~28, downloads.bbc.co.uk/aboutthebbc/insidethebbc/howwework/reports/pdf/pollard/stephen_mitchell_1.pdf.

7   *The Pollard Review*, para.57.

8   Ian Burrell, 'Hutton Inquiry: Alastair Campbell, Andrew Gillian and Greg Dyke look back 10 years on', *Independent*, 27 April 2013.

9   Steven Barnet, *The Rise and Fall of Television Journalism: Just Wires and Lights in a Box?*, London and New York: Bloomsbury, 2011, 171, 177, 179~181.

10 *Review of Intelligence on Weapons of Mass Destruction, Report of a Committee of Privy Counsellors*, HC 898 London: HMSO, 2004, para.331.

11 *Report of the Inquiry into the Circumstances Surrounding the Death of Dr David Kelly*, HC 247, London: HMSO, 2004, para.177.

12 Richard Norton-Taylor, 'An unguided missile: MI6's review of Alastair Campbell is revealed', *Guardian*, 14 July 2011.

13 Tony Currie, *The Radio Times Story*, Tiverston: Kelly Publications, 2001, 42.

14 James Curran and Jean Seaton, *Power Without Responsibility: Press, Broadcasting and the Internet in Britain*, seventh edition, Abingdon and New York: Routledge, 2010, 118.

15 Paddy Scannell, 'The BBC and foreign affairs: 1935-1939', *Media Culture & Society* 6, 1984, 16.

16 같은 글.

17 Nick Robinson, *Live From Downing Street: The Inside Story of Politics, Power and the Media*, London: Transworld, 2012, 79.

18 Scannell, 'The BBC and foreign affairs', 6, 7.

19 BBC Written Archives Centre, R34/44. 9 March 1917. Quoted in W. J. West, *Truth Betrayed*, London: Duckworth, 1987, 39~40.

20 Philip M. Taylor, *Munitions of the Mind: A History of Propaganda*, Manchester: Manchester University Press, 2003, 199. 시턴은 BBC가 '분명 국내 프로파간다에 가장 중요한 수단이었다는 것'에는 동의한다. Curran and Seaton, *Power Without Responsibility*.

21 Taylor, *Munitions of the Mind*, 191.

22 Curran and Seaton, *Power Without Responsibility*.

23 Taylor, *Munitions of the Mind*, 191.

24 The BBC Archive, Record of Conversation with Sir Hohn Reith, 23 February 1940,

bbc.co.uk/archive/hawhaw/8921.shml?page=txt.

25 National Archives CAB 67/6/38, Memorandum from Duff Cooper, 24 May 1940.

26 Taylor, *Munitions of the Mind*, 199.

27 National Archives CAB 67/6/38, Memorandum from Duff Cooper.

28 James Smith, *British Writers and MI5 Surveillance, 1930-1960*, Cambridge: Cambridge
    University Press, 2013, 92.

29 Record of interview at the Ministry of Information, 12 August 1940, BBC WAC
    R49/106/2. Quoted in Robert Mackay, "'No place in the Corporation's service": the BBC
    and conscientious objectors in the Second World War', *Media History* 12:1, 2006, 43.

30 Gerard mansell, *Let the truth be told: 50 years of the BBC external broadcasting*,
    London: Weidenfeld and Nicholson, 1982, 69.

31 National Archives CAB 66/14/21, Memorandum from Kingsley Wood.

32 Taylor, *Munitions of the mind*, 201.

33 Curran and Seaton, *Power Without Responsibility*, 140.

34 Siân Nicholas, 'War Report(BBC 1944-5) and the Birth of the BBC War Correspondent',
    in *War and the Media: Reportage and Propaganda*, 1900-2003, Mark Connelly and
    David Welch(eds), London: I. B. Tauris, 2005, 139~161, 145.

35 같은 글, 146~147.

36 Curran and Seaton, *Power Without Responsibility*. 123.

37 Siân Nicholas, 'The People's Radio: The BBC and its Audience, 1939-1945', in *Millions
    Like Us: British Culture in the Second World War*, Jeff Hayes and Nick Hill(eds),
    Liverpool: Liverpool University Press, 1999, 63.

38 Michael Balfour, *Propaganda in War, 1939-1945*, London: Routledge and Kegan Paul,
    1979; Ian McLaine, *Ministry of Morale*, London: Allen and Unwin, 1979; Siân Nicholas,
    The Echo of War: Home Front Propaganda and the Wartime BBC, Manchester:
    Manchester University Press, 1996.

39 Siân Nicholas, "'Brushing up your empire": Dominion and colonial propaganda on the
    BBC's home services 1939-45', *The Journal of Imperial and Commonwealth History*
    21:2, 2003, 208.

40 James Curran, *Media and Power*, London: Routledge, 2002, 5. 예를 들어 미디어 역사가
    앤드류 크리셀은 BBC의 정치 방송이 1955년 ITV 개국과 함께 더 신랄해졌고 1956년 수에
    즈 위기로 정치인들과 방송사들 간의 오랜 관계는 끝났다고 기록했다. Andrew Crisell, *An
    Introductory History of British Broadcasting*, second edition, London: Routledge, 2002,
    177.

41 보수당 의원들은 BBC의 반정부 성향을 불평했고 이 문제를 하원에서 논의할 것을 요구했
    다. 이에 따라 1956년 11월 14일 'BBC 칙허장: 정치적 균형' 회의가 열렸다. Tony Shaw,
    Eden, Suez, and the Mass Media: Propaganda and Persuasion During the Suez Crisis,
    London: I. B. Tauris, 1996, 148.

42 Tony Shaw, 'Eden and the BBC During the 1956 Suez Crisis: A Myth Re-examined',
    Twentieth Century British History 6:3, 1993, 341.

43 같은 글, 325; Shaw, *Eden, Suez, and the Mass Media*, 118.

44 Shaw, 'Eden and the BBC During the 1956 Suez Crisis', 339, 340.

45 같은 글, 342.

46 같은 글, 324.

47 같은 글, 321, 323.

48 Tony Shaw, 'Cadogan's Last Fling: Sir Alexander Cadogan, Chairman of the Board of Governors of the BBC', in *Whitehall and the Suez Crisis,* Anthony Gorst and Saul Kelly (eds), Abingdon and New York: Frank Cass, 2000, 135.

49 Asa Briggs, *The History of Broadcasting in the United Kingdom: Volume V. Competition*, Oxford: Oxford University Press, 2005, 85~86.

50 Shaw, 'Eden and the BBC During the 1956 Suez Crisis', 327.

51 같은 글, 328.

52 같은 글, 332.

53 같은 글, 328.

54 Shaw, *Eden, Suez, and the Mass Media*, 121.

55 같은 글, 119, 127, 130.

56 Shaw, 'Cadogan's Kast Fling', 138.

57 Shaw, 'Eden and the BBC During the 1956 Suez Crisis', 336.

58 예를 들어 스티븐 바넷은 'BBC의 고위직군에서 보다 내면화된 독립적인 저널리즘의 기풍'이 승리했다고 본다. Barnett, *The Rise and Fall of Television Journalism*, 40.

59 Briggs, *The History of Broadcasting in the United Kingdom: Volume V*, 97.

60 Shaw, 'Cadogan's Kast Fling', 139~140.

61 Briggs, *The History of Broadcasting in the United Kingdom: Volume V*, 85.

62 Anthony Adamthwaite, 'Nation shall speak unto nation: The BBC's response to peace and defence issues, 1945-58', *Contemporary British History* 7:3, 1993, 557.

63 BBC Written Archives Caversham, R34/997, cited in Peter Goodwin, 'Low Conspiracy?: Government interference in the BBC', *Westminster Papers in Communication and Culture* 2:1. 2005, 101.

64 같은 글, 104.

65 같은 글, 105.

66 National Archives DEFE 13/71, cited in Goodwin, 'Low Conspiracy?', 105.

67 BBC Written Archives Caversham, R34/997 Jacob, 28/2/55. cited in Goodwin, 'Low Conspiracy?', 106.

68 National Archives PREM 11/1089A, cited in Goodwin, 'Low Conspiracy?', 105

69 BBC Written Archives Caversham, R34/997 Jacob, 28/2/55. cited in Goodwin, 'Low Conspiracy?', 106.

70 BBC Written Archives Caversham, T16/679/1 Normanbrook, 27/9/65, cited in Goodwin, 'Low Conspiracy?', 106.

71 John Cook, 'The war Game: how I showed that BBC bowed to government over nuclear attack film', 2 June 2015, theconveration.com.

72 Mike Wayne, 'Failing the Public: The BBC, The War Game and Revisionist History: A Reply to James Chapman', *Journal of Contemporary History* 42:4, 2007, 627.

73 Gordon Correra, 'Secret service pressed BBC to censor Panorama-papers', BBC News, 30 December 2011, bbc.co.uk; National Archives, PREN/19/587.

74 News and Current Affairs meeting, 11 May 1982, quoted in Glasgow University Media Group, *War and Peace News*, Milton Keynes: Open University Press, 1985, 14.

75 같은 글, 16. 무력분쟁의 텔레비전 보도에 대한 분석은 다음의 글을 볼 것. Greg Philo and Greg McLaughlin, *The British Media and the Gulf War*, Glasgow: Glasgow University Media Group, 1993; Greg Philo and Mike Berry, *Bad News from Israel*, London: Pluto Press, 2004; Greg Philo and Mike Berry, *More Bad News from Israel*, London: Pluto Press, 2011.

76 같은 글, 200, 202~205, 211~212, 270, 272.

77 Email from Kevin Marsh to Stephen Mitchell, 27 June 2003, news.bbc.co.uk/1/ji/uk_politics/3127091.stm.

78 Barnet, *The Rise and Fall of Television Journalism*, 174.

79 Richard Sambrook, evidence to the Hutton Inquiry, 13 August 2003, hutton.softblade.com/transcripts.php?action=transcript&session=7&witness=9.

80 BBC News, Letter from Mark Laity to Richard Sambrook, Director of BBC News, 21 August 2003, bbc.co.uk/pressoffice/pressreleases/stories/2003/08_august/21/laity_correspondence.shtml.

81 Daniel C. Hallin, *The Uncensored War: The Media and Vietnam*, Oxford: Oxford University Press, 1986; Lance Bennett, 'Toward a Theory of Press-State Relations in the United States', *Journal of Communication* 40:2, 1990, 103~125; Jonathan Mermin, 'Television news and American intervention in Somalia: The myth of a media-driven foreign policy', *Political Science Quarterly* 112:3, 1997, 385~403; US Press Coverage of Foreign Policy Crises, 1945-1991', *Political Communication* 12:4, 1996, 385~405.

82 David McQueen, 'BBC's Panorama, war coverage and the "Westminster consensus"', *Westminster Papers in Culture and Communication* 5:3, 2008, 47~68. David McQueen, 'BBC TV's Panorama, conflict coverage and the "Westminster consensus"' PhD dissertation, Bournemouth University, 2010.

83 Justin Lewis, 'Television, Public Opinion and the War in Iraq: The Case of Britain', *International Journal of Public Opinion Research* 16:3, 2004, 295~310.

84 Justin Lewis et al., *Shoot First and Ask Questions Later: Media Coverage of the 2003 Iraq War*, New York: Peter Lang, 2006, 125~126.

85 Justin Lewis, 'Biased Broadcasting Corporation', *Guardian*, 4 July 2003, 27.

86 Bloomfield, *The BBC at the Watershed*, 144.

87 같은 글, 134.

88 Ian Sinclair, *The March that Shook Blair: An Oral History of 15 February 2003*, London: Peace News, 2013, 156.

89 같은 글, 155~164.

90 같은 글, 160~161.

91 같은 글, 157~158.

92 Letter from Tony Blair to Greg Fyke, 19 March 2003. Quoted in Dyke, *Inside Story*, 256.

93 Gavyn Davies, 'These threats to the BBC are serious and sinister', *Daily Telegraph*, 23 July 2003.

94 Letter from Richard Sambrook to Alastair Campbell, 28 June 2003, telegraph.co.uk.

95 Dyke, *Inside Story*, 256.

96 Greg Dyke, letter to Tony Blair, 21 March 2003, news.bbc.co.uk.

97 Email from Richard Sambrook to News Editorial-Board-Editors Cc: Stephen Whittle-and-Chris; Mark Damezer; Mark Byford & PA, 6 February 2003, spinwatch.org/index.php/issues/more/item/16-dissent-under-pressure-on the-bbc.

98 Dyke, letter to Tony Blair, 21 March 2003.

99 Letter from Sambrook to Campbell, 28 June 2003.

100 Kamal Ahmed, 'Dyke: Blair's world of "lies and bullying"', *Observer*, 29 August 2004.

101 Email form Kevin Marsh to Stephen Mitchell, 27 June 2003, news.bbc.co.uk.

102 Curran and Seaton, *Power Without Responsibility*.

103 Tony Blair, *A Journey*, London: Arrow Books, 2011, 461.

104 Bloomfield, *The BBC at the Watershed*, 156.

105 같은 글, 145~146.

106 Gavyn Davies, 'These threats to the BBCare serious and sinister', *Daily Telegraph*, 23 July 2003.

제4장. 정치, 권력, 그리고 정치적 편견

1 Jack Seale, 'Robert Peston: there's no left-wing bias at the BBC', *Radio Times*, 24 June 2014, radiotimes.com.

2 Peter Ayton and Howard Tumber, 'The rise and fall of perceived bias at the BBC', *Intermedia* 29:4, 2001.

3 같은 글.

4 'Broadcasting and Politics: Sir J. Right on BBC Policy', *The Times*, 2 March 1933, 9.

5 같은 글.

6 'Impartiality Of The B.B.C.', *The Times*, 16 March 1937, 16.

7 Ayton and Tumber, 'The rise and fall of perceived bias at the BBC'.

8 같은 글.

9 Michael Cockerell, *Live from Number 10: The Inside Story of Prime Ministers and Television*, London: Faber and Faber, 1988, 7.

10 Martin Durham, *Sex and Politics: The Family and Morality in the Thatcher Years*, Macmillan, 1991, 9.

11 Stuart Hall, Chas Critcher, Tony Jefferson, John Clarke and Brian Roberts, *Policing the Crisis: Mugging, the State and Law and Order*, London: Palgrave Macmillan, 1978, 247.

12 Amy C. Whipple, 'Speaking for Whom? The 1971 Festival of Light and the Search for the

"Silent Majority'", *Contemporary British History* 24:3, 2010, 327.

13 Durham, *Sex and Politics*.

14 같은 글, 95~96.

15 Mary Whitehouse, *Whatever Happened to Sex?*, Hove: Wayland, 1977, 17.

16 Keith Joseph, 'Our human stock is threatened', speech at Edgbaston, 19 October 1974, margaretthatcher.org.

17 Douglas Hurd, *Memoirs*, London: Little, Brown, 2003, 332.

18 Margaret Thatcher, 'Keith Hoseph Memorial Lecture. Liberty and Limited Government', 11 January 1996, margaretthatcher.org.

19 Marmaduke Hussey, *Chance Governs All*, London: Macmillan, 2001, 208.

20 Preface by Norman Tebbit in Sir Alfred Sherman, *Paradoxes of Power: Reflections on the Thatcher Interlude*, Exeter: Imprint Academic, 2005, 8.

21 Margaret Thatcher, *The Downing Street Years*, London: HarperCollins, 1993, 634.

22 John Campbell, *Margaret Thatcher Volume Two: The Iron Lady*, London: Vintage, 2008, 401.

23 Paul Johnson, 'Not Everyone Likes Redheads', *The Spectator*, 3 March 1990, 26.

24 Norman Tebbit, 'The BBC doesn't invent lies against the Government', *Independent*, 30 June 2003.

25 The BBC Story: The Libyan Bombing 1986, bbc.co.uk/historyofbbc/resources/pressure/libyan.shtml.

26 Alasdair Milne, *DG: The Memoirs of a British Broadcaster*, London: Hodder and Stoughhton, 1989, 253.

27 같은 글, 252.

28 Norman Tebbit, *Upwardly Mobile*, Lodon: Weidenfeld & Nicolson, 1988, 249.

29 Tebbit, 'The BBC doesn't invent lies against the Government'.

30 Woodrow Wyatt, *The Journals of Woodrow Wyatt, Volume One*, Sarah Curtis(ed.), London; Macmillan, 1998, 79.

31 HC Hansard, Volume No. 478, Part No. 118, 25 June 2008: Column 82WH.

32 Wyatt, Sarah Curtis(ed.) *The Journals of Woodrow Wyatt, Volume Two*, London: Macmillan, 1999, 492.

33 Wyatt, *The Journals of Woodrow Wyatt*, Volume One, 146.

34 'Pedigree of a TV Watchdog', *Daily Telegraph*, 20 November 1986.

35 Greg Philo, 'Television, politics and the rise of the New Right', in *The Glasgow Media Group Reader, Vol. II: Industry, Economy, War and Politics*, Oxon, Abingdon: Routledge, 1993, 202.

36 Godfrey Hodgson, 'The BBC and the Politicians', *Observer*, 13 December 1987.

37 Cockerell, *Live from Number 10*.

38 Ian Gilmour, *Dancing with Dogma: Britain Under Thatcherism*, London: Simon & Schuster, 1992, 253.

39 같은 글, 254.

40 Julian Lewis, 'Monitoring Works', *Daily Telegraph*, 3 July 1999.

41 Colin Seymour-Ure, *The British Press and Broadcasting Since 1945*, Oxford: Blackwell, 1991, 196~197.

42 James Curran and Collin Leys, Media and the Decline of Liberal Corporatism in Britain', *De-Westernizing Media Studies* in James Curran and Myung-Jin Park(eds), London: Routledge, 2000, 203.

43 Ayton and Tumber, 'The rise and fall of perceived bias at the BBC'; Steven Barnett, 'TV: The Political bias?', *British Journalism Review* 1, 1990, 63~67.

44 Louise Jury, 'BBC row: Elite's favorite show takes the flak from politicians', *Independent*, 13 December 1997.

45 Gilmour, *Dancing with Dogma: Britain Under Thatcherism*.

46 Kevin Marsh, 'Is the BBC really left wing?', *Independent*, 13 July 2004, 8.

47 Wyatt, *The Journals of Woodrow Wyatt, Volume Two*, 252, 258.

48 Charles Moore, 'Time to watch the BBC bias that costs each of us £116 a year', *Daily Telegraph*, 9 September 2003.

49 Minatour Media Tracking Ltd, Annual Returns made up to 8 July 2005; 'Former TV-am boss dies', BBC News Online, 8 September, 2000, bbc.co.uk.

50 Kathy Gyngell, 'Mrs Thatcher, the woman I met and got to know and like', Centre for Policy Studies, blogpost, 8 April 2013, cps.org.uk.

51 Campbell, *Margaret Thatcher Volume Two*, 572.

52 Robin Aitkin, *Can We Trust the BBC?*, London: Continuum, 2007, 209n.19.

53 Morrison Media Consultants, 'Governors' inquiry into the impartiality and accessibility of BBC coverage of the EU, Content Analysis', January 2005, 21.

54 같은 글, 23, 26.

55 *Independent Panel Report: BBC News coverage of the European Union*, January 2005, 3, downloads.bbc.co.uk/bbctrust/assets/files/pdf/our_work/govs/independent panelreport.pdf.

56 'The European Union – Perceptions of the BBC's Reporting: Management's Response', March 2005, 5, downloads.bbc.co.uk/bbctrust/assets/files/pdf/our_work/govs/eu_mana gement_response.pdf.

57 Peter Oborne and Frances Weaver, *Guilty Men*, London: Centre for Policy Studies, 2011, 58, 26, fn.58.

58 같은 글, 27.

59 같은 글.

60 같은 글, 28~29, fn.60.

61 Michael Buerk, 'Books: Blowing the BBC's Gaff', *Standpoint*, April 2011.

62 John Bridcut, *From Seesaw to Wagon Wheel: Safeguarding Impartiality in the 21st Century*, BBC Trust, Appendix D 'Impartiality: Fact or Fiction—Friday 22nd September 2006 Seminar Agenda and Transcript', http://downloads.bbc.co.uk/bbctrust/assets/files/ pdf/review_reprt_research/impartiality_21century/d_seminar_transript.pdf.

63 Aitken, *Can We Trust the BBC?*, 60~61.

64 David Keighley and Andrew Jubb, *Impartiality at the BBC? An investigation into the background and claims of Stuart Prebble's 'Independent Assessment for the Trust'*, Civitas: Institute for the Study of Civil Society, 2014, 2~3.

65 Bridcut, *From Seesaw to Wagon Wheel*.

66 BBC Freedom of Information Request- RFI2011825, 11 August 2011, downloads.bbc. co.uk/foi/classes/disclosure_logs/rfi20110825_staff_age_disability_ethinicity_30062011.p df.

67 BBC, Data Tables for 2014/15 Equality Report, downloads.bbc.co.uk/diversity/pdf/ appendix-data-tables.pdf.

68 같은 글.

69 *The Educational Backgrounds of Leading Journalists*, London: Sutton Trust, 2006; *Elitist Britain*, London: Social Mobility and Child Poverty Commission, 2014.

70 Osborne and Weaver, *Guilty Men*, I.

71 같은 글, 38, 31.

72 Mike Berry et al., 'The controversial business of researching BBC impartiality', theconversation.com, 9 May 2014.

73 Mike Berry, 'How biased is the BBC?', theconversation.com, 23 August 2013.

74 Karin Wahl-Jorgensen et al., *BBC Breadth of Opinion Review: Content Analysis*, Cardiff: University of Cardiff School of Journalism, Media and Cultural Studies, 2013, 5.

75 Berry, 'How biased is the BBC?'

76 Wahl-Jorgensen et al., *BBC Breadth of Opinion Review* 64.

77 Berry et al., 'The controversial business of researching BBC impartiality'.

78 Wahl-Jorgensen et al., 11, 48~49.

79 같은 글, 53, 63, 64.

80 'Can Democracy Work', Episode 1, BBC Radio 4, 13 January 2013.

81 Hugh Muir, 'There are people that not even a president should cross. Mel is one of them', *Guardian*, 26 February 2009, 31.

82 Nick Robinson, *Live From Downing Street: The Inside Story of Politics, Power and the Media*, London: Transworld, 2012.

83 Paul Donovan, *All Our Todays: Forty Years of the Today Programme*, London: Jonathan Cape, 1997, 100.

84 Brian Wheeler, 'Dyke in BBC "conspiracy" claim', BBC News Online, 20 September 2009, bbc.co.uk.

85 David McQueen, interview with Greg Dyke, 16 October 2009.

86 Andrew Marr, *My Trade: A Short History of British Journalism*, London: Macmillan, 2004, 184.

87 John Birt, *The Harder Path: The Autobiography*, London: Time Warnet, 2002, 303.

88 Georgina Born, *Uncertain Vision: Birt, Dyke and the Reinvention of the BBC*, London: Random House, 2004, 394~396.

제5장. 신자유주의적 관료주의의 형성

1 *The Age of Uncertainty*, Episode 9: 'The Big Corporation', broadcast BBC Two, 7 March 1977.

2 Dick Gilling, 'Adrian Malone obituary', *Guardian*, 8 April 2015.

3 같은 글.

4 Churchil Archive Centre: Thatcher MSS(2/1/1/37). Letter from Keith Joseph to Willie Whitelaw, 17 March 1976.

5 Churchil Archive Centre: Thatcher MSS(2/1/1/37). Letter from Keith Joseph to Willie Whitelaw, 10 September 1976.

6 Churchil Archive Centre: Thatcher MSS(2/1/3/9). Letter from Geoffrey Howe to Keith Joseph, 22 March 1976.

7 Churchil Archive Centre: Thatcher MSS(2/1/1/37). Letter from Geoffrey Howe to Keith Joseph, 10 September 1976.

8 John Kenneth Galbraith, *A Life in Our Times*, Boston: Houghton Mifflin, 1981, 533~534.

9 프리드먼은 IEA의 초청으로 1976년 8월 31일과 9월 1일에 강연을 했다. 그 내용이 IEA 책자로 출간되었다. Milton Friedman, *From Galbraith to Economic Freedom*, London: Institute of Economic Affairs, 1977.

10 Letter from Keith Joseph to Willie Whitelaw, 10 September 1976.

11 Charles Lichenstein, 27 July 1976, box 149, folder 5, Friedman Papers. Quoted in Angus Burgin, 'Age of Certainty: Galbraith, Friedman, and the Public life of Economic Ideas', *History of Political Economy* 45:1, 2013, 208.

12 Burgin, 'Age of Certainty', 208~209.

13 Rose D. Friedman, *Two Lucky People: Memoirs*, Chicage: University of Chicago Press, 1999, 475.

14 Antony Jay, *How to save the BBC*, London: Centre for Policy Studies, 2008, 9.

15 1972년 제이는 시민들이 정부 결정에 저항할 것을 촉구하는 소책자 *The Householder's Guide to Community Defence against Bureaucratic Aggression*을 저술했다. *The Times*, 7 September 1972, 9.

16 Friedman, *Two Lucky People: Memoirs*, 476.

17 같은 글, 475.

18 Burgin, 'Age of Certainty', 209~210; Christ Church College, Oxford: Lawson MSS, Lawson 1(1980), Lawson minute to Margaret Thatcher, 22 February 1980.

19 각 편의 제목과 방송일은 다음과 같다. Free to Choose:1: Power of the Markets(16 February 1980); Free to Choose:2: The Tyranny of Control(23 February 1980) ; Free to Choose:3: Anatomy of Crisis(1 March 1980); Free to Choose:4: Created Equal(8 March 1980); Free to Choose:5: Who Protects the Consumer?(15 March 1980); Free to Choose:6: How to Cure Inflation(22 March 1980). Power of the Market 외의 모든 프로그램은 제이가 주관한 토론과 함께 방송되었다.

20 Thatcher MSS(Churchill Archive Centre): THCR 3/2/33(45), Margaret Thatcher letter to Milton Friedman, 17 March 1980.

21 영국에서 부자들의 국민소득 점유율이 역사상 최저로 떨어졌다. 그러나 이 흐름은 다시 극적으로 반전했다. Anthony B. Atkinson, 'The Distribution of Top Incomes in the United Kingdom 1998-2000', in *Top Incomes over the Twentieth Century. A Contrast Between Continental European and English-Speaking Countries*, Anthony B. Atkinson and Thomas Piketty(eds.), Oxford: Oxford University Press, 2007, 82~140. 논의를 위해 다음의 글을 볼 것. Danny Dorling, 'Fairness and the Changing Fortunes of People in Britain', *Journal of the Royal Statistical Society: Series A(Statistics in Society)* 176:1, 2013, 97~118.

22 Ian Trethowan, *Split Screen*, London: Hamish Hamilton, 1984, 180~181.

23 BBC Written Archives Centre, R1/46/4 BOARD OF GOVERNORS MINUTES 1979, Minutes of Board Meeting held on 13 September 1979.

24 Michael Leapman, *The Last Days of the Beeb*, London: Coronet, 1987, 230.

25 Tom O'Malley, *Closedown? The BBC and Government Broadcasting Policy 1979-92*, London: Pluto Press, 1994, 80.

26 Margaret Thatcher, *The Downing Street Years*, London: HarperCollins, 1993, 634.

27 William Whitelaw, *The Whitelaw memoirs*, London: Aurum, 1989, 263.

28 같은 글, 264.

29 O'Malley, *Closedown?*, 171

30 Ilde Rizzo and Ruth Towse, 'In memoriam Alan Peacock: a pioneer in cultural economics', *Journal of Cultural Economics*, 39:3, 2015, 225~238.

31 Andy Beckett, *When the Lights Went Out: Britain in the Seventies*, London: Faber and Faber, 2009, 338.

32 Alan Peacock, *Report of the Committee on the Financing of the BBC*, London: HMSO, 1986, Cmnd.9824, para.592.

33 Lisa O'Carroll, 'The truth behind Real Lives', *Guardian*, 12 December 2005.

34 Minutes of a Special Meeting of the Board of Governors to discuss 'Real Lives: At the Edge of the Union', 39 July 1985. Obtained by the Guardian under the Freedom of Information Act and available at image.guardian.co.uk/sys-files/Media/documents/2005/12/12/July3Bog1.pdf.

35 Home Secretary Leon Brittan, letter to BBC Chairman Stuart Young, 29 July 1985. Obtained by the Guardian under the Freedom of Information Act and available at image.guardian.co.uk/sus-files/Media/documents/2005/12/12/July30A.pdf.

36 BBC Chairman Stuart Young, letter to Home Secretary Leon Brittan, 30 July 1985. Obtained by the Guardian under the Freedom of Information Act and available at image.guardian.co.uk/sys-files/Media/documents/2005/12/12/July29A.pdf.

37 Minutes of a Special Meeting of the Board of Governors, 30 July 1985.

38 BOG minutes(special) August 6 1985. Obtained by the Guardian under the Freedom of Information Act and available at image.guardian.co.uk/sys-files/Media/documents/2005/12/12/Aug6BogA.pdf.

39 Steven Barnet, *The Rise and Fall of Television Journalism: Just Wires and Lights in a*

Box?, London and New York: Bloomsbury, 2011, 99~100.

40   Jean Seaton, *Pinkoes and Traitors: The BBC and the nation,* 1974-1987, Kindle edition, London: Profile, 2015. 허시는 자신의 전임인 스튜어트 영이 "두 차례나 밀른을 사퇴시키려고 결심했다"라고 기록했다. Marmaduke Hussey, *Chance Governs All: A Memoir*, 2001, 213.

41   Norman Tebbit, *Upwardly Mobile*, London: Weidenfeld and Nicholson, 1988, 196.

42   Woodrow Wyatt and Sarah Curtis(ed.), *The Journals of Woodrow Wyatt: Vol 1*, London: Pan Books, 1999, 191~193.

43   Hussey, *Chance Governs All*, 210.

44   Simon Jenkins, 'Bias and The Beeb- Does the charge stick?', *Sunday Times*, 5 October 1986.

45   Hussey, *Chance Governs All*, 208.

46   Kim Sengupta, 'The Hamilton Affair: The cost—Right-wing donors united by their loathing of Fayed' *Independent,* 22 December 1999, independent.co.uk.

47   Hussey, *Chance Governs All*, 214.

48   Alasdair Milne, *DG: The Memoirs of a British Broadcaster*, London: Hodder and Stoughton, 1988, 267.

49   Kenneth Bloomfield, *The BBC at the Watershed*, Liverpool: Liverpool University Press, 2008, 44.

50   Milne, *DG: The Memoirs of a British Broadcaster*, 268.

51   Seaton, *Pinkoes and Traitors*.

52   밀른이 사장으로 임명되었을 즈음에 윈체스터와 이튼 출신들이 BBC 지도부(BBC 경영위원장 조지 하워드도 이튼 동문이었다)뿐만 아니라 ≪타임스≫의 에디터와 주요 은행장들, 외무성과 내무성의 수뇌부에도 진출했다. Anthony Sampson, *The Changing Anatomy of Britain*, Hodder and Stoughton, 1981, 127; Patrick Joyce, *The State of Freedom: A Social History of the British State Since 1800*, Cambridge: Cambridge University Press, 2013, 308~309.

53   Milne, *DG: The Memoirs of a British Broadcaster*, 141.

54   David Hendy, *Life on Air: A History of Radio Four*, Oxford: Oxford University Press, 2007, 284.

55   Curran and Jean Seaton, *Power Without Responsibility*, 209, 217.

56   Hussey, *Chance Governs All*, 218.

57   같은 글.

58   같은 글, 149.

59   John Birt, *The Harder Path: The Autobiography*, London: Time Warnet, 2002, 149.

60   같은 글, 152.

61   같은 글, 149.

62   Beckett, *When the Lights Went Out*, 275.

63   Birt, *Harder Path*, 155.

64   같은 글, 244.

65 John Birt, 'Broadcasting's journalist bias is not a matter of politics but of presentation', *The Times*, 28 February 1975, 14.

66 John Birt and Peter Jay, 'Why television news is in danger of becoming an anti-social force', *The Times*, 3 September 1976, 6.

67 Birt, *Harder Path*, 261,

68 같은 글, 281.

69 Interview with James Long, 28 May 2014.

70 Birt, *Harder Path*, 278, 291.

71 같은 글, 263.

72 같은 글, 292~293.

73 Churchill Archives Centre, The Papers of Peter Jay, PJAY 4/6/9. Letter from Liz Horgan to Peter Jay, 29 December 1987.

74 Georgina Born, *Uncertain Vision: Birt, Dyke and the Reinvention of the BBC*, London: Random House, 2004, 387.

75 Birt, *Harder Path*, 264~265.

76 같은 글, 278.

77 같은 글, 303.

78 Interview with former BBC Producer, date withheld.

79 Rachid Errtibi, 'Closure of the White City Building', About the BBC Blog, 28 March 2013, bbc.co.uk.

80 Greg Dyke, *Greg Dyke: Inside Story*, London: HarperColllins, 2004, 211.

81 Curran and Jean Seaton, *Power Without Responsibility*, 215.

82 같은 글, 310.

83 같은 글, 312~313.

84 같은 글, 215.

85 BBC Written Archives Centre, R162/45/1. Implementation of Producer Choice.

86 Birt, *Harder Path*, 320.

87 BBC Written Archives Centre, T62-358-1, Producer Choice: Cliff Taylor Papers, Michael Starks, Financial Management under Producer Choice, 4 September 1992. 강조 따옴표는 원저자.

88 Michael Starks, 'Producer Choice in the BBC', in *From Hierarchy to Contract*, Anthony Harrison(ed.), Hermitage, Berkshire: Policy Journals, 1993, 170.

89 같은 글.

90 BBC Written Archives Centre, T62-357-1, Producer Choice: Cliff Taylor Papers, Michael Starks/Alan Hammil Double-Spend: Risk Management, ND.

91 Starks, 'Producer Choice in the BBC', 171.

92 BBC Written Archives Centre, T62-358-1, Producer Choice: Cliff Taylor Papers, Property Reduction Strategy.

93 같은 글.

94 Birt, *Harder Path*, 324.

95   Starks, 'Producer Choice in the BBC', 175.

96   BBC Written Archives Centre, T62-355-1, Producer Choice: Project masterplan, nd.

97   BBC Written Archives Centre, T62-358-1, Producer Choice: Cliff Taylor Papers, The Shape and Size of the Training Need, 8 November 1991.

98   Peter Cloot, 'BBC Producer Choice: A Case Study', Major Projects Association Briefing Paper Number 16, 1994, 27; BBC Written Archives Centre, R162/45/1, Producer Choice Regional Directorate Training Needs Analysis, Update Paper, 8 January 1992.

99   BBC Written Archives Centre, T62-355-1, Producer Choice: Project masterplan, nd.

100 같은 글.

101 BBC Written Archives Centre, R162-45-1, Producer Choice: Rewards and Incentives.

102 BBC Written Archives Centre, R162-46-1 Michael Starks, 'Incentives: A discussion Paper', 16 July 1993. BBC 직원들은 장려금 제도의 도입을 반대했다. 그들은 장려금 제도가 자신들의 성실성과 전문성을 문제 삼을 수 있다고 생각했다. 프로듀서 선택제 평가단은 "토론참가자 대부분이 장려금 제도가 프로듀서 선택제를 성공시키기 위해 도입되는 것이고 따라서 이를 불편하게 여기고 있다고 진단했다. 그들은 이미 조직에 충분히 헌신적이고 프로듀서 선택제의 취지와 목표에 원칙적으로 동의했다"라고 평가했다. R87-197-1, Producer Choice: Evaluation. Key Messages from the listening exercise. Office for Public Management, 16 July 1993.

103 Birt, *Harder Path*, 328~329. 강조 따옴표 추가.

104 직원들의 프로듀서 선택제 인식에 대해서는 다음 글 참조. BBC Written Archives Centre, T62-358-1, Producer Choice: Cliff Taylor Papers, Chris Trynka, The BBC's Equal Opportunity Policy and Changes in the Organisation of Resources to Make Programmes, 19 March, Producer Choice Evaluation, the Key Questions, nd.

105 같은 글.

106 Michael Grade, 'The Future of the BBC', in *Television Policy: The MacTarrart Lectures*, Bob Franklin(ed.), Edinburgh: Edinburgh University Press, 2005, 163; interview with former BBC producer, date withheld.

107 BBC Written Archives Centre, R87-197-1, Producer Choice Evaluation, 16 July 1993.

108 Birt, *Harder Path*, 326.

109 Laurence Marks and Maurice Gran, 'Rewarding Creative Talent: The Struggle of the Independents', in *elevision Policy: The MacTarrart Lectures*, 208.

110 BBC Written Archives Centre, R162-46-1 Rodney Baker-Bates, Producer Choice Simplification, 12 July 1993.

111 BBC Written Archives Centre, R87-197-1. Office for Public Management, Producer Choice Evaluation, The Key Questions, nd.

112 BBC Written Archives Centre, R87-197-1, Producer Choice Evaluation, 16 July 1993.

113 Quentin Letts, *50 people who buggered up Britain*, London: Constable, 2009, 33.

114 같은 글, 35.

115 데이비드 그레이버(David Graeber)는 '관료적 형식주의를 줄이고 시장의 힘을 진작시키려던' 개혁이 "결국 규정의 수를 늘리고 문서작업의 양도 늘리고 관료들의 숫자도 늘렸다"라

고 주장한다. David Graeber, *The Utopia of Rules: On Technology, Stupidity and the Secret Joys of Bureaucracy*, New York: Melville House, 2015, 9. 신자유주의에 대한 비평은 다음의 글을 볼 것. Mark Fisher, *Capitalist Realism: Is There no Alternative?*, London: John Hunt Publishing, 2009; Ronald Amann, 'A Sovietological view of modern Britain', *The Political Quarterly* 74:4, 2003, 468~480.

116 Starks, 'Producer Choice in the BBC', 166.

117 같은 글, 168.

118 Born, *Uncertain Vision*, 128, 178.

119 Brian McNair, *News and Journalism in the UK,* fifth edition, Abingdon and New York: Routledge, 2009, 118.

120 Birt, *Harder Path*, 330.

제6장. 공영방송과 권력

1 BBC Written Archives Centre, News and Current Affairs Minutes, 27 February 1979.

2 BBC Written Archives Centre, Board of Governors Minutes, 28 June 1979.

3 Michael David Kandiah(ed.), 'Witness Seminar 1 "Big bang": The October 1986 stock market deregulation', *Contemporary British History* 12:1, 1999, 104.

4 Leila Simona Talini, *Globalization, Hegemony and the Future of the City of London*, Basingstoke: Palgrave Macmillan, 2011, 62.

5 Interview with Mark Damazer, 20 August 2013.

6 Interview with John Fryer, 10 June 2013.

7 *Report of the Committee on the Future of Broadcasting*, HM Stationery Office, 1977, 272~273.

8 같은 글, 272.

9 Interview with Peter Day, 27 July 2013.

10 Interview with Tom Maddocks, 2 August 2013.

11 Peter Day, 'Peter Day's week', BBC Blog, 30 July 2009, bbc.co.uk.

12 Interview with Tom Maddocks, 2 August 2013.

13 Interview with Peter Day, 27 July 2013.

14 Ed Mitchell, *From Headlines to Hard Times*, London: John Blake Publishing, 2013, 66~67.

15 Interview with James Long, 28 May 2014. 1974년에 구성된 금융 유닛에 합류하기 전에 롱은 ≪시티 프레스≫에서 보도물을 제작했다.

16 Mitchell, *From Headlines to Hard Times*, 67.

17 같은 글.

18 *BBC Staff List*, October 1984.

19 Martin Adeney, '……But will business ever love the BBC?', *British Journalism Review* 12:1, 2001, 51~56.

20 Peter Day, 'Peter Day's week'.

21 Interview with Will Hutton, 3 December 2013.

22 Interview with Richard Tait, 17 May 2013.

23 Tony Harcup, 'Reporting the Next Battle: Lessons from Orgreave' in *Setting Scores: The Media, The Police & The Miners' Strike*, Granville Williams(ed.), London: Campaign for Press and Broadcasting Freedom, 2014, 100.

24 같은 글, 96~97.

25 같은 글, 98, 101.

26 Geoffrey Goodman, 'War without end', *British Journalism Review* 20, 2009, 79.

27 같은 글.

28 Harcup, 'Reporting the Next Battle', 102.

29 Interview with former senior editor, 12 April 2013.

30 Nick Jones, 2009, 'The soul searching of a former correspondent', in *Shafted: The Media, the Miners' Strike and the Aftermath*, Granville Williams(ed.), London: Campaign for Press and Broadcasting Freedom, 2009, 81~82.

31 같은 글, 82~83.

32 와핑 분쟁에 대한 설명은 다음의 글을 볼 것. John Lang and Graham Dodkins, *Bad News: The Wapping Dispute*, Nottingham: Spokesman Books, 2011.

33 Interview with John Fryer, 10 June 2013.

34 제프리 잉엄은 런던시, 잉글랜드 은행, 재무성을 영국 사회의 '핵심적인 기관의 연합'으로 묘사했다(Geoffrey Ingham, *Capitalism Divided? The City and Industry in British Social Development*, Basingstoke: Palgrave Macmillan: 1984, 9). 이 개념은 케인과 홉킨스의 제국주의 연구(Peter Cain and Anthony Hopkins, *British Inperialism: Crisis and Deconstruction, 1914-1990*, London: Longman, 1993), 그리고 인더지어 파마(Inderjeer Parmar, *Special Interests, the State and the Anglo-American Alliance, 1939-1945*, London: Routledge, 2013, 52), 마이클 만(Michael Mann, *States, War and Capitalism*, Oxford: Blackwell, 1988, 218) 등에서 비롯되었다. 보다 도구주의적인 관점에서 롱스트레치는 잉글랜드 은행과 재무성이 영국의 금융자본 권력의 제도화라고 주장한다(Frank Longstretch, 'The City, industry and the state', Colin Crouch(ed.) *State and economy in contemporary capitalism*, London: Croom Helm, 1979, 157~190).

35 Mitchell, *From Headlines to Hard Times*, 79.

36 같은 글, 81~82.

37 Interview with Nicholas Jones, 25 February 2013.

38 Interview with Peter Day, 26 July 2013.

39 Interview with BBC business journalist, 17 July 2013.

40 Mitchell, *From Headlines to Hard Times*, 80.

41 Interview with Richard Quest, 28 February 2013.

42 Interview with former BBC business journalist, 29 July 2013.

43 John Birt, *The Harder Path: The Autobiography*, London: Time Warnet, 2002, 264.

44 Churchill Archive Centre, The Papers of Peter Jay, PJAY 3/14/3, Letter from Ian Hargreaves to Peter Jay.

45 Interview with John Fryer, 10 June 2013.

46 Adeney, '⋯⋯ But will business ever love the BBC?', 51~56.

47 Interview with Richard Quest, 2 April 2013.

48 LinkedIn, Daniel Jeffreys, uk.linkedin.com/in/danieljeffreys.

49 Interview with Will Hutton, 3 December 2013. 허턴의 후임 그레이엄 잉엄은 앞서 월드 서비스에서 일하다가 재무성에 들어갔다. 그는 나중에 국제통화기금과 연방준비은행의 고문이 되었다. LinkedIn, Graham Ingham, uk.linkedin.com/pub/graham-ingham/a/36/4b8.

50 같은 글.

51 Andy Beckett, *When the Lights Went Out: Britain in the Seventies*, London: Faber & Faber, 2009, 339.

52 Churchill Archives Centre, The Papers of Peter Jay, PJAY 3/14/3. Letter from Vin Harrop to Peter Jay, 5 April 1990; Churchill Archives Centre, The Papers of Peter Jay, PJAY 3/14/4. Fax from Peter Jay to Chris Cramer, 23 January 1996.

53 Churchill Archives Centre, The Papers of Peter Jay, PJAY 3/14/3. Letter from Ian Anne Strickland, Group Hospitality Co-ordinator, Barclays, to Peter Jay, 27 January 1992. Churchill Archives Centre, The Papers of Peter Jay, PJAY 4/8/23. Letter from Ellen Miller to Peter Jay, 4 March 1999. 제이는 본업 밖의 일에 대한 관심으로 BBC 경영진과 부딪쳤다. ≪선데이 타임스≫가 칼럼당 1000파운드의 조건으로 제이에게 원고를 청탁했지만 그는 경영진의 승인을 받지 못했다. 제이는 자녀 교육을 위해 돈이 필요하다고 주장했지만 경영진은 1997년 총선을 앞두고 공정성 유지를 위해 허가하지 않았다. Letter from Vin Harrop to Peter Jay and Fax from Peter Jay to Chris Cramer.

54 Interview with Peter Jay, 26 April 2013.

55 Churchill College Cambridge British Diplomatic Oral History Programme(BDOHP), Peter Jay interviewed on 24 February 2006 by Malcolm McBain.

56 Interview with former BBC economics and business journalist, 12 August 2013.

57 같은 글.

58 Interview with Rory with Cellan-Jones, 18 July 2013.

59 Interview with Evan Davis, 7 May 2013.

60 James Collard, 'Fiscal attraction', *The Times*, 8 September 2001, 37.

61 Interview with Evan Davis, 7 May 2013.

62 Aeron Davis, *Mediation of Power,* London and New York: Routledge, 2007, 23.

63 Gorkana, 'Gorkana meets the BBC's Business Unit', Gorkana.com

64 Interview with Cellan-Jones, 18 July 2013.

65 Interview with Peter Jay, 26 April 2013.

66 Interview with Paul Gibbs, 7 May 2013.

67 BBC, The BBC Trust, Impartiality Review Business Coverage: The BBC Journalism Group Submission to the Panel, 23 January 2007, 15, downloads.bbc.co.uk/bbctrust/assets/files/pdf/review_report_research/impartiality_business/fi_journalism_submission.pdf.

68 Interview with Paul Gibbs, 7 May 2013.

69 Interview with former senior editor, 12 April 2013.

70 Interview with Pauline McCole, 6 September 2013.

71 Nicholas Jones, 'TUC Congress Guide 1990', quoted in *The Lost Tribe of Fleet Street: Whatever happened to the labour and industrial correspondent?*, Nicholas Jones(ed.), London: Nicholas Jones, 2011, 23~24.

72 Interview with Richard Quest, 2 April 2013.

73 Interview with former BBC business journalist, 29 July 2013

74 Interview with Richard Tait, 17May 2013.

75 Interview with former BBC business journalist, 29 July 2013.

76 Birt, *The Harder Path*, 303.

77 LinkedIn, Daniel Dodd, uk.linkedin.com/pub/daniel-dodd/3/bo1/a5..

78 Interview with former senior editor, 2 August 2013.

79 Interview with Stephen Coulter, 9 January 2014.

80 Interview with Martin Greig, 27 March 2014.

81 'DYKE, Gregory', *Who's Who 2014*, London: A & C Black, 2014.

82 Interview with Mark Damazer, 20 August 2013.

83 Birt, *The Harder Path*, 265.

84 Interview with Mark Damazer, 20 August 2013.

85 Interview with Evan Davis, 7 May 2013.

86 Jon Rees, 'Dyke orders BBC to tune into business', *Sunday Business*, 16 July 2000, 14.

87 Interview with Greg Dyke, 28 May 2014.

88 Interview with former senior editor, 2 August 2013.

89 Interview with Evan Davis, 7 May 2013.

90 'Randall becomes first BBC business editor', *Broadcast*, 6 November 2000.

91 'BBC promises more business news', BBC News Online, 6 November 2000, bbc.co.uk.

92 'The Beeb tunes in to business', *Daily Mail*, 7 November 2000.

93 Michael Harrison, 'Dyke appoints "£250,000-a-year" editor to re-vamp business news', *Independent*, 7 November 2000, 5.

94 같은 글.

95 'BBC promises more business news', BBC News Online.

96 'RANDALL, Jeff William', Who's Who 2014, London: A & C Black, 2014. 'Up close with the Barclays' "consigliere"', *Observer*, 15 January 2006.

97 Jeff Randall, 'A liberal agenda set by patronising do-gooders', *Sunday Business*, 21 May 2000. Reprinted in the *Independent*, 7 November 2000, 5.

98 Vincent Graff, 'You want me to slag Murdoch off', *Guardian*, 17 September 2007.

99 Julie Tomlin, 'BBC creates 20 new posts as Jay heads for retirement', Press Gazette, 1 August 2001, pressgazette.co.uk; Leigh Holmwood, '£2m boost for BBC news', *Broadcast*, 3 August 2001, broadcastnow.co.uk.

100 Churchill Archives Centre, The Papers of Peter Jay, PJAY 3/14/6. Letter from Richard Sambrook to Peter Jay, 27 January 2000.

101 Churchill Archives Centre, The Papers of Peter Jay, PJAY 4/8/32. Letter from Richard Sambrook to Peter Jay, 4 December 2001.

102 Churchill Archives Centre, The Papers of Peter Jay, PJAY 4/8/34. Email from Evan Davis to Peter Jay, 16 September 2002..

103 Harrison, 'Dyke appoints "£250,000-a-year" editor to re-vamp business news', 5; Raymond Boyle, 'From Troubleshooter to The Apprentice: the changing face of business on British television', *Media, Culture and Society* 30:3, 2008, 415~442.

104 'Up close with the Barclays' "consigliere"', *Observer*, 15 January 2006.

105 Interview with Greg Dyke, 28 May 2014.

106 Interview with BBC business journalist, 14 June 2013.

107 Interview with former BBC economics and business journalist, 12 August 2013.

108 Interview with former senior editor, 2 August 2013.

109 Interview with Richard Griffiths, 27 February 2013.

110 같은 글.

111 Interview with Rory Cellan-Jones, 18 July 2013.

112 Interview with John Fryer, 10 June 2013.

113 Interview with Greg Dyke, 28 May 2014.

114 Interview with former senior editor, 2 August 2013.

115 Ben Dowell, 'Media: Show me the money', *Guardian*, 8 september 2008, 'Media' section, 7.

116 Independent Panel, *Report of the independent panel for the BBC Trust on impartiality of BBC business coverage*, downloads.bbc.co.uk/bbctrust/assets/files/pdf/review_report_research/impartiality_business/business_impartiality_report.pdf.

117 Interview with Richard Tait, 17 May 2013.

118 *Report of the independent panel for the BBC Trust on impartiality of BBC business coverage*, 3.

119 Michael Svennevig, *BBC Coverage of Business in the UK: A Content Analysis of Business News Coverage*, Leeds: Institute of Communications Studies University of Leeds, 2007, 7.

120 같은 글, 29.

121 BBC, *BBC Trust Impartiality Review Business Coverage*, 16.

122 *Report of the independent panel for the BBC Trust on impartiality of BBC business coverage*, 3, 16.

123 같은 글.

124 Blinc Partnership, BBC Governors' Review of Impartiality in Business News: Integrated Qualitative and Quantitative Research Report, 2007-8, downloads.bbc.co.uk/bbctrust/assets/files/pdf/review_report_research/impartiality_business/a_blinc_partnership.pdf.

125 Ofcom, 'New News, Future News: The challenges for television news after Digital switch-over', discussion document, Ofcom, 207, 25, stakeholders.ofcom.org.uk.

126 Gorkana, 'Gorkana meets the BBC's Business Unit', Gorkana.com

127 Karin Wahl-Jorgensen et al., *BBC Breadth of Opinion Review: Content Analysis*, Cardiff: University of Cadiff School of Journalism, Media and Cultural Studies, 2013, 80

128 Mike Berry, 'The Today Programme and the Banking Crisis', *Journalism* 14:2, 2013, 253~270.

129 Mike Berry, 'No Alternative to Austerity: How BBC Broadcast News Reported the Deficit Debate', *Media Culture & Society*, forthcoming.

130 Interview with Will Hutton, 3 December 2013.

결론. 민주주의, 그리고 방송의 미래

1 Nick Robinson, 'Nick Robinson: My beef with Russell Brand', *Radio Times*, 12 January 2015, radiotimes.com.

2 Nick Robinson, 'Martial problems', Nick Robinson's New Log, 30 January 2006, bbc.co.uk.

3 Robinson, 'Nick Robinson: My beef with Russell Brand'.

4 Asa Briggs, *The BBC: The First Fifty Years*, Oxford: Oxford University Press, 1985, 54.

5 Paddy Scannell and David Cardiff, *A Social History of Broadcasting: Volume One 1922-1939, Serving the Nations*, Oxford: Basil Blackwell, 1991, 8.

6 W. J, West, *Truth Betrayed*, London: Duckworth, 1987, 116, footnote 24.

7 Scannell and David Cardiff, *A Social History of Broadcasting*, 13, 14. 스캐널은 이 주장을 텔레비전으로도 확장했다(다음 글 참조). Paddy Scannell, 'Public Service Broadcasting and Modern Public Life', *Culture and Society Reader*, Paddy Scannell, Philip Schlesinger, and Colin Sparks(eds), London: Sage, 1992.

8 Paddy Scannell, 'Public Service Broadcasting and Modern Public Life', 335, 244.

9 D. L. LeMahieu, *A Culture for Democracy: Mass Communication and the Cultivated Mind in Britain between the Wars*, Oxford: Oxford University Press, 1993, 147.

10 Ian McIntyre, *The Expense of Glory: Life of John Reith*, London: HarperCollins, 1995, 218.

11 Marista Leishman, *My Father, Reith of the BBC*, Edinburgh: Saint Andrew Press, 2006, 150, 2.

12 Andrew Boyle, *Only the Wind Will Listen: Reith of the BBC*, London: Huchinson, 1972, 251.

13 John Reith, *Broadcast over Britain*, London: Hodder and Stoughton, 1924, 220.

14 Scannell and Cardiff, *A Social History of Broadcasting*, 9.

15 Paddy Scannell, 'Public Service Broadcasting: The History of a Concept', in *Understanding Television*, Andrew Goodwin and Garry Whannel(eds), London and New York: Routledge, 2005, 14.

16 *Report of the Committee on the Future of Broadcasting*, HM Stationery Office, 1977, 79, 429.

17 BBC Written Archives Centre, R78/1,204/1 NEWS POLICY, Extract from the Verbatim Report of the Proceedings of the General Advisory Council on 6 February.

18 BBC Written Archives Centre, T62/97/1 News and Current Affairs Policy Coverage General 1968-1976. 'How Should We Broadcast News and Current Affairs?', Discussion Paper by Chief Assistant to the Director-General, 8 July 1975.

19 BBC Written Archives Centre, R78/1,204/1 NEWS POLICY, The Task of Broadcasting News, revised draft paper for the General Advisory Council, 11 December 1975.

20 같은 글.

21 Colin Crouch, Post-democracy, Cambridge: Polity, 2004; Colin Crouch, *The Stranger Non-Death of Neo-Liberalism*, Cambridge: Polity, 2011; Colin Leys, *Market-Driven Politics: Neoliberal Democracy and the Public Interest*, London and New York: Verso, 2003.

22 Scannell and David Cardiff, *A Social History of Broadcasting, 17*.

23 Dan Hind, *The Return of the Public: Democracy, Power and the Case for Media Reform*, London: Verso, 2012.

지은이 **톰 밀스(Tom Mills)**

2016년부터 애스턴대학교 사회과학대학 사회학과 조교수로 근무하고 있다. 그는 '사회적 민주주의의 붕괴와 신자유주의의 발흥이 BBC의 조직적 구조와 문화에 미친 영향'을 연구 주제로 잉글랜드 배스대학교에서 박사 학위를 받았다. 최근에는 정책 수립에 영향을 미치는 유력 집단 및 구성원의 사고와 행동, 그리고 사회적 네트워크에 중점을 둔 연구를 수행하고 있다.

논문으로는 "Remembering Thatcher and Understanding Thatcherism", 저서로는 *Democracy and Public Broadcasting*, *The General Strike to Corbyn: 90 years of BBC establishment bias* 등이 있다.

옮긴이 **박인규**

서강대학교 사학과를 졸업하고 KBS 교양국에서 프로듀서로 일했다. 영국 글래스고대학교에서 방송학 석사 및 박사 학위를 받았다. 현재 인하대학교 언론정보학과 교수로 재직 중이다. 주로 공영방송, 방송 저널리즘, 텔레비전 프로그램 분야를 연구하고 있다.

논문으로는 「구조적 통제 하의 저널리즘: KBS 프로그램의 변화를 중심으로」, 「미국 텔레비전 산업의 지형 변화에 따른 지상파 네트워크의 변화」 등이 있으며, 저서로는 『방송학의 이해』(공저), 『디지털 영상제작의 이해』(공저), 역서로는 『BBC와 CNN』, 『텔레비전 장르의 이해』 등이 있다.

한울아카데미 2151
방송문화진흥총서 198

BBC, 공영방송의 신화

지은이 톰 밀스
옮긴이 박인규
펴낸이 김종수
펴낸곳 한울엠플러스(주)
편집 신순남

초판 1쇄 인쇄 2019년 3월 8일
초판 1쇄 발행 2019년 3월 20일

주소 10881 경기도 파주시 광인사길 153 한울시소빌딩 3층
전화 031-955-0655
팩스 031-955-0656
홈페이지 www.hanulmplus.kr
등록번호 제406-2015-000143호

Printed in Korea.
ISBN 978-89-460-7151-3 93070(양장)
       978-89-460-6631-1 93070(학생판)

※ 책값은 겉표지에 표시되어 있습니다.
※ 이 책은 강의를 위한 학생판 교재를 따로 준비했습니다.
   강의 교재로 사용하실 때에는 본사로 연락해주십시오.
※ 이 책은 MBC재단 방송문화진흥회의 지원을 받아 출간되었습니다.